Gitta Jacob

Raus aus Schema F

Gitta Jacob

Raus aus Schema F

Das innere Kind verstehen, Verhaltensmuster ändern und neue Wege gehen

BELTZ

Dieses Buch ist erhältlich als:
ISBN 978-3-407-86614-1 Print
ISBN 978-3-407-86615-8 E-Book (ePub)

8. Auflage 2025

Werderstraße 10, 69469 Weinheim
service@beltz.de

Lektorat: Sylvia Gredig
Umschlaggestaltung: www.stefanielevers.de (Gestaltung), www.stephanengelke.de (Beratung)
Bildnachweis: © CSA Images/gettyimages.de

Herstellung: Sarah Veith
Satz: Publikations Atelier, Dreieich
Layout: www.anjagrimmgestaltung.de
Druck und Bindung: Beltz Grafische Betriebe, Bad Langensalza
Beltz Grafische Betriebe ist ein Unternehmen mit finanziellem Klimabeitrag (ID 15985-2104-1001).

Printed in Germany

Weitere Informationen zu unseren Autor_innen und Titeln finden Sie unter: www.beltz.de

Inhalt

EINLEITUNG

Immer wieder dieselben schlechten Gefühle, die gleichen Fehler

Wer kennt es nicht: das Gefühl, sich in bestimmten Situationen ungeschickt, widersprüchlich oder völlig übertrieben zu verhalten? Sich so zu benehmen, dass es einem später noch peinlich ist, dass man sich sogar schämt?

Hast du dich schon einmal gefragt, woher das kommt? Warum du immer wieder in dieselben Sackgassen gelangst, so als hätte dir jemand das Steuer aus der Hand genommen? Dabei bist du doch eigentlich ein sicherer Fahrer. Im Allgemeinen meisterst du deinen Alltag gut. Und trotzdem erlebst du diese Momente, die dir entgleiten.

Das geht nicht nur dir so, sondern auch Nora, Petra und Rasmus. Alle drei leiden darunter, dass sie in bestimmten Situationen in einer Art und Weise handeln, die ihnen selbst nicht gefällt:

Nora hat eigentlich alles, um sich geborgen und geliebt zu fühlen: zwei wunderbare Kinder, einen einfühlsamen Partner, gute Freunde und einen sicheren Job. Trotzdem gibt es da Situationen, in denen sie sich plötzlich wie ein kleines Kind fühlt: hilflos und verlassen. Es genügen Kleinigkeiten, um Nora regelrecht aus der Bahn zu werfen. Zum Beispiel neulich – da haben die Kollegen einen Witz erzählt, den sie nicht verstanden hat, und schon hat sie sich ausgeschlossen gefühlt. Als sei es ihr Schicksal, niemals irgendwo dazuzugehören und einfach gemocht zu werden, so wie sie ist. Nora hat getan, was sie in solchen Momenten immer tut: Sie hat dichtgemacht und sich in ihre Arbeit zurückgezogen. Als ein Kollege sie darauf ansprach, kamen ihr die Tränen. Später hat sie sich geärgert – über die anderen und über sich selbst. Eigentlich weiß sie, dass ihre Reaktion unverhältnismäßig und weitgehend unbegründet war. Das Problem ist bloß: Sie kann nicht anders.

Petra gibt sich mit allem viel Mühe, versucht, es allen recht zu machen, und fragt lieber zehnmal nach, egal, ob es um berufliche Aufgaben oder um private Verabredungen geht. An dem schönen Poncho als Geburtstagsgeschenk für ihre Schwester hatte sie wochenlang gestrickt. Doch dann sagte ihre Schwester später einmal, dass Bund und Rand in einer anderen Farbe sicher auch toll aussehen würden. Petra hörte sofort Kritik daraus und war total geknickt. Sie gab wie so oft in solchen Situationen eine patzige Antwort. Für sie (und oft auch für die anderen) ist der Tag damit im Eimer. Dabei müsste gerade sie, der es so wichtig ist, alles richtig zu machen, sich über konstruktive Anregungen doch eigentlich freuen.

Rasmus lebt mit seiner Frau und seinem Sohn in einer kleinen Wohnung am Stadtrand. Ihre Mittel sind bescheiden, aber sie versuchen, sich das Leben so angenehm wie möglich zu machen. Meist führen sie ein ruhiges und harmonisches Familienleben. Rasmus ist ein liebevoller Ehemann und Vater, der viel mit seinem Sohn unternimmt und täglich für die Familie kocht. Aber wenn er mit seinen Kumpels um die Häuser zieht, ist er plötzlich ein anderer Mensch. Dann trinkt er übermäßig, spielt sich auf, redet sehr laut und lässt sonst niemanden zu Wort kommen. Hinterher ist ihm das immer richtig peinlich. Hat er ein Alkoholproblem? Oder warum verhält er sich immer wieder so?

Warum können wir nicht anders? Das Problem ist nicht, dass wir hin und wieder scheitern und uns danebenbenehmen. Scheitern ist nicht schlimm. Scheitern gehört zur Entwicklung des Menschen wie Sonne und Wasser zum Wachsen von Geranie und Gummibaum. Schlimm ist, dass solches Scheitern immer wieder in ähnlicher Weise geschieht, dass wir immer wieder die gleichen Fehler machen, dass wir scheinbar gar nichts dazulernen. Das verstärkt den Frust. Das macht das Unbehagen, die Traurigkeit, die Mutlosigkeit oft unerträglich. Aber warum ist das so? Warum scheint es so schwer, ja fast unmöglich, mit Verhaltensweisen, die nur Schaden bringen, zu brechen?

Vielleicht hilft dir dieses Bild: Stell dir vor, deine Seele wäre ein Kleiderschrank. Im Laufe der Jahre hat sich dort ein ganz schönes Sammelsurium an Kleidungsstücken zusammengefunden.

Einige Sachen passen und gehen eigentlich immer. Andere sind unbequem oder gefallen dir nicht. Und dann gibt es da noch ein paar Traumstücke, die du nie anhattest. Warum eigentlich nicht? Es wäre längst an der Zeit, manches Stück auszusortieren oder zum Änderungsschneider zu bringen – oder vielleicht auch endlich mal reinzuschlüpfen in diese besonderen Teile, die schon so lange vernachlässigt im Schrank hängen und auf die Motten warten. Warum nur traust du dich nicht? Liegt es wirklich an der ungewohnten Farbe, am großen Muster oder dem asymmetrischen Schnitt? Oder fällt es einfach nur schwer, mal etwas Neues zu wagen?

Im Gegensatz zu den knallbunten Wollpullovern und tristen Multifunktionsjacken haben wir uns die Kleider der Seele nicht selbst ausgesucht. Leider können wir sie nicht schnell durchsehen und ausmisten. Allzu fest stecken wir in bestimmten Denk- und Verhaltensmustern. Im Nachhinein wissen wir, dass sie unangemessen und schädlich sind – im kritischen Moment jedoch fällt uns gar nicht auf, dass wir nach »Schema F« handeln. Wir handeln einfach so wie immer, ganz automatisch – auch wenn wir uns selbst dadurch schaden.

Dabei gibt es für jeden die Chance, die Kontrolle zurückzugewinnen: Wege aus der Zwangsjacke. Bewährte Methoden, die dir helfen, die eigene Persönlichkeit zu entfalten – in diesem Buch werden sie beschrieben.

Wenn du diesen Weg mit mir einschlagen möchtest, heißt die erste Station: Selbsterkenntnis. Es gilt herauszufinden, in welchen Situationen dir deine Gefühle, dein Denken und dein Handeln entgleiten und woher das kommt. Die Antworten darauf liegen zum Teil tief in unserer Vergangenheit, in unserer Kindheit und Jugend.

Als Therapeutin und Coach arbeite ich mit einer bewährten Methode, um meine Klienten auf die Spur ihrer inneren Verhaltensmuster zu bringen. Die sogenannte Schematherapie fand in Deutschland zunächst über die Bücher des New Yorker Psychologen Jeffrey Young und seiner amerikanischen Kollegen Verbreitung, später auch über meine Bücher und DVDs. Die Schematherapie geht davon aus, dass unser Denken, Fühlen und Handeln von Mustern durchzogen ist, dass sich unsere Schwächen, aber auch unsere Stärken in Mustern manifestieren. Daher kommt es, dass wir immer wieder in dieselben Sackgassen laufen.

Aber nicht alle Menschen wollen oder können sofort zu einem Coach oder Therapeuten, manche möchten sich auch erst einmal selbst mit diesen Fragen beschäftigen. In diesem Buch gebe ich dir Ideen und Werkzeuge an die Hand, mit denen du herausfinden kannst, was Kern deiner Fragen oder Probleme ist und woher wiederkehrende unangenehme Gefühle kommen. Wer sich davon auf die Spur gebracht fühlt, der kann auch beginnen, Veränderungen einzuleiten. Damit bist du dann auch schon auf dem besten Weg in ein leichteres und erfüllteres Leben.

Im Mittelpunkt deiner Selbstwahrnehmung stehen zunächst die Gefühle – und zwar positive wie negative. Emotionen sind gerne widersprüchlich: In einem Moment lieben wir einen Menschen, im nächsten hassen wir ihn. Oder wir haben große Sehnsucht nach etwas, aber Angst lässt uns immer wieder davor zurückschrecken. Es sind solche intensiven Gefühle, die uns selbst oft unbegreiflich, unlogisch, ja manchmal sogar lächerlich erscheinen. Dieses Buch zeigt dir Wege, sie ernst zu nehmen und zu fragen, woher sie kommen. Denn diese Gefühle sind überhaupt nicht lächerlich und unbegründet. Sie haben oder hatten ihre Berechtigung. Aber nicht alle sind heute noch sinnvoll, obwohl es sich im Moment so anfühlt.

Wie zum Beispiel bei Nora, wenn sie sich von ihren Kollegen ausgeschlossen fühlt. Sie kennt die Gefühle von Zurückweisung und Isolation nicht erst seit gestern. Sie kennt sie, solange sie zurückdenken kann. Denn der Ursprung dieses inneren Musters liegt nicht im Büro, sondern in Noras Kindheit.

Als Kind ist Nora viel umgezogen. Ihre Mutter war sehr jung und von der Aufgabe, ein Kind großzuziehen, überfordert. Deshalb wurde Nora in der Verwandtschaft herumgereicht: ein halbes Jahr zur Tante, ein paar Monate zu Omi-Bremen, ein Jahr zur Großmutter in Polen. Alle waren liebevoll zu Nora. Aber bleiben konnte sie nirgendwo. Das hatte auch zur Folge, dass sie in der Schule immer »die Neue« war und die anderen Kinder ihr oft mit Ablehnung begegneten. Nora hatte kaum Freunde, und wenn sie einmal Anschluss gefunden hatte, musste sie bald wieder umziehen. Mit zwölf war sie so unsicher, dass sich die Ablehnung der Mitschüler zu einem regelrechten Mobbing auswuchs.

Wenn Nora sich heute ohnmächtig und alleingelassen fühlt, dann nicht, weil die aktuelle Situation das rechtfertigen würde, und auch nicht, weil sie »überempfindlich« ist, sondern weil Gefühle in ihr aktiviert werden, die sie in ihrer Kindheit wieder und wieder über einen längeren Zeitraum erfahren hat. Die Verlassenheit und Ausgrenzung, die sie heute empfindet, lassen Nora innerlich wieder regelrecht zu diesem verletzten Kind werden.

Der erste Schritt zur Veränderung besteht nun darin, die psychischen Muster, die sich immer wieder zeigen, ernst zu nehmen und ihre Bedeutung innerhalb der eigenen Lebensgeschichte zu verstehen. Dafür ist es gut, die inneren Anteile deiner Persönlichkeit besser kennenzulernen. Die Denk- und Verhaltensmuster eines jeden Menschen setzen sich aus verschiedenen inneren Anteilen zusammen. Wir unterscheiden vier: das *innere Kind*, den *inneren Richter*, die Formen der *Bewältigung*, also die Art und Weise, wie wir in bestimmten Situationen reagieren und handeln, um uns zu schützen, und das *erwachsene Ich*.

Derjenige Part in unserem Inneren, der in einer Situation gerade das Ruder übernimmt, bestimmt diese auch: Er steuert deine Erwartungen, deine Wahrnehmung und deine Reaktion auf die Situation. Wie du für verschiedene Gelegenheiten unterschiedliche Kleidung aus dem Schrank holst, kommen bei dir wie bei allen Menschen in unterschiedlichen Momenten unterschiedliche Verhaltensweisen zum Vorschein. Mal lenkt dich also das innere Kind, ein anderes Mal hat vor allem der innere Richter das Sagen. In bestimmten Situationen werden deine Bewältigungsformen aktiv, und an anderer Stelle kann das erwachsene Ich die Führung übernehmen. Es ist spannend herauszufinden, welche dieser vier Instanzen in welcher Situation den Ton angibt. Du kannst mithilfe dieses Buches deine eigenen verschiedenen Anteile kennenlernen und entscheiden, wie die Rollenverteilung in Zukunft sein soll. Mit welchen Mustern und Sackgassen kannst du dich vielleicht ganz gut arrangieren, und wann möchtest du dich lieber anders verhalten und womöglich besser fühlen als bisher?

Ich zeige dir viele Übungen, die dir helfen können, deine Persönlichkeit besser zu verstehen und zu entfalten. Du brauchst für diese Übungen nicht viel, du solltest dir etwas Zeit nehmen und Ruhe dafür haben. Es gibt zum Beispiel Übungen, bei denen du einem Gedanken oder Gefühl nachspürst, wie auch den Regungen in deinem Körper, und im Anschluss etwas dazu aufschreibst. Wenn es dir am Anfang schwerfällt, in die Übungen hineinzukommen, dann gib nicht gleich auf. Vielleicht ist es für dich auch nur ungewohnt, dir selbst so viel ungeteilte Aufmerksamkeit zu schenken. Versuch es ein anderes Mal erneut! Möchtest du es einfach einmal ausprobieren? Dann mach gerne diese kleine Übung zum Einstieg!

Eine kleine Einstiegsübung

Mit dieser Übung kannst du herausfinden, wo im Moment deine »emotionalen Hotspots« liegen. Das sind meist auch die Bereiche, in denen die gerade vorgestellten inneren Anteile besonders aktiviert werden. Nimm dir dafür fünf bis zehn Minuten Zeit.

Mache es dir bequem, entspanne dich, schließe die Augen, und achte einige Atemzüge lang einfach nur darauf, wie dein Atem einströmt und wieder ausströmt ... einfach, um ein bisschen zu dir und zur Ruhe zu kommen. Lass dann deinen Geist durch die letzten Tage und Wochen wandern, und suche nach einer Situation, die dich aufgewühlt oder mitgenommen hat. In der du vielleicht emotional, wütend, traurig oder ungerecht reagiert hast. Und für die du sagen kannst: Das ist irgendwie typisch für mich – andere Menschen wären da entspannter, und eigentlich müsste ich auch nicht so heftig reagieren.

Stelle dir diese Situation so vor, als würde sie jetzt wieder stattfinden. Was tust du in der Situation, was tun andere Menschen, die daran beteiligt sind? Wie fühlst du dich? Kannst du diesem Gefühl einen Namen geben? Fühlst du dich erwachsen oder eher wie ein Kind? Kommen dir diese Gefühle bekannt vor? Heiße diese Gefühle willkommen und gehe ein wenig mit ihnen in Kontakt. Vermutlich gehören sie zu den Anteilen, über die wir in diesem Buch noch viel sprechen werden. Sie gehören zu dir, und es ist gut, wenn du lernst, sie zu verstehen. Beende die Übung, indem du wieder einige Atemzüge lang nur auf deinen ein- und ausströmenden Atem achtest. Achte in den nächsten Tagen ein wenig auf die Gefühle, denen du gerade begegnet bist.

Quälgeister der Kindheit

Das Gefühl von Nora, plötzlich keine Erwachsene mehr zu sein, sondern von Scham und Traurigkeit bestimmt zu werden, wird durch das verletzte innere Kind ausgelöst. Die emotionalen Zustände unserer Kindheit und Jugend sind wie schlafende Quälgeister, die bestimmte Reize oder Situationen wachrütteln und deren Treiben wir dann ausgeliefert sind.

Wenn das verletzte innere Kind aktiv wird, sind meist Überreste weit zurückliegender Versäumnisse und Abwertungen im Spiel: Spuren von Momenten, in denen unsere kindlichen Bedürfnisse nicht ausreichend befriedigt oder missachtet wurden. Jahrzehnte ist es her, seitdem die Mutter unsere Liebesbekundungen peinlich berührt abgetan hat, die Kindergärtnerin uns ignoriert hat, dass unsere Klassenkameraden uns gehänselt haben, doch Beschämung und Zurückweisung sind in uns erhalten geblieben.

Weil Noras Bedürfnis nach Geborgenheit, Zugehörigkeit und Wertschätzung so lange zu kurz gekommen ist, konnten sich in ihr die Gefühle eines verletzten Kindes halten. Deshalb reicht eine unverfängliche und harmlose Situation aus, um diese mit beiden Beinen im Leben stehende Frau emotional aus der Bahn zu werfen.

Neben dem *verletzten inneren Kind* gibt es auch das *verzogene innere Kind*. In diesem Zustand fehlt es einem Menschen an Ausdauer und Selbstdisziplin. Es fällt ihm schwer, Dinge zu erledigen, die lästig oder langweilig sind, aber leider einen Großteil unseres Lebens ausmachen. Niemand macht gerne seine Steuererklärung, aber man macht sie halt. Niemand geht gern zu ärztlichen Vorsorgeuntersuchungen, aber wir wissen, dass es sein muss. Wird das Verhalten von einem verzogenen inneren Kind geleitet, wartet man mit der Erledigung einer unliebsamen Sache so lange, bis es gar nicht mehr anders geht. Alles, was dieser Person keinen Spaß macht, schiebt sie auf die lange Bank oder beauftragt andere Menschen: Freunde, Eltern, Partner. Denn derjenige hat selbst nie gelernt, mit der Frustration umzugehen, die die Erledigung langweiliger Aufgaben mit sich bringt. Oft hatten sie Eltern oder Großeltern, die ihnen alles abgenommen, sie zu sehr verwöhnt oder permanent beschützt haben. Doch auch wenn unsere Eltern uns überbehütet haben, liegt eine Form der Vernachlässigung vor. Die Tendenz, Kindern alles abzunehmen und ihnen letzten Endes nichts zuzutrauen, hat zur Folge, dass viele Menschen als Erwachsene unselbstständig bleiben, zu wenig Disziplin haben, Dinge zu lange aufschieben, andere statt sich selbst in die Verantwortung nehmen und sich von ganz alltäglichen Situationen überfordert und gestresst fühlen.

Linus ist vierzig. Er arbeitet in der IT-Branche und ist ein gefragter Experte. Allerdings fällt es ihm schwer, pünktlich oder auch nur regelmäßig zur Arbeit zu erscheinen. Außerdem verpasst er immer wieder seine Deadlines, dann lässt er sich krankschreiben oder fehlt unentschuldigt im Büro. Immer wenn er gefeuert wird und ihm das Geld ausgeht, hilft ihm seine Mutter. Sein Vater, ein Künstler, hatte keinen Kopf für Kinder oder Hausarbeit. Deshalb hat Linus' Mutter ihm alles abgenommen: Sie ging arbeiten, zog die Kinder groß und kümmerte sich um den Haushalt. So hat Linus am Beispiel seines Vaters gelernt, dass es in Ordnung ist, lästige Aufgaben auf andere zu schieben. Hinzu kommt, dass Linus' Mutter ihr überfürsorgliches Verhalten auf den Sohn ausgedehnt hat. Linus ist also niemals aufgefordert worden, unangenehme Aufgaben zu übernehmen. Fatal ist, dass sich diese Dynamik bis heute fortsetzt: Wann immer Linus aufgrund seiner »Aufschieberitis« in Schwierigkeiten gerät, hilft ihm die Mutter aus der Klemme: mit Geld oder indem sie die Tante fragt, ob Linus für eine Zeit bei ihr wohnen kann, oder indem sie einen Termin beim Arzt arrangiert.

Linus' Mutter meint es nur gut. Aber auf diese Weise wird ihr Sohn nie lernen, Verantwortung zu übernehmen und allein zurechtzukommen. Es ist völlig unklar, was passiert, wenn Linus' Mutter ihm einmal nicht mehr helfen kann, sondern vielleicht selbst Hilfe braucht. Je älter Linus wird, desto schwieriger wird es für ihn, ein erfülltes und glückliches Leben zu führen. Die Quälgeister seiner Kindheit haben ihn fest im Griff.

Kommandos aus der Vergangenheit

Viele Menschen haben einen inneren Richter in sich, der sie zuweilen stark unter Druck setzt oder sogar abwertet. Diese kontrollierende und auch gängelnde Instanz speist sich nicht unbedingt oder nur aus Erfahrungen mit unseren Eltern. Alle Personen, die unser Aufwachsen prägend begleitet haben, können uns in Form des fordernden und/oder des strafenden Richters ein Leben lang begleiten: Großeltern, Lehrer, Nachbarn, Mitschüler ... Es können auch gesellschaftliche Anforderungen sein, die uns unter Druck setzen, weil sie von uns mehr verlangen, als wir realistischerweise erfüllen können. Wir alle sollen schön, engagiert, intelligent und andauernd glücklich sein und vor allem nie Probleme machen. Dabei hat sich der Zwang zur Perfektion in den letzten Jahrzehnten ständig verschärft. Wer kennt es nicht, das Gefühl, wieder mal nicht zu genügen!

Der innere Richter meldet sich oft mit ganz konkreten Sätzen: »Stell dich nicht so an«, »Muss ich jetzt wieder böse werden«, »Denk doch auch mal an andere.« Sätze wie diese scheinen sich tief in unser Gedächtnis eingegraben zu haben. Generationen von Eltern haben sie freigiebig unter ihren Kindern verteilt. Dabei können sie großen Schaden anrichten, denn ihre Botschaft ist immer dieselbe: »Du bist nicht wichtig und deine Bedürfnisse sind es auch nicht.«

Sicher, Eltern sollen ihre Kinder nicht zu Egoisten erziehen. Das heißt aber nicht, dass die Bedürfnisse eines Kindes keine Berechtigung haben. Im Gegenteil, zu wissen, was man braucht und dass man Anspruch darauf hat, ist die Voraussetzung für jede Form der Selbstsicherheit und Zufriedenheit. Und selbst diejenigen, die liebevolle Eltern hatten, sind auf Lehrer, Verwandte oder Mitschüler getroffen, die möglicherweise den einen oder anderen Schaden angerichtet haben. Kaum ein Mensch erreicht das Erwachsenenalter, ohne dass sich fordernde und strafende Stimmen in ihm eingenistet haben. Und immer wieder gibt es Situationen, in denen sie sich lautstark zu Wort melden.

Der *strafende innere Richter* vermittelt einem Menschen, dass er wertlos oder irgendwas an ihm grundsätzlich nicht in Ordnung ist. Ein extremer strafender Richter kann sogar zu totaler Selbstentwertung bis hin zum Selbsthass führen. Aber auch in gemäßigter Form verursacht er eine starke Verunsicherung und Schwächung des Selbstbewusstseins. Der *fordernde innere Richter* hingegen verdammt die Betroffenen »nur« zu Perfektionismus. Wenn du jemand bist, der sich selbst unter extremen Leistungsdruck setzt, liegt das vielleicht an dem fordernden Richter in dir. Dieses Verhaltensmuster macht den Wert einer Person unmittelbar von ihren Leistungen abhängig. Die Befriedigung bleibt dabei stets eine kurzfristige, weil immer größere Ziele erreicht werden müssen. Noch schlimmer ist es, wenn der Erfolg einmal ausbleibt. Dann fühlt sich die Person komplett entwertet und ungeliebt.

Darüber hinaus kann eine solche Denkweise auch Schuldgefühle auslösen. Dabei geht es nicht um Leistung, Geld oder Arbeit, sondern um ein Zurückstellen der eigenen emotionalen Bedürfnisse hinter die anderer. Die Betroffenen haben das Gefühl, es allen recht machen zu müssen und sich nie beschweren zu dürfen. Sie müssen immer nett, verständnisvoll und unkompliziert sein. Dieses Verhalten zeigen oft Menschen, die in sozialen Berufen arbeiten: Krankenschwestern, Sozialarbeiter, Ärzte, Lehrer, Therapeuten.

Anja ist eine intelligente Frau Mitte vierzig. Sie arbeitet als Psychotherapeutin und liebt ihren Beruf, auch weil sie bei ihren Patienten sehr beliebt ist. Sie kann sich gut in andere und deren Probleme einfühlen und sie wunderbar stützen, ermutigen, aufheitern. Allerdings fällt es ihr auch schwer, sich abzugrenzen und die nötige Distanz zu wahren. Ob beruflich oder privat: Immer wieder sagt sie Ja, wenn sie eigentlich Nein sagen sollte. Wenn sie eine Bitte ablehnt, fühlt sie sich gleich schuldig und ungeliebt. Sie kümmert sich um alles und jeden, nur nicht um sich selbst. Warum macht sie das? Bei einem Psychologen-Workshop fällt der Groschen, als sich herausstellt, dass 70 Prozent der teilnehmenden Kollegen eine depressive Mutter haben – wie Anja! Offenbar gibt es einen Zusammenhang zwischen einem problematischen Elternhaus und der Entscheidung für einen sozialen Beruf. Anja erinnert sich, dass ihre Mutter in depressiven Phasen abweisend gegenüber ihren Kindern war und Anja dennoch versucht hatte, sie aufzuheitern, ihr wenigstens ein kleines Lächeln zu entlocken. Bis heute spürt sie diese Verantwortung, dass andere sich wohlfühlen. Nur wenn ihr das gelingt, hat Anja das Gefühl, geliebt werden zu können.

Kinder von psychisch oder auch chronisch körperlich kranken Menschen fühlen sich meist für das Wohlergehen der Eltern zuständig. In der Fachsprache spricht man von »Parentifizierung«, das bedeutet eine Umkehrung des Fürsorgeverhältnisses: Das Kind übernimmt viel zu früh die Rolle eines Erwachsenen – in sozialer wie in emotionaler Hinsicht. Zugleich wird sein eigenes Bedürfnis, dass sich jemand um es kümmert, vernachlässigt.

Bewältigung oder Trick zur Selbstüberlistung?

Sprüche wie »Das ist kein Sportwagen, das ist eine Penisverlängerung« kennt fast jeder. Der psychologische Verdacht, dass so mancher Mann dazu neigt, Glatze, Bäuchlein oder Impotenz mit schnellen Autos zu kompensieren, ist mittlerweile in den meisten Köpfen angekommen.

Den Umgang mit negativen Gefühlen bezeichnen wir im Folgenden als *Bewältigungsform oder -strategie*. Angeberei, Aggression, überzogener Kontrollwahn oder Beleidigtsein sind solche Verhaltensformen, mit deren Hilfe wir versuchen, die negativen Gefühle, die das innere Kind und der innere Richter in uns auslösen, zu vermeiden. Sie erlauben uns, Scham- und Schuldgefühle weniger stark zu empfinden oder zumindest vor anderen zu verbergen. Doch wir zahlen dafür einen hohen Preis. Wir schützen uns auf diese Weise zwar vor den Stimmen der Vergangenheit, schaden uns aber zugleich in der Gegenwart, weil wir dadurch verhindern, dass wir unsere persönlichen Potenziale ausschöpfen.

Wer sich und andere so austrickst, hat die Wahl zwischen Unterwerfung, Vermeidung und Überkompensation. *Unterwerfung* bezeichnet die Tendenz, sich komplett an den Vorstellungen anderer zu orientieren, um sich dadurch vor Schuldgefühlen zu schützen. Die Betroffenen fühlen sich dann stabil, wenn die anderen stabil sind. So müssen sie sich nicht mit eigenen Bedürfnissen auseinandersetzen und es kommen keine Konflikte auf. Wichtige Bedürfnisse bleiben aber unerfüllt und der Kontakt mit anderen ist nicht wirklich »echt«.

Susanna ist eine junge Frau Anfang dreißig, die extreme Selbstzweifel plagen. Obwohl sie musisch und sozial sehr begabt ist, fühlt sie sich uninteressant und wertlos. Und obwohl sie ein einnehmendes Wesen hat, gerät sie immer wieder an Partner, die sie ausnutzen und psychisch missbrauchen. Als Kind hat Susanna kaum Wertschätzung erfahren. Ihre Eltern hatten nur wenig Zeit für sie. Musische Begabung galt im Haus von zwei Naturwissenschaftlern wenig. Schon als Kind fühlte sich Susanna nur dann wohl, wenn es ihr gelang, ein Lächeln ins Gesicht ihrer Eltern zu zaubern. Sie hat ein gutes Gespür für die Stimmung und Wünsche ihrer Mitmenschen und kümmert sich ganz bezaubernd um andere. Es dauert lange, bis sie merkt, dass das jemand unter Umständen gar nicht verdient hat.

Eine Kindheit, die kaum Anerkennung und Wertschätzung bereithält, kann schwerwiegende Folgen haben. Sie macht es einem Menschen unter Umständen unmöglich, zu einer glücklichen, selbstbestimmten und selbstbewussten Persönlichkeit heranzuwachsen.

Im Gegensatz zur Unterwerfung ist die *Vermeidung* eine Art Flucht vor den schädlichen Stimmen des inneren Richters – und oft auch eine Flucht vor dem Leben. Zwar gelingt es den Betroffenen, unangenehmen Gefühlen aus dem Weg zu gehen, denn Vermeider suchen sich Orte, wo sie unerreichbar sind für Gefühle der Kindheit und Kommandos der Eltern. Doch »Wer nicht wagt, der nicht gewinnt« lautet eine Volksweisheit: Vermeider stehen ihrem eigenen Glück im Weg.

Robert ist Ende dreißig. Aufgrund seines hektischen Auftretens und eigenwilligen Aussehens wurde er in der Schule oft gehänselt. Seine Eltern haben sich früh scheiden lassen und Robert hatte weder beim Vater noch bei der Mutter ein wirklich stabiles Zuhause. Im Erwachsenenalter leidet er zudem an starken stressbedingten Hautrötungen. Er hat das Gefühl, weder liebenswert noch attraktiv zu sein. Daher gibt er vor, gar keine Beziehung zu wollen. Er sei »bindungsunfähig«, behauptet er immer wieder, Beziehungen seien ohnehin »spießig« und »langweilig«. Dabei sehnt er sich nach einem Partner, danach, endlich so angenommen und geliebt zu werden, wie er ist, und jemanden zu haben, der konstant und verlässlich für ihn da ist und zu ihm steht. Aus Angst vor Ablehnung geht er jedoch nirgendwohin, wo eine Kontaktaufnahme möglich wäre. Private Verabredungen meidet er, stattdessen sucht Robert anonymen Sex im Schutz des Internets.

Aus Angst vor Zurückweisung vermeidet Robert genau die Situationen, die ihm vielleicht gerade das Leben bescheren könnten, das er sich eigentlich wünscht. Vermeider wie Robert halten sich lieber außerhalb der vermeintlichen Gefahrenzone auf, statt sich um die Verwirklichung ihrer Wünsche und Träume zu bemühen. Zu solchen Vermeidungsstrategien zählen neben sozialem Rückzug alle möglichen Formen von Betäubung durch Rauschmittel sowie Strategien der Ablenkung durch Medien, Essen oder exzessiven Sport.

Bis zu einem gewissen Grad ist es normal und gesund, unangenehmen Situationen aus dem Weg zu gehen, sich hin und wieder zurückzuziehen und einfach abzuschalten. Problematisch wird es, wenn die Vermeidung die persönliche Selbstentfaltung blockiert, weil sie nicht Teil eines eigentlich erfüllten und selbstbestimmten Lebens ist.

Außerdem können Schwäche und Hilflosigkeit durch die sogenannte *Überkompensation* bewältigt werden. Von Überkompensation spricht man, wenn sich jemand scheinbar komplett über das verletzte innere Kind hinwegsetzt und Gefühle wie Scham oder Traurigkeit leugnet. So werden Minderwertigkeitsgefühle häufig durch betont selbstbewusstes, manchmal sogar arrogantes Auftreten kaschiert.

Holger ist ein kleiner, dicker Mann, der als Sohn einer reichen Unternehmerfamilie aufgewachsen ist. Die Firma musste jedoch letztes Jahr Insolvenz anmelden, sodass Holger seinen Wohlstand fast vollständig verloren hat. Im Grunde seines Herzens fühlte er sich aufgrund seiner Statur und seiner geringen Größe gerade im Kreise seiner Familie immer minderwertig. Dieses Gefühl wird durch den Verlust seines Vermögens nun noch verstärkt. Holger kompensiert sein Minderwertigkeitserleben, indem er betont locker auftritt und sich als Frauenheld aufspielt. Für jeden Außenstehenden ist allerdings sofort klar: Der hat's nötig!

Auch hier gilt allerdings: Grundsätzlich ist es gut, wenn wir in der Lage sind, negative Gefühle zu bewältigen. Man muss nicht jeden Schmerz fühlen, nicht jede Wut ausleben, nicht jedem Konflikt nachspüren, sich nicht jede Unsicherheit anmerken lassen. Und nicht jeder Ärger ist einen großen Streit wert.

Zum Problem wird das Leugnen von Gefühlen erst, wenn sie der Befriedigung unserer Bedürfnisse im Weg steht. Holger beispielsweise wird auf diese Weise nie erfahren, dass er trotz seiner Statur ein liebenswerter Mann ist, und auch Robert wird im Internet kaum Erfüllung finden. Das Problem dahinter ist, dass sich die letzten beiden Bewältigungsformen, Vermeidung und Überkompensation, kurzfristig gut anfühlen – sehr viel besser zumindest als die Alternative: die Konfrontation mit Minderwertigkeitsgefühlen.

Unsere Stärken

So wie wir Kleidungsstücke besitzen, in denen wir uns wohlfühlen, so haben wir alle auch innere Anteile, die weder unreif noch unangemessen sind, sondern gesund und völlig angemessen. Orientieren wir uns an diesen Vorgaben, gelingt es uns, unser Leben gut zu organisieren, die richtigen Entscheidungen zu treffen, Probleme zu lösen und Beziehungen zu pflegen. In diesem Zustand sind wir in der Lage, unsere Bedürfnisse und die unserer Mitmenschen gut einzuschätzen und zu befriedigen. Wir bezeichnen ihn im Folgenden als *erwachsenes Ich*.

Aber Spaß, Ausgelassenheit und Albernheit sind genauso wichtig. »Nur Arbeit und kein Spiel macht dumm«, schrieb Karl Marx. Und ein Leben ohne Spiel macht nicht nur dumm, sondern auch unglücklich. Deshalb ist es wichtig, dem *glücklichen Kind* in uns ebenfalls Raum zu geben: jener Seite, die Spaß am Absurden hat, die gerne blödelt, die ausgelassen und fröhlich ist. Denn die Zeit des Spielens und Lachens bereichert nicht nur unseren Geist, sie gibt uns auch die Energie, die wir brauchen, um den stressigen Alltag eines Erwachsenen meistern zu können. Das *glückliche innere Kind* steht jedem von uns zur Seite, wenn vielleicht auch noch im Verborgenen und gut versteckt; es ist das Kind, das unverbogen in die Welt schauen darf – mit all seinem Forschergeist, seiner Spielfreude und Kreativität. Und jeder von uns trägt es in sich!

Mit diesen vier unterschiedlichen Persönlichkeitsanteilen in uns – innere Kinder, innere Richter, Bewältigungsformen und erwachsenes Ich – haben wir unsere Koordinaten auf der Landkarte der Seele. Im ersten Teil des Buches soll es nun darum gehen, unsere Persönlichkeitsanteile noch besser kennenzulernen und zu verstehen. Wie und warum haben sie sich entwickelt? Wie fühlen sie sich an? Wann treten sie auf? Und wie reagiere ich dann? Im zweiten Teil kannst du dich dann aufmachen, dich auf der Grundlage deiner Seelenerkenntnisse zu verändern und deine Persönlichkeit zu entfalten, um auch einmal ganz neue Wege einzuschlagen.

Vielleicht hast du dich selbst oder Menschen aus deinem Bekanntenkreis in dem einen oder anderen Beispiel, in der einen oder anderen Verhaltensweise auch schon wiedererkannt. Im Folgenden wirst du anhand von Fragen noch sicherer und genauer bestimmen können, inwieweit dich welche inneren Persönlichkeitsanteile besonders bestimmen und durchs Leben lenken. Um sich in den inneren Welten besser zurechtzufinden, hilft außerdem die bildliche Darstellung des Innenlebens: Sie hält die Koordinaten, zwischen denen sich unsere seelischen Konflikte abspielen, auf einer Grafik fest. Eine persönliche Landkarte zum Selbstausfüllen findest du auf Seite 158.

Also: Lies einfach weiter. Entspann und freue dich auf eine aufregende Reise ins Innere. Die Seele ist kein Irrgarten, sondern bei genauerer Betrachtung sehr strukturiert. Wer seine innere Landkarte kennt, hat gute Chancen, alte und unliebsame Verhaltensweisen und Gefühle loszulassen und sein Leben zu verändern.

Die Landkarte der Seele

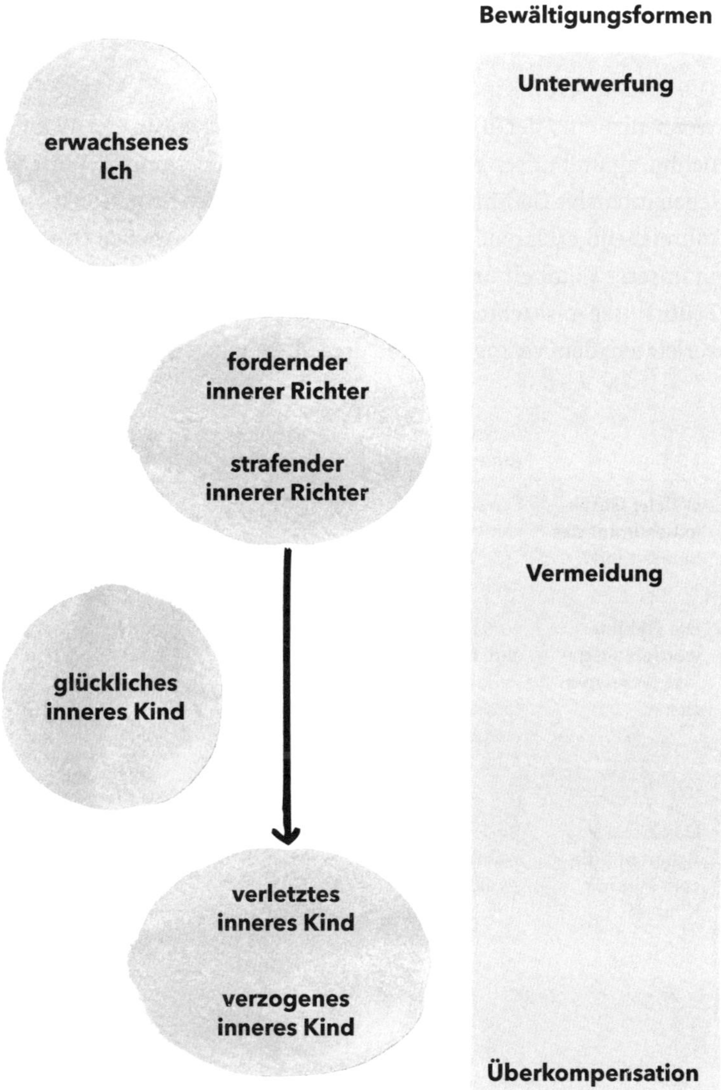

Das Modell der Persönlichkeitsanteile auf einen Blick,
nach Christine Zens und Gitta Jacob (Beltz 2015)

Was unser Fühlen und Verhalten seit Kindertagen prägt

Die drei inneren Kinder

Wenn uns eins der inneren Kinder lenkt, wirken unsere Wahrnehmung und unser Verhalten entsprechend eher unreif. Wir erleben intensive Gefühle, die sich aus der aktuellen Situation nicht hinreichend erklären. Diese Situationen erinnern uns an Szenen in unserer Kindheit und Jugend, in denen unsere grundlegenden Bedürfnisse missachtet wurden. Wir unterscheiden zwischen dem verletzten, dem verzogenen und dem glücklichen inneren Kind.

	verletztes inneres Kind	**verzogenes inneres Kind**	**glückliches inneres Kind**
Welche Gefühle bestimmt das innere Kind?	Scham, Einsamkeit, Angst, Traurigkeit, Hilflosigkeit	Wut, Ärger, Impulsivität, Trotz	Glück, Unbeschwertheit, Neugierde, Sicherheit
Die Gefühle werden ausgelöst, wenn man sich …	zurückgewiesen, bedroht, verlassen, überfordert oder ausgeschlossen fühlt	kritisiert, zurückgewiesen, nicht ernst genommen, ausgeschlossen und eingeengt fühlt	angenommen, zugehörig und geliebt fühlt
Das Ziel der Arbeit mit diesem inneren Kind ist …	Bedürfnisse wahrzunehmen, zu verstehen und selbst für ihre Erfüllung zu sorgen	die Bedürfnisse hinter der Wut zu erkennen und zu versorgen, außerdem Verwöhntheit, Impulsivität und Bockigkeit zu reduzieren	es in vollen Zügen zu genießen

	verletztes inneres Kind	verzogenes inneres Kind	glückliches inneres Kind
Was hilft dem inneren Kind?	eine liebevolle Haltung sich selbst gegenüber, Akzeptanz der eigenen Gefühle, Befriedigung der eigenen Bedürfnisse	das Zurückgewinnen von Kontrolle, Kümmern um unerfüllte Bedürfnisse, Kenntnis von Frühwarnzeichen, das Üben alternativen Handelns	die richtige Balance, neue Aktivitäten, Genuss der »kleinen Dinge«
Achtung vor …	dem strafenden Richter (»Deine Gefühle sind nicht wichtig!«) und den Bewältigungsstrategien, bei denen Bedürfnisse nur scheinbar befriedigt werden	Trotzreaktionen (»Ich mach jetzt nur noch, was ich will!«)	dem strafenden Richter (»Das ist doch kindisch und peinlich!«)

Der fordernde und der strafende innere Richter

Der fordernde und der strafende Richter verbildlichen jene schädlichen Stimmen, die aus unserer Kindheit und Jugend stammen. Ihre Botschaften sind durchweg negative. Sie geben uns das Gefühl, nie zu genügen oder nicht liebenswert, sondern langweilig, dumm, hässlich oder inkompetent zu sein. Man unterscheidet zwischen dem fordernden inneren Richter, der überzogene Ansprüche an uns stellt und uns unter extremen Druck setzt, und dem strafenden inneren Richter, der uns abwertet.

Übrigens: Wenn du jetzt denkst: »Ich hab doch auch viel Gutes gehört – meine Eltern oder Freunde waren nicht nur negativ …« – das ist gut! Die entsprechenden Botschaften (»Ich bin in Ordnung, ich muss nicht alles perfekt machen«) gehören zum erwachsenen Ich.

	fordernder innerer Richter	strafender innerer Richter
Dabei geht es um …	überzogene Ansprüche an die eigenen Person in Bezug auf Leistung oder extreme Erwartung an sich selbst, sich um andere zu kümmern.	die manchmal absolute und generalisierende Abwertung der eigenen Person
Du fühlst dich …	überfordert, unter Druck gesetzt, ungenügend und/oder schuldig	gehasst, ungenügend, nicht liebenswert, abstoßend und/oder abgelehnt
Das Ziel der Arbeit mit dem inneren Richter ist …	seine Botschaften so zu verändern, dass sie hilfreich sind	zu erkennen, dass seine Botschaften keine Berechtigung haben und verschwinden sollten
Was hilft?	zwischen hilfreichen und schädlichen Botschaften unterscheiden zu lernen, die Überprüfung des Wahrheitsgehalts der Botschaft und die Entwicklung neuer hilfreicher Botschaften	das Identifizieren des Ursprungs der Richterbotschaft, die Reduktion der strafenden Stimme durch Symbole, Erinnerungskarten, Kontakt zu lieben Menschen
Achtung vor …	Bewältigungsstrategien! Häufig versuchen wir, dem inneren Richter durch Vermeidung zu entkommen. Das klappt in der Regel nur kurzfristig	

Wie wir Belastendes auf kindliche Weise bewältigen

Um mit emotionalen Belastungen und schwierigen Situationen umzugehen, sind wir in der Kindheit zum eigenen Schutz in Verhaltensformen geflüchtet, die sich in uns eingeprägt haben. Kinder haben oft keine andere Chance, als eine dieser drei Formen der Bewältigung zu wählen: Unterwerfung, Vermeidung und Überkompensation. Im Erwachsenenalter greifen viele Menschen in belastenden Situationen immer noch wie selbstverständlich auf diese kindlichen Strategien zurück.

	Unterwerfung	**Vermeidung**	**Überkompensation**
Dabei versucht man …	sich zu stabilisieren, indem man es anderen recht macht	Gefühle und Probleme zu vermeiden, mit denen man sich nicht auseinandersetzen will	sich so zu verhalten, als sei das Gegenteil dessen wahr, was die Stimmen der inneren Richter behaupten
Diese Bewältigungsstrategie zeigt sich in …	freiwilligem Übernehmen von unangenehmen Aufgaben, nicht Nein sagen können, sich von anderen Menschen abhängig machen	dem Vermeiden schwieriger Situationen, exzessivem Ablenken durch Computerspiele, Internet, Fernsehen usw., Dämpfen der Wahrnehmung durch Alkohol oder Medikamente, Selbststimulation durch Essen, Pornos usw.	Überheblichkeit, übermäßige Kontrolle, aufmerksamkeitsheischendem Verhalten, Aggressivität, manipulativem Verhalten
Das Ziel ist …	zu lernen, diese Formen der Bewältigung zu reduzieren, eigene Bedürfnisse angemessen auszudrücken und mit Konflikten und Problemen konstruktiv umzugehen		
Was hilft?	das Abwägen von Vor- und Nachteilen, Verhaltensexperimente: alternatives Verhalten ausprobieren Geduld, denn Bewältigungsformen aus Kindertagen ändern sich langsam		
Achtung vor …	dem fordernden Richter (»Du musst es allen recht machen«) dem strafenden Richter (»Dich will doch eh keiner dabeihaben«)		dem strafenden Richter (»Wenn du Schwächen zeigst, bist du ein Versager«)

TEIL 1

Die Quälgeister meiner Kindheit und meine Stärken erkennen

Wer dirigiert mein Leben?

Das Ziel dieses Buches ist es, dir zu helfen, negative Gefühle wie Angst, Ohnmacht, Trauer, Scham, Einsamkeit oder Wut durch positive zu ersetzen. Oder einfacher: Du sollst die Kontrolle über deine Denk- und Verhaltensmuster zurückgewinnen, um zufriedener leben zu können – dich endlich in der eigenen Haut wohlzufühlen und die Kleidung zu tragen, die dir steht und passt.

Vielleicht überrascht dich die Vorstellung, dass die Psyche kein Dschungel, sondern ein strukturiertes Gebilde ist, das sich wie eine Landkarte darstellen lässt. Betrachten wir zum Beispiel die Persönlichkeitsanteile von Nora auf der gegenüberliegenden Seite. Sie leidet unter den Gefühlen ihres verletzten inneren Kindes, einem strafenden inneren Richter und der Bewältigungsform der Unterwerfung.

Noras Ziel könnte sein, souveräner mit Situationen umzugehen, in denen sie sich ausgeschlossen fühlt. Wie derartige Veränderungen gelingen, ist Thema von Teil 3 »Raus aus den alten Kleidern – rein in ein erfüllteres Leben«, der dir verschiedene Übungen zur Überwindung negativer Gefühle und zwanghafter Verhaltensweisen vorschlägt.

Zunächst geht es aber darum, dass du deine persönlichen Quälgeister der Kindheit erkennen lernst. Mithilfe der Landkarte kannst du immer tiefer in deine Seele hinabsteigen. So erhältst du Schritt für Schritt Einblick in dein Gefühlsleben, lernst deine typischen Bewältigungsformen kennen und erfährst, was dich stark macht und dir hilft.

Trage in der Grafik auf Seite 158 oder in eine eigene Skizze alle Assoziationen und Informationen ein, die du für wichtig hältst: deine spontanen Gedanken, Gefühle, Erinnerungsbilder, aber auch Situationen, die häufige Auslöser für negative Gefühle sind. Die Grafik ist absichtlich schematisch gehalten – denn so wird dein komplexes Innenleben für dich greifbarer. Wenn du dein inneres Kind und deinen inneren Richter erkannt und verstanden hast, kannst du überlegen, wie sich in kritischen Situationen etwas ändern könnte, damit du dich wohler fühlst.

Sein inneres Erleben und äußeres Handeln wahrzunehmen und zu reflektieren, ist die beste Voraussetzung dafür, mehr Authentizität und emotionale Ausgeglichenheit zu gewinnen. Wer an bestimmten Punkten gezielt ansetzen will, findet dazu die passenden Übungen in Teil 3. Die folgenden Ausführungen und Beispiele sollen dir das eigene innere Beziehungsgeflecht verständlich machen. Wenn du dir Notizen machst oder deine Eindrücke in Bildern festhältst, verstärkst du den Effekt, deine kindlichen Gefühle und dein kindliches Handeln in belastenden Situationen nach und nach bewusst, fassbar und damit veränderbar zu machen.

Landkarte von Nora

So entstehen und wirken die inneren Kinder

Wenn in der Kindheit und Jugend grundlegende Bedürfnisse nicht erfüllt wurden, können sich in einem Menschen schädliche Denk- und Verhaltensmuster bilden.

Kinder haben das grundlegende Bedürfnis nach ...

- einer sicheren Bindung zu anderen Menschen
- Autonomie und Kompetenz
- der Freiheit, Bedürfnisse und Gefühle auszudrücken
- Spontaneität, Spaß und Spiel
- realistischen Grenzen

Eine sichere Bindung zu anderen Menschen

Wir alle brauchen das Gefühl, nicht allein auf der Welt zu sein. Der Mensch ist keine Insel – ein Kind schon gar nicht. Kinder müssen fühlen, dass jemand zuverlässig und liebevoll für sie sorgt, dass sie geliebt und wertgeschätzt werden und nichts, auch das Setzen von Grenzen nicht, der Liebe und Wertschätzung einen Abbruch tut. Wie ein unsichtbares Sicherheitsnetz sollte die Beziehung zu den Eltern Kinder bis ins Erwachsenenleben begleiten. Diese Funktion können aber auch Großeltern, Lehrer oder Nachbarn erfüllen. Wichtig ist nur, dass Kinder die Erfahrung machen, dass jemand verlässlich da ist.

Milena ist eine intelligente, schöne Frau Mitte dreißig. Geboren wurde sie in Russland. Nach dem Zusammenbruch der Sowjetunion verließ die Mutter mit ihr die Heimat Richtung Westen. Der Vater wollte sie nicht begleiten. In Deutschland angekommen, heiratete die Mutter wieder und bekam einen Sohn. Milena stand für das Leben, das sie hinter sich gelassen hatte, und wurde vernachlässigt, geschlagen und kritisiert. Auch in der Schule war sie als »die Russin« eine Außenseiterin. Als die Familie schließlich in die USA übersiedelte, blieb die damals siebzehnjährige Milena allein in Deutschland zurück. Heute hat sie einen Doktortitel und arbeitet an der Uni. Ihr berufliches Leben hat sie gut im Griff. Beziehungen fallen ihr allerdings schwer: Immer wieder sucht sie sich Männer aus, die auf dem Papier Sicherheit versprechen, die beruflich erfolgreich und meist sehr viel älter sind. Nach nur wenigen Wochen dringt sie darauf zusammenzuziehen, nach einigen Monaten auf Heirat. Auf Biegen und Brechen versucht sie, die sichere Bindung zu erzwingen, die sie als Kind nicht erfahren durfte. Sie ahnt aber, dass die Männer, die sie sich ausgesucht hat, letztlich zu demselben Verhalten neigen wie ihre Mutter: Unzuverlässigkeit, Kälte, Demütigung und Missbrauch.

Milena tut alles, damit sich diese Erfahrung des Verlassenwerdens nicht wiederholt. Sie sucht sich Männer ausschließlich unter dem Aspekt der Sicherheit aus und beschleunigt den Beziehungsprozess auf eine Weise, die ihren Bedürfnissen letztlich entgegenwirkt.

Befrage dich selbst

Wie lief es in deinen Kindertagen mit dem Bedürfnis nach Bindung? Suche nach Bildern für Geborgenheit oder auch für Ablehnung in deiner Kindheit. Welche Erinnerungen kommen in dir auf, wenn du darüber nachdenkst?

Selbstsicherheit und Kompetenzen

Es ist schwer, sein Leben zu meistern, wenn man so gar keine Idee davon hat, wer man ist, was man kann und dass man allein gut klarkommt. Um eine solche Vorstellung von sich selbst zu entwickeln, muss ein Kind die Möglichkeit bekommen, sich auszuprobieren. Nur so kann es ein gutes Gefühl für die eigene Identität entwickeln. Das Kind muss Lob und Wertschätzung erfahren, aber auch Vertrauen. Wenn ihm alles abgenommen wird, wird es sich irgendwann selbst nichts mehr zutrauen und sich von ganz normalen Anforderungen überfordert fühlen. Wenn es hingegen gelernt hat, kleine und große Herausforderungen zu meistern, wird es darin eine Quelle der Selbstsicherheit finden. Die sogenannten Helikoptereltern, die ihren Kindern alles abnehmen und sie vor allem beschützen wollen, meinen es gut. Aber das Ergebnis ist leider manchmal, dass der Nachwuchs Schwierigkeiten hat, Selbstsicherheit und Kompetenzen zu entwickeln – auch noch später im Leben.

Tobias ist ein netter und verträglicher Mann Anfang vierzig. Seit dem Abschluss seines Studiums lebt er von Hartz IV. Dabei bewirbt er sich immer wieder auf Stellen und wird auch zu Vorstellungsgesprächen eingeladen – meist erfolglos. Und wenn es einmal klappt, übersteht er die Probezeit nicht, weil er immer wieder zu spät kommt und Deadlines verpasst. Währenddessen machen Tobias' ältere Brüder Karriere. Der eine ist Redakteur bei einer großen Zeitung, der andere ist Kardiologe. Schon als Kind haben sie dem kleinen Bruder immer wieder zu verstehen gegeben, dass er nicht mithalten könne, ein »Schluffi« sei. Diese Stimmen sind in Tobias so laut, dass er keine realistische Idee davon entwickeln konnte, was er will und was er kann. Das wurde noch dadurch verstärkt, dass seine Eltern dem »Nesthäkchen« alles abgenommen und nachgesehen haben. Noch heute springen sie ein, wenn es finanziell mal wieder eng wird.

Tobias hat als Kind weder Lob erhalten, noch hatte er die Möglichkeit, sich auszuprobieren. Bis heute wird ihm alles abgenommen. Er hat dadurch das Gefühl entwickelt, dass er so unfähig ist, dass ihm niemand etwas zutraut, und traut sich mittlerweile selbst nichts mehr zu. Daher klappt auch nie irgendetwas. In der Psychologie nennt man den Teufelskreis, der Tobias gefangen hält, fehlende Selbstwirksamkeitserwartung: Weil Tobias selbst davon überzeugt ist, ein »Schluffi« zu sein, und nicht glaubt, dass er einen Job gut machen kann, strengt er sich auch nicht an.

Befrage dich selbst
Durftest du als Kind allein die Welt entdecken? Musstest du auch Herausforderungen meistern? Fühltest du dich überfordert? Oder warst du allzu beschützt? Gab es also eher zu wenig, genug oder zu viel Selbstständigkeit und Autonomie in deiner Kindheit? Welche Erinnerungen kommen in dir auf, wenn du darüber nachdenkst?

Die Freiheit, Bedürfnisse und Gefühle auszudrücken

Jeder Mensch hat das Bedürfnis, seine Persönlichkeit zu entfalten und damit ernst genommen zu werden. Ein Mensch, der sich anderen Menschen und neuen Erfahrungen öffnet und dann nur Hohn und Spott erfährt, erleidet eine schwere Kränkung. Erleben Kinder, dass man sich über ihre Gefühle und Bedürfnisse lustig macht, werden sie im Erwachsenenalter Schwierigkeiten haben, diese zu äußern.

Ursel ist neunzig Jahre alt. Sie findet es »albern«, über Gefühle zu sprechen. Überhaupt hält sie nichts von »Problemgesprächen«. »In mich geh ich nicht, das ist mir zu weit«, so ihr Credo. Sie ist hart gegen sich selbst und gegen andere. Schwäche hat sie sich nie zugestanden. Immer ist sie tipptopp zurechtgemacht und frisiert, das Haus geputzt bis in den letzten Winkel. Und gespart wurde an allem und jedem. Obwohl immer mehr als genug Geld im Haus war, gab es den Lieblingskaffee nur aus dem Sonderangebotssortiment. Auch als Mutter ist sie ihren Pflichten – zumindest teilweise – perfekt nachgekommen: Das Essen stand pünktlich auf dem Tisch, die Kinder waren immer adrett zurechtgemacht, gemangelt hat es ihnen an nichts. Nur: Zärtlichkeit und Nähe haben die Kinder nie erfahren. Geküsst oder umarmt wurde ebenso wenig wie gelobt oder auch nur nachgefragt, wie es ihnen ging.

Doch Ursel kannte selbst nichts anderes. Ihr großes Vorbild war die eigene Mutter. Die hatte zwanzig Jahre lang in ihrem Schreibwarengeschäft trotz eines schmerzhaften Leistenbruchs hinterm Tresen ge-

standen. Noch heute erzählt sie, dass ihre Mutter zum Abschluss des Abendessens ihren Mann immer drohend fragte: »Anton, hast du noch ein Bedürfnis?« Bedürfnisse, Gefühle, Schmerzen sind Ursels Auffassung nach etwas für Schwächlinge.

Ursel ist in einem Haushalt aufgewachsen, in dem man weder Gefühle noch Bedürfnisse haben durfte. Sie galten als Zeichen von Egoismus und Schwäche. Deshalb konnte Ursel auch in ihrem späteren Leben weder ihrem Bedürfnis nach Nähe noch nach Genuss Ausdruck verschaffen. Noch heute hält sie daran fest, weder etwas zu brauchen noch zu wollen.

Befrage dich selbst

Wie haben deine Eltern oder andere Bezugspersonen reagiert, wenn du als Kind etwas Neues ausprobiert hast, neugierig warst und deine Wünsche und Erfahrungen mit ihnen geteilt hast? Welche Erinnerungen kommen in dir auf, wenn du darüber nachdenkst?

Spontaneität, Spaß und Spiel

Spontaneität, Spaß und Spiel sind wichtige Ressourcen für uns Menschen. Mit ihrer Hilfe gelingt es uns, Stress abzubauen, das Leben leichter zu nehmen, die Dinge wieder im richtigen Verhältnis zu sehen, kreativ und glücklich zu sein. Menschen, denen diese Ressource fehlt, sind stressanfälliger, weniger belastbar, neigen zu Schwermut und Pessimismus.

Jonas ist ein fünfundzwanzigjähriger Jurastudent. Er ist sehr ehrgeizig und zielstrebig, sitzt oft bis mitten in der Nacht in der Bibliothek. Danach geht er joggen. Er scheint sein Leben fest im Griff zu haben, trotzdem fühlt er sich ständig gestresst. Bei ihm hat sich ein unkontrolliertes Zucken aus-

geprägt, das er schon seit seiner Kindheit kennt. In der Schule wurde er deshalb gehänselt. Seine Eltern waren liebevoll und fürsorglich, aber gelacht wurde kaum jemals, auch Spiele jeder Art galten nicht nur als Zeitverschwendung, sondern als »peinlich«, wie jede Art von unproduktivem Tun. Jonas' Eltern waren sehr gehemmt und konnten sich nie gehen lassen.

Heute fehlt Jonas dieser Ausgleich. Wenn er sich mit Freunden trifft, um zu chillen oder sich zu amüsieren, fühlt er sich schuldig. Er weiß auch gar nicht richtig, wie das geht. Nie würde er mit ihnen zum Karaoke gehen, denn wie seine Eltern hat er Angst, dass die anderen ihn peinlich finden könnten.

Als Kind hat Jonas nie erlebt, dass man sich kindisch und albern verhalten kann und trotzdem akzeptiert wird. Nie hat er seine Eltern herumalbern sehen, es gab keine Kissenschlachten, und auch von ihm wurde Ernsthaftigkeit erwartet. Heute fehlt Jonas der Mut, locker und spontan zu sein, und damit eine Quelle der Kraft und Selbstsicherheit.

Befrage dich selbst

Hast du als Kind eher viel oder wenig Freude und Spaß erleben können? Konntest du diese Erfahrungen und Gefühle mit jemandem teilen - oder war das eher schwierig? Welche Erinnerungen kommen in dir auf, wenn du darüber nachdenkst?

Realistische Grenzen

Insbesondere für Kinder ist es wichtig, dass sie nicht nur liebevoll und fürsorglich umsorgt und ermutigt werden, sondern dass sie auch ihre Grenzen kennenlernen und diese auch manchmal von außen gesetzt werden. Geschieht das nicht, entwickelt ein Kind möglicherweise eine übermäßige Selbstbestimmung und glaubt, dass Regeln nur für andere gelten. Das kann dazu führen, dass es sich nicht in andere hineinzuversetzen vermag und auch deren Bedürfnisse und Gefühle weder wahrnehmen noch berücksichtigen kann.

In der Folge schafft es der Erwachsene dann womöglich nicht, sich beruflich und privat so zu engagieren, dass er seine Ziele auch erreicht. Mit Freunden und Partnern, die diesen übertriebenen Egoismus nicht hinnehmen, kann es ebenfalls zu Konflikten kommen.

Oliver ist sechsundfünfzig Jahre alt. Er ist Familienvater und besitzt zusammen mit seiner Exfrau ein Café. Im Kontakt mit anderen Menschen verhält er sich wie ein schlecht erzogenes Kind. Er stellt sich nicht vor, stellt unsensible, übergriffige Fragen, stößt andere vor den Kopf, legt die Füße auf den Tisch … Er zeigt keinerlei Interesse an den Gefühlen und Bedürfnissen anderer und verfügt auch nur über wenig Einfühlungsvermögen. Oliver hat zudem ein massives Alkoholproblem. Er kommt seiner Vaterrolle nur sporadisch nach, vergisst immer wieder Termine, bei denen er sich um die Kinder kümmern sollte, und lässt seine Exfrau auch mit der Verantwortung für das Café weitgehend allein.

Olivers Vater war ebenfalls jahrelang Alkoholiker. Er lag betrunken auf dem Sofa, während seine Mutter, eine Krankenschwester, sich um die Kinder kümmerte und Geld verdiente. Dieses Verhalten hat Oliver übernommen. Für ihn ist es in Ordnung, die Verantwortung für das eigene Leben und die eigenen Verpflichtungen jemand anderem aufzubürden. Hinzu kommt noch, dass die Mutter damals nicht nur völlig überlastet war, sondern auch noch im Zuge der antiautoritären Pädagogik der 1960er-Jahre glaubte, dass Kinder schon von alleine aufwachsen und dass man ihnen keine Grenzen setzen müsse.

Oliver ist ein gutes Beispiel für das sogenannte »Lernen am Modell« (S. 103), er hat sich das Verhalten des Vaters abgeschaut. Er hat zudem wenig Zuwendung als Kind erhalten und nicht gelernt, Regeln einzuhalten. Oliver eckt als Erwachsener immer wieder mit seinem kindlichen Verhalten an. Für andere ist es kaum möglich, eine nahe Beziehung mit ihm zu führen, wenn sie ihre eigenen Bedürfnisse nicht vernachlässigen möchten.

Befrage dich selbst
Hast du als Kind gesunde Grenzen gesetzt bekommen? Oder konntest du dir viel erlauben – vielleicht sogar mehr, als gut für dich war? Welche Erinnerungen kommen in dir auf, wenn du darüber nachdenkst?

Alle Beispiele zeigen, wie die dauerhafte oder wiederholte Verletzung der Grundbedürfnisse ein Kind nachhaltig schädigen kann. Es hat dann nicht gelernt, wie es diese Bedürfnisse befriedigen kann, vielleicht nicht einmal, sie überhaupt zu erkennen. Die neunzigjährige Ursel zum Beispiel hat in ihrer Kindheit weder Gefühle noch Wünsche äußern dürfen. Heute kann sie gar nicht mehr sagen, was ihre Bedürfnisse sind. Sie lebt bis heute komplett konform, richtet ihr ganzes Tun und Handeln ausschließlich danach aus, was gesellschaftlich erwünscht scheint. Oder Tobias: Weil er zu Hause nicht erfahren hat, dass ihm jemand etwas zutraut, ist er nach wie vor abhängig von seinen Eltern und verhält sich tatsächlich inkompetent, obwohl sein Intellekt wie auch seine Ausbildung ihn eigentlich zu allem, was er versucht, befähigten.

Auslöser von kindlichen Verhaltensweisen

In kindliche Verhaltensweisen verfallen wir vor allem dann, wenn wir uns zurückgewiesen, alleingelassen oder unter Druck gesetzt fühlen und uns das an Situationen aus unserer Kindheit erinnert. Dann erscheinen uns Grundbedürfnisse wie Nähe, Sicherheit und Autonomie in Gefahr. In diesem Zustand machen wir aus einer Mücke einen Elefanten, nicht weil wir uns gerne aufspielen und wichtigmachen, sondern weil uns die Mücke plötzlich riesengroß und gefährlich erscheint. Schauen wir uns hier die drei Arten des inneren Kindes noch einmal genauer an: das verletzte, das verzogene und das glückliche innere Kind.

Ist das verletzte innere Kind in mir aktiv, löst es traurige und bedrückende Gefühle wie Scham, Einsamkeit, Angst, Hilflosigkeit, Verlassenheit, Traurigkeit oder Bedrohung aus. Dies ist zum Beispiel bei Nora der Fall. Als Kind wurde ihr Bedürfnis nach Liebe, Geborgenheit und Wertschätzung zu lange und immer wieder nicht erfüllt. Heute reagiert sie auf Situationen, in denen sie dieses Bedürfnis auch nur ansatzweise in Gefahr sieht, traurig und verletzt. Sarahs Verhalten hingegen wird stark von ihrem verzogenen inneren Kind bestimmt, welches sie sehr schnell in Wut versetzt:

Sarah ist schwer gekränkt. Ihre enge Freundin Monika war zwei Wochen in Schweden und hat sich nicht ein einziges Mal bei ihr gemeldet! Als Monika schließlich anruft, reagiert Sarah richtig bockig und schnippisch. Schließlich will Monika ja offensichtlich nicht viel von ihr wissen … Monika ist einigermaßen verwirrt.

Später fühlt Sarah sich blöd. Eigentlich weiß sie, dass sie übertrieben reagiert hat. Trotzdem steht für sie fest, dass Monika sie nicht angerufen hat, weil sie ihr nichts bedeutet. Eine andere mögliche Erklärung, etwa dass der Urlaub für die Freundin eine Zeit des Rückzugs ist, kann sie nicht akzeptieren. So kommt es, dass sie diese Lappalie als Angriff auf ihr Grundbedürfnis nach einer sicheren Bindung empfindet.

Beherrschen uns Wut, Ärger, Impulsivität und Trotz in einer Situation unangemessen stark, dann leitet mit aller Wahrscheinlichkeit das verzogene innere Kind unser Empfinden und Handeln. Impulsivität bedeutet, dass man aus dem Moment heraus agiert, ohne an die Folgen zu denken, ohne Rücksicht auf Verluste, ohne Rücksicht auf sich selbst und vor allem auch auf andere. Menschen können sich in solchen Momenten so verletzend und aggressiv verhalten, dass sie jahrelange Beziehungen zerstören, ihren Arbeitsplatz gefährden oder sogar sich und andere in Gefahr bringen. Ihnen ist es in der Kindheit in bestimmten Situationen vielleicht verwehrt geblieben zu erlernen, wie man mit der eigenen Frustration und anderen negativen Gefühlen umgehen kann.

Uwe ist ein fünfundsiebzigjähriger hochintelligenter und eigentlich umsichtiger Mann. Aber wenn Uwe Auto fährt, wird er unberechenbar – das war schon immer so. Er hat sich dann nicht mehr unter Kontrolle. Ihn stört einfach alles, die kleinsten Verstöße anderer gegen die Straßenverkehrsordnung oder auch nur ansatzweise »rücksichtsloses« oder »unfähiges« Fahrverhalten reizen ihn zu Tobsuchtsanfällen. Als ein Fahrzeug ihn kurz vor der Ampel noch überholt, verliert er völlig die Fassung. Durch das offene Fenster schreit er: »Komm aus dem Auto, du Idiot!« Dass es für ihn selbst übel ausgehen könnte, wenn der »Idiot« auf seine Herausforderung einginge, registriert Uwe in einem solchen Moment überhaupt nicht. Der Ärger in ihm explodiert lautstark und ohne Bedenken der Konsequenzen.

Schließlich gibt es noch das glückliche innere Kind. Dabei handelt es sich um einen gesunden Anteil in unserem Seelischen, der uns unbeschwert und neugierig in Situationen hineingehen, sie erleben und genießen lässt. Leichtigkeit, Beschwingtheit, Neugierde, Spaß, Unbeschwertheit und Sicherheit sind in diesem Zustand vorherrschend, man kann sich auf alberne Spiele einlassen und absurde Ideen verfolgen. Ist das glückliche innere Kind am Zuge, dann fühlen wir uns geliebt, mit anderen verbunden, sicher, wertvoll, optimistisch und spontan.

Inge ist Mitte sechzig. Sie arbeitet als Sozialarbeiterin und liebt ihren Beruf. Er ist zwar anstrengend, doch Inge hat immer darauf geachtet, Ausgleich zu schaffen: Sie hat gelernt, Aquarelle zu malen, praktiziert Tai-Chi ... Vor allem hat Inge aber immer die absurde Seite der Dinge gesehen. Geschichten, die für ihre Freunde ganz alltäglich sind, nimmt sie auf humorvolle Weise wahr und kann sie dann auch so erzählen, dass alle vor Lachen unterm Tisch liegen. Unabhängig von ihrem Alter gleichen ihre Wahrnehmung und Darstellung der Welt mitunter der eines staunenden und albernen Kindes. Weil die Zeit mit ihr immer fröhlich und unbeschwert ist, ist sie überall sehr beliebt. Die Leute wollen auch ein Stück von dieser glücklichen Kindlichkeit, die Inge so freigiebig verteilt.

Das verletzte innere Kind: »Ganz allein auf der Welt«

Gefühle wie Verlassenheit, Ausgeschlossensein, Misstrauen, Scham, Minderwertigkeit und emotionale Entbehrung rühren häufig noch aus Erlebnissen unserer Kindheit her. So kann der Verlust einer wichtigen Bezugsperson, vielleicht die Trennung der Eltern, der Tod eines nahen Menschen oder ähnliche einschneidende Erlebnisse solche Gefühle in uns verwurzeln. Mal treten sie allein, mal im Verbund auf. Das Ergebnis ist immer dasselbe: Wir fühlen uns klein und verletzlich.

Die meisten Menschen können ganz gut sagen, welche Gefühle für sie dabei besonders problematisch sind. Sie wissen, ob es eher Verlassenheit, Minderwertigkeit oder eine Kombination aus beidem ist, die sie zeitweise überwältigt, entmündigt und völlig aus der Bahn wirft.

Ebenso unterschiedlich wie die Gefühle sind die Situationen, die diese Gefühle auslösen. Die folgenden Fallbeispiele geben dir einen Anhaltspunkt, wie Situationen aussehen können, in denen sich das verletzte und/oder das verzogene Kind in dir melden und welche Gefühle dabei wach werden. Vielleicht erkennst du dich in der einen oder anderen Situation wieder und erinnerst dich an vergleichbare Gefühle oder Reaktionen.

Verlassenheit

Verlassenheit stellt sich ein, wenn unser Grundbedürfnis nach einer sicheren Bindung nicht erfüllt wird. Dieses Gefühl geht einher mit einer generellen Verunsicherung – und zwar unserer Selbstwahrnehmung und unserer Wahrnehmung der Welt insgesamt. Es erschüttert uns in unseren Grundfesten. Jede Trennung von einem geliebten Menschen hinterlässt eine Wunde, die nur durch einen langen und schmerzhaften Prozess der Trauer geheilt werden kann.

Manche Menschen erleben Verlassenheit aber auch, ohne aktuell verlassen worden zu sein – sie befinden sich im Zustand des verletzten inneren Kindes. Auch umgeben von ihnen nahestehenden Menschen fühlen sie sich einsam und fürchten, bald verlassen zu werden. Dabei werden sie in Wirklichkeit geliebt und respektiert.

Sarah kennst du schon. Sie hat in Monika eine gute und treue Freundin, die nur ihr Bestes will. Das weiß Sarah eigentlich auch. Trotzdem kommt es immer wieder zu Situationen, in denen sie sich vernachlässigt, zurückgesetzt, ja verraten fühlt. Diese Persönlichkeitsanteile gehören zu ihrem verletzten inneren Kind.

Sarah fühlt sich schwer getroffen. Monika hat sich ohne sie mit einer gemeinsamen Freundin getroffen. Sie wirft Monika vor, kein Interesse an ihr, Sarah, zu haben. Wenn das anders wäre, hätten sie doch auch zu dritt weggehen können!

Sarahs Reaktion ist übertrieben und irrational. Aber sie kann nicht anders: In Situationen, in denen die Exklusivität von Freundschaften infrage gestellt wird, werden bei ihr Gefühle wach, die ihre Kindheit entscheidend geprägt haben: Verlassenheit und Vernachlässigung. Und sie hat keinen anderen Umgang mit diesen Gefühlen in ihrem Repertoire als trotzige Verletztheit. Die unliebsamen Gefühle des verletzten inneren Kindes werden so übertüncht durch die Gefühle des verzogenen Kindes in ihr, das die Angst vor Einsamkeit und Verlassenwerden sofort abstellen will. Vor diesem Hintergrund wird Sarahs heftige Reaktion zwar verständlicher, für die Menschen in ihrem Umfeld aber nicht wirklich angenehmer. Sarahs bockiges, trotziges Verhalten ihrer Freundin gegenüber ist ein gutes Beispiel dafür, wie die inneren Kinder zusammenwirken können. Sarahs Verhalten könnte irgendwann dazu führen, dass es Freundinnen wie Monika zu anstrengend wird und sie sich tatsächlich zurückziehen. So schadet sie sich letztlich auch selbst mit ihrem Verhalten.

Ausgeschlossensein

Der Mensch ist ein soziales Wesen. Er braucht den Kontakt zu anderen Menschen fast so sehr wie die Luft zum Atmen. Und nicht nur den Kontakt, sondern auch das Gefühl, dazuzugehören, akzeptiert und respektiert zu werden. Wer schon einmal die ersten Wochen in einer fremden Stadt durchlebt hat, weiß, wie furchtbar man sich fühlt, wenn man niemanden kennt, dem man sich anvertrauen kann, der sich freut, wenn man mal auf einen Kaffee vorbeikommt, und wie wahllos man dann aus lauter Verzweiflung bei den ersten Bekanntschaften ist.

Unser ganzes Leben lang sind wir deshalb Teil der verschiedensten Gemeinschaften und Gruppen: Wir gehören zu einer Familie, einer Schulklasse, einem Turnverein, einer Yogagruppe, sind Arbeitskollege, Freund, Mitbewohner. Wir brauchen dieses Gefühl, dazuzugehören. Es hat sich gezeigt, dass alte Menschen in dem Moment rapide abbauen, in dem sie aus ihren sozialen Gefügen fallen. Wenn man im Ruhestand den Kreis der Kollegen aus dem Blick verliert, mit dem Alter Familie und Freundeskreis schrumpfen, mit der Gebrechlichkeit das Interesse der Enkel und der Kinder abnimmt, haben Demenz und Altersdepression leichtes Spiel.

Manche Menschen haben aber schon vorher, ja eigentlich seit jeher, das Gefühl, nicht dazuzugehören. Sie glauben, dass sie »anders« sind, dass sie nicht klug, interessant, attraktiv oder selbstsicher genug sind, um gemocht zu werden und in Gemeinschaften willkommen zu sein. Nora ist so ein Fall.

Nora geht gern zur Arbeit. Die Atmosphäre ist im Allgemeinen sehr angenehm, der Umgang freundlich und respektvoll. Manchmal unternehmen die Kollegen gemeinsam etwas: Sie gehen zum Chinesen an der Ecke oder auf den Weihnachtsmarkt. Nora fühlt sich dabei meist ganz wohl. Sie hat generell das Gefühl, dass die Kollegen sie schätzen und trotz ihrer eher ruhigen Art mögen. Wenn sie sie zu ihren Unternehmungen aber nicht ausdrücklich hinzubitten und einladen, fühlt sie sich plötzlich ausgeschlossen und nicht dazugehörig.

Objektiv gibt es keinen Anlass zu glauben, dass sie nicht gemocht wird, bloß weil sie einmal nicht gefragt wurde. Dafür kann es viele Gründe geben: Entweder gehen nur ein paar sehr eng befreundete Kollegen, oder eine spezielle Gruppe hat etwas Wichtiges zu besprechen, oder, und das ist am wahrscheinlichsten: Es handelt sich um eine gemeinsame Unternehmung, der sich anschließen kann, wer mag. Aber Nora kommen diese alternativen Erklärungen gar nicht in den Sinn. Die Erfahrung, ausgeschlossen zu sein, hat sich durch ihre gesamte Schulzeit gezogen. Sie hat so tiefe und kaum verkrustete Wunden hinterlassen, dass selbst solche unverfänglichen und harmlosen Situationen sie sofort wieder öffnen und schmerzen lassen.

Es gibt verschiedene Ursachen dafür, dass Menschen im Laufe ihrer Kindheit die Erfahrung machen mussten, nicht dazuzugehören, von der restlichen Welt abgeschnitten zu sein: häufiges Umziehen, Zugehörigkeit zu einer kleineren Religionsgemeinschaft oder einer gesellschaftlichen Randgruppe und Ähnliches. All das kann mit Ausschluss geahndet werden. Kinder sind in dieser Hinsicht besonders intolerant und erbarmungslos. Doch was immer die Gründe sind: Menschen, die in jungen Jahren über einen längeren Zeitraum das Gefühl hatten, nicht dazuzugehören, werden, geleitet von ihrem verletzten inneren Kind, dieses Gefühl als Erwachsene auch in relativ harmlosen Situationen immer wieder erleben.

Misstrauen

Niemand erlebt die Welt als ein ausschließlich freundliches und liebevolles Gegenüber, als eine kuschelige Umgebung, deren Bewohner einem durchweg wohlgesonnen sind. Jeder von uns ist im Laufe seiner Kindheit und Jugend auf Menschen und Umstände gestoßen, die ihm übel mitgespielt, seine Naivität ausgenutzt haben, schroff und unfreundlich waren, ihn ungerecht behandelt oder seine Gefühle verletzt haben. In der Regel gelingt es uns ganz gut, diese Erfahrungen zu verarbeiten. Es gibt aber Ausnahmen. Manche Erlebnisse überfordern unsere Selbstheilungs- und Widerstandsfähigkeit. Sie brennen sich uns tief ein, lassen Spuren und Wunden zurück, die von allein nicht mehr verheilen. Solche Erfahrungen nennt man auch »traumatisch«. Zu ihnen zählen so extreme Erlebnisse von Hilflosigkeit und Schmerz wie Missbrauchserfahrungen sexueller, gewalttätiger und psychischer Natur oder das Überleben von lebensbedrohlichen Situationen. Sie hinterlassen in den Betroffenen nicht nur Schmerz und Scham, sondern oftmals auch ein tiefes Misstrauen gegenüber solchen Situationen und Menschen, die sie an ihre traumatischen Erfahrungen erinnern.

Katrin ist eigentlich eine fröhliche junge Frau. Sie wirkt auf andere unbeschwert und sorglos. Was viele nicht wissen: Katrin erträgt es nicht, wenn ein Mann sie berührt. Aber auch schon auf harmlose Komplimente und Flirten reagiert sie völlig panisch. Dann versteift sie sich und verlässt fast weinend den Raum. Als ihr betrunkener Nachbar ihr im Hausflur an den Po fasst, schreit sie ihn nicht etwa an, sondern ist wie gelähmt, ehe sie schließlich völlig aufgelöst zur Polizei geht.
Katrin wurde als kleines Kind von ihrem Klavierlehrer sexuell belästigt. Der Klavierlehrer war ein älterer, religiös fanatischer Mann mit geölten Haaren. Sein Kleinwagen war beklebt mit bunten Tierschutz- und Jesus-Stickern. Katrin erinnert sich noch genau an seinen Geruch und an die grellen Farben der Sticker. Ihrer Mutter hatte sie damals nichts gesagt. Sie schämte sich, dachte, sie sei selbst schuld, und war sich nicht

sicher, ob der Klavierlehrer wirklich etwas falsch machte. Irgendwann ahnte die Mutter etwas: Katrins Sachen rochen so komisch, nach dem Nussöl des Klavierlehrers. Sie kündigte ihm zwar, aber gesprochen haben die beiden nie darüber. Bis heute ist die Scham zu groß – bei Katrin, aber auch bei ihrer Mutter.

Menschen wie Katrin reagieren extrem empfindsam auf Anzeichen vermeintlicher Bedrohung. Sie sind ständig auf der Hut. Sie wollen auf jeden Fall verhindern, dass sie abermals in eine Situation kommen, in der sie sich hilflos und ausgeliefert fühlen. Bei Katrin sind es schon die harmlosesten Annäherungsversuche durch Männer, die sie in Panik versetzen. Es kann aber auch etwas ganz anderes sein. Das hängt ganz von der Situation ab, die traumatisch belastet ist. Zum Beispiel ist es ebenso möglich, dass eine Person, die auf dem Schulweg immer von ihren Mitschülern schikaniert wurde, es als Erwachsener nicht erträgt, wenn jemand dicht hinter ihr geht. Das verletzte innere Kind kann sich also auch in einer völlig harmlosen Situation mit all seinen Emotionen aufgerufen fühlen. Wenn wir dies wahrnehmen, ist dies ein erster Schritt dahin, das verletzte innere Kind zu heilen – und uns so selbst zu helfen, als Erwachsene endlich angemessen empfinden und reagieren zu können.

Scham und Minderwertigkeit

»Mann, ist der blöd«, »Milena stinkt!« oder »Guck mal, die fette Kuh!«. Menschen setzen einander herab. Manchmal aus Unsicherheit, weil sie fürchten, sonst selbst Opfer von Demütigungen und Herabsetzungen zu werden, manchmal, um einen Moment der Macht zu erleben. Vor allem Kinder können gnadenlos sein. Mit sicherem Gespür finden sie genau die Stelle, wo es wehtut, und piesacken munter drauflos. Aber auch Erwachsene sind manchmal erbarmungslos.

Gemeinheiten und Beleidigungen verletzen tief. Erwachsene können aber insgesamt besser einstecken als Kinder. Das liegt daran, dass Kinder noch kein stabiles Gefühl dafür haben, wer sie sind und was sie können. Ihr Selbstbild ist noch nicht gefestigt, der Ton noch weich und formbar. Eine achtlos dahingeworfene Bemerkung darüber, dass die Tochter moppelig ist, kann sich ihr so tief einbrennen, dass sie noch lange mit ihrem Aussehen hadert und vielleicht sogar eine Essstörung daraus entsteht. Kinder, die Opfer abwertender Äußerungen oder einer demütigenden Behandlung geworden sind, entwickeln oft das anhaltende Gefühl, unzulänglich, schlecht, minderwertig oder unerwünscht zu sein. Sie glauben, dass sie es nicht wert sind, von anderen Liebe, Aufmerksamkeit oder Respekt zu erhalten. Damit einher geht oft ein Gefühl tiefer Scham.

Doch trifft es nicht alle Kinder gleichermaßen. Einige Kinder sind von Natur aus widerstandsfähiger, nehmen sich Gemeinheiten nicht so zu Herzen, haben einen ausgeprägten Selbstheilungsmechanismus und suchen nach einem alternativen Umfeld, in dem sie Anerkennung und Wertschätzung erfahren. Und es gibt Kinder, die gewissermaßen prädestiniert sind, von anderen gehänselt und gequält zu werden: Sie sind wie Nora immer »die Neue« im Klassenverband, gehören einer unterrepräsentierten Religionsgemeinschaft an oder fallen aus irgendeinem anderen Grund aus der Norm der Gruppe. Diese Kinder sind oft besonders angreifbar und daher auch bevorzugte Opfer von Demütigungen und Schikanen.

Brian erlebt noch heute Beklemmung und Wut, wenn er zufällig einem seiner ehemaligen Klassenkameraden über den Weg läuft, oder auch schon, wenn der Zug in den Bahnhof seiner Heimatstadt einfährt. Dabei ist er in den meisten sozialen Kontexten ein sehr selbstsicherer und fröhlicher Mensch. Er hat viele Freunde und ist überall beliebt, weil er charmant, einfühlsam und witzig ist.

Brian ist auf eine sogenannte Eliteschule gegangen. Seine Mitschüler waren Kinder von Lehrern und Ärzten. Brian war schon immer ein außergewöhnliches Kind mit außergewöhnlichen Vorlieben. Zum Fasching ging er als Bauernmädchen oder Prinzessin, und schon mit sechs Jahren stand für ihn fest: »Ich heirate später Paul – und zwar in einem gelben Hochzeitskleid.«

Doch mit der Pubertät änderte sich alles: Das Anderssein, das seine Klassenkameraden bis dahin akzeptiert hatten, hatte plötzlich einen Namen, und Brian hatte nicht die Absicht, sich zu verstecken und zu verleugnen. Also fing er an, sich zu schminken und exzentrisch zu kleiden. Mit weißer Handtasche, Tigerhose und Strassbrosche an der Jacke. Das blieb nicht ungestraft: In der weiß getünchten Unterführung, die Brian täglich auf dem Nachhauseweg durchqueren musste, stand in großen schwarzen Lettern: »Brian ist schwul.« Anfeindungen und Demütigungen waren an der Tagesordnung. Selbst manche Lehrer gaben ihm das Gefühl, minderwertig zu sein. »Eigentlich mag ich keine Schwuchteln«, gestand der Französischlehrer vor versammelter Klasse, »aber dich respektiere ich.«

Emotionale Entbehrung

Es gibt Eltern, die eigentlich alles richtig gemacht haben. Bei ihnen zu Hause ging es weitgehend harmonisch zu, es gab feste Regeln, die konsequent eingehalten wurden, alles, was die Kinder brauchten, haben sie auch bekommen. Alles? Nicht wirklich. Ein entscheidendes Bedürfnis wurde ignoriert: Nähe und Liebe. Menschen, die aus solchen Familien stammen, berichten oft, dass »so weit alles in Ordnung« war, dass sie sich eigentlich gar nicht beschweren können. Es gab Fürsorge auf allen Ebenen, nur nicht der emotionalen. Und ein Kind braucht das Gefühl, geliebt zu werden, die Gewissheit, geborgen und gut aufgehoben zu sein. Als Erwachsene leiden solche Menschen oft gar nicht übermäßig. Schließlich wissen sie nicht, was sie vermissen sollten. Aber sie haben nie das Gefühl gehabt, für andere wirklich wichtig und liebenswert zu sein.

Ursel hat in ihrem Leben viel erreicht: Sie hat in Kriegs- und Nachkriegszeiten ihre Familie ernährt, zwei Kinder großgezogen, ihrem Mann den Rücken gestärkt und war eine perfekte Hausfrau. Für alles war gesorgt.

Und doch hat sich ihr Sohn vor einigen Jahren bei ihr beschwert, sie habe ihn nie geliebt. Zuerst war sie empört. Sie hat doch alles für ihn getan, hat so viel geopfert, hat viele seiner Eskapaden verziehen und ihn zu dem erfolgreichen Mann gemacht, der er heute ist. Doch dann kamen ihr Zweifel. Was hat sie eigentlich für ihre Mutter gefühlt? Was, für ihren Mann? Ihre Kinder? Hatte sie jemals das Gefühl, einem anderen Menschen wirklich nahe zu sein? Sie weiß, dass ihr Mann sie sehr geliebt hat, aber hat sie das auch gespürt? Und vor allem: Hat sie es erwidert? Ursel selbst ist so groß geworden: Nähe und Liebe gab es nur in sehr vermittelter, indirekter Form. Schließlich waren Gefühle und Bedürfnisse etwas Peinliches, Lächerliches. Wie hätte sie lernen können, was Nähe und Zuneigung heißt?

Und bei dir?

Nun hast du ein ungefähres Gefühl dafür, was das innere verletzte Kind ist, wann es auftaucht und wie es sich anfühlen kann. Vielleicht hast du auch die eine oder andere Situation, das eine oder andere Gefühl wiedererkannt. Aber Vorsicht: Wir alle kennen Scham, Misstrauen und Verlassenheit. Schließlich ist das Leben nicht immer schön und harmonisch. Wir werden verlassen, verletzt, hereingelegt. Leider sind das Erfahrungen, die wir auch in unserem Erwachsenenleben immer wieder machen. Und wenn Scham und Misstrauen durch die aktuelle Situation gerechtfertigt sind, wird mein Verhalten nicht durch kindliche Denkmuster bestimmt, sondern ist die angemessene emotionale Reaktion auf ein konkretes Erlebnis. Die folgenden Aussagen sollen in diesem Punkt noch einmal Sicherheit bringen. Lies die Aussagen in Ruhe durch, überlege dann, und entscheide dich, so gut du kannst:

- Ich fühle mich oft allein auf der Welt.
- Ich fühle mich schwach und hilflos.
- Ich habe das Gefühl, dass mich niemand liebt.

Wenn du diesen Aussagen weitgehend zustimmst, könnte das ein Hinweis darauf sein, dass deine Gefühle stark von einem verletzten inneren Kind beherrscht werden. Ist das der Fall, ist der nächste Schritt, nach dem Ursprung dieser Gefühlslage zu fragen: nach jenen Situationen, in denen du als Kind nachhaltig verletzt worden bist und deren emotionales Echo bis heute in deinem Alltag widerhallt. Dazu können sogenannte Imaginationsübungen durchgeführt werden. Die folgende Übung ist geeignet, ein Gefühl für das verletzte innere Kind zu bekommen. Lies sie zunächst aufmerksam durch, und suche dann für fünfzehn Minuten einen ruhigen Ort, um sie in aller Ruhe durchzuführen.

Imaginationsübung für das verletzte innere Kind

Mach es dir bequem und schließe die Augen. Achte einige Atemzüge lang nur auf deinen Atem, wie die Luft in deinen Körper ein- und wieder ausfließt. Versetze dich dann in eine Situation aus der letzten Zeit, in der du dich einsam, ängstlich oder verletzt gefühlt hast, obwohl das vielleicht gar nicht der Situation angemessen war. Lass die Vorstellung auf dich wirken, als finde sie gerade wieder statt.

Wie fühlst du dich? Kannst du die Gefühle benennen? Kannst du sie körperlich spüren? Was passiert in der Situation? Was daran verletzt dich? Was würdest du gerne tun? Warum tust du das nicht?

Wenn du dich in die aktuelle Situation gut eingefühlt hast, dann lass deine Gedanken in deine Kindheit schweifen. Lass dir Zeit, und beobachte einfach, welche Erinnerungen aufsteigen.

Wen siehst du in diesen Erinnerungen? Wie hängen diese Erinnerungen möglicherweise mit heutigen Gefühlen zusammen?

Nimm dir Zeit für diese Vorstellungen und Erinnerungen und schließe die Übung dann in deinem Tempo ab.

Beobachte in deinem Alltag, wann diese Gefühle auftreten. Deine Antworten auf die folgenden Fragen kannst du in deine persönliche Landkarte der Seele (S. 158) einfließen lassen.

- Was sind die typischen Auslöser dafür, dass sich mein verletztes inneres Kind meldet? In welchen Situationen tritt es auf?
- Welche Gefühle melden sich bei mir, wenn ich mich in diesem Zustand befinde? Bin ich misstrauisch? Ängstlich? Einsam?
- Welche Gedanken habe ich, wenn ich mich in diesem Zustand befinde?
- Welche Erinnerungen oder inneren Bilder werden ausgelöst, wenn ich über mein verletztes inneres Kind nachdenke? Sind es Kindheitserinnerungen? Erinnerungen an Eltern, Lehrer oder Mitschüler?
- Wie fühlt sich mein Körper in diesem Modus an? Spüre ich einen Kloß im Hals oder im Bauch? Einen Druck auf der Brust?
- Wie reagiere ich, wenn mein verletztes inneres Kind meine Gefühle bestimmt? Wie handle ich typischerweise? Wie gehe ich mit meinen Mitmenschen um?

Sarah könnte diese Fragen vermutlich so beantworten: Auslöser für ihr verletztes inneres Kind sind Situationen, in denen ihr absolute Loyalität und Aufmerksamkeit vorenthalten werden. Dann fühlt sie sich verlassen, einsam und verraten. Sie ist nicht mehr in der Lage, die Situation objektiv zu erklären, die Perspektive ihres Gegenübers einzunehmen. Würde sie in sich gehen und den Bildern und Erinnerungen nachspüren, die sie mit diesen Gefühlen und Situationen verbindet, wären da vermutlich Erfahrungen aus ihrer Kindheit, in denen der Vater sie verlassen oder die Mutter sie zurückgestoßen hat. Momente, in denen ihr kindliches Bedürfnis nach Sicherheit und Verbundenheit enttäuscht und ignoriert wurde.

Mit der Zeit und etwas Aufmerksamkeit wird es dir immer besser gelingen, dein verletztes inneres Kind zu identifizieren und zu verstehen, warum es sich gerade in dieser oder jenen Situation wiedereinstellt.

▶ *Und bei anderen?*

Versetz dich einmal in Sarahs Freundin Monika. Woran könnte sie erkennen, dass bei Sarah ein verletztes inneres Kind aktiv ist? Ein Hinweis könnte sein, dass Sarah sich schnell angegriffen fühlt. Bei den kleinsten Anlässen reagiert sie über. Und manchmal erschließt sich für Monika nicht einmal, was der Anlass gewesen sein könnte. Oft ist sie völlig überrascht von der Reaktion und von der Intensität der damit verbundenen Gefühle.

Ein weiteres Indiz ist, dass Sarah für Monikas Erklärungen überhaupt nicht empfänglich ist. Sie blockt völlig ab, kann sich Monikas Klärungsversuchen nicht öffnen. Für sie gilt nur eine, nämlich *ihre* Interpretation der Situation.

Schließlich kann ein Anzeichen sein, dass sich eine Person ständig bei einem rückversichert, etwa mit der Frage: »Bist du auch sicher, dass du mich wirklich dabeihaben willst, wenn du dich mit deinen Freunden triffst?«

Kennst du jemanden, der sich hin und wieder im Verhaltensmuster des verletzten inneren Kindes bewegt? Einen Freund, Verwandten oder Bekannten? Kannst du dich noch an die Situation erinnern, und kannst du dir irgendwie erklären, warum diese Verhaltensweise gerade in dieser Situation ausgelöst wurde? Hast du eine Vorstellung davon, wie er sich gefühlt haben könnte? Was er sich in diesem Moment eigentlich wünschte und brauchte?

Und wie hast du dich eigentlich in dieser Situation gefühlt? Wolltest du der Person helfen, sie trösten, umarmen, aufheitern? Sie schütteln und anschreien? Das Zimmer verlassen? Hattest du Mitgefühl, oder hast du dich überfordert und hilflos, ja vielleicht sogar genervt gefühlt, weil die Person in diesem Moment Argumenten überhaupt nicht zugänglich war?

Wenn du dich an deine eigenen Reaktionen gut erinnerst, kannst du vielleicht lernen, besser zu verstehen, wie es anderen Personen geht, wenn du von deinem verletzten inneren Kind gesteuert wirst.

Das verletzte Kind in mir heißt:

Woran erkenne ich, dass mein Denken, Handeln und Empfinden von meinem verletzten inneren Kind bestimmt wird?

Welche typischen Auslöser rufen es hervor?

Welche Gefühle habe ich dann?

Welche Gedanken habe ich dann?

Welche Erinnerungen sind beteiligt/werden ausgelöst?

Wie fühlt sich mein Körper an, wenn mich das verletzte innere Kind leitet?

....

....

....

Wie verhalte ich mich typischerweise in diesem Zustand?

....

....

....

Wechsele ich häufig in eine andere Verhaltensweise (z. B. die des verzogenen inneren Kindes oder eine bestimmte Bewältigungsstrategie), wenn ich das verletzte innere Kind in mir spüre? In welche?

....

....

....

Was brauche ich, wenn ich von meinem verletzten inneren Kind geleitet werde? Welches Bedürfnis habe ich?

....

....

....

Wird durch mein Verhalten mein eigentliches Bedürfnis erfüllt (z. B. nach Zuneigung)?

....

....

....

Das verzogene innere Kind: »Dafür räche ich mich!«

So wie man den Modus des verletzten inneren Kindes mit dem Laufen in zu engen, drückenden Schuhen vergleichen kann, so passen zum verzogenen inneren Kind am besten Hasskappe und ein knallroter Umhang. Personen in diesem Zustand haben sogenannte »heiße Gefühle« wie Ärger, Wut und Trotz. Auch sie fühlen sich nicht erwachsen, sondern wie Kinder. Sie sind unbeherrscht und hilflos. In solchen Momenten sind sie womöglich regelrecht »außer sich« und haben weder ihre Gefühle noch ihr Handeln unter Kontrolle. Sie denken nicht mehr nach, sind beherrscht von Ärger, reagieren bockig oder impulsiv.

Der Ursprung dieser starken Gefühle liegt auch hier in der Nichtbefriedigung emotionaler Grundbedürfnisse in der Kindheit. Dabei ist es wiederum wichtig klarzustellen, dass diese Bedürfnisse in jedem Alter ihre Berechtigung haben. Sie sind völlig normal. Nur: Tobt unser inneres Kind auch noch im Erwachsenenalter, fällt die Reaktion auf die Nichtbefriedigung unangemessen und übertrieben aus.

Ein weiteres Merkmal des verzogenen inneren Kindes ist, dass es oft gemeinsam mit dem verletzten inneren Kind auftritt. Wir erleben also gemischte Gefühle: eine sehr intensive und unangenehme Kombination aus Hilflosigkeit und Ärger, Einsamkeit und Aggression. Denk an Sarahs Verhältnis zu ihrer Freundin Monika: Sarah fühlt sich gleichzeitig hilflos, verletzt und verärgert. Ihr Verhalten ist vor allem zurückweisend und bockig, dabei hat sie eigentlich Angst davor, wieder einmal verlassen zu werden. Vielleicht kennst du das auch: Eigentlich ist man wütend, weil man sich ungerecht behandelt fühlt, aber statt zu sagen, was einem nicht passt, zu zeigen, dass man sich ärgert und dabei vielleicht auch ein bisschen lauter wird, bricht man in Tränen aus. Oder umgekehrt: Man hat jemanden sehr vermisst, aber wenn er wieder da ist, reagiert man hart und unfreundlich.

Meldet sich das verzogene innere Kind in dir, können also ganz unterschiedliche Gefühle beteiligt sein. Du hast die »Wahl« zwischen einer ganzen Bandbreite negativer Emotionen. Deshalb ist es wichtig, zunächst herauszufinden, welche Gefühle genau bei dir im Vordergrund stehen und warum. Bist du wütend oder eher trotzig? Fühlst du dich ungerecht behandelt und bist deswegen verärgert – oder willst du nicht akzeptieren, dass für dich dasselbe gilt wie für alle anderen? Bist du verletzt oder verwöhnt?

Mit den folgenden Fallbeispielen möchte ich dir dabei helfen, die Gefühle des verzogenen inneren Kindes genauer zu identifizieren und auch die Situationen zu erkennen, in denen es sich auf den Plan gerufen fühlt. Die Beispiele vermitteln dir also auf der einen Seite einen Eindruck davon, welche auslösenden Momente es gibt, auf der anderen Seite lassen sie dich spüren, ob solche oder ähnliche Momente vielleicht auch bei dir die entsprechenden Gefühle hervorrufen.

Ärger

Ärger resultiert meist daraus, dass grundlegende emotionale Bedürfnisse nicht erfüllt werden beziehungsweise du dich ungerecht behandelt fühlst. Möglich ist, dass der Chef dir die Anerkennung für ein Projekt verwehrt, an dem du den Löwenanteil geleistet hast, oder dein Partner gar nicht wahrnimmt, wie du jeden Tag an deine Grenzen gehst, damit im Familienalltag alles rundläuft.

Jeder Mensch äußert Ärger anders: Einige artikulieren ihn in Form von Forderungen und Vorwürfen: »Immer lässt du das Brot vertrocknen«, »Nie machst du den Abwasch« oder »Hast du schon mal darüber nachgedacht, wie ich mich dabei fühle?«; andere stoßen ihre Mitmenschen vor den Kopf, lassen sie mit ihren Bedürfnissen auflaufen, spiegeln das rücksichtslose Verhalten, dessen Opfer sie, so glauben sie, selbst geworden sind. Und wieder andere schlucken den Ärger hinunter. Aber wir sind nicht auf eine Artikulationsart festgelegt: Wie wir mit unserem Ärger umgehen, hängt zu einem Großteil auch von der jeweiligen Situation und unserer Tagesform ab. Im Gespräch mit dem Chef schlucken wir den Ärger eher runter, im Gespräch mit dem Partner bricht er sich häufiger in Form von Anklagen und Vorwürfen Bahn.

Julia, Ende zwanzig, kann schlecht Nein sagen. Vor allem im beruflichen Kontext fällt es ihr schwer, sich abzugrenzen, zu sagen, dass sie etwas nicht schafft oder dass gewisse Arbeitsabläufe schlecht organisiert sind – nämlich so, dass sie Dinge zweimal machen muss, unter vermeidbaren Druck gerät, die Arbeit anderer übernimmt. Dank und Lob erhält sie dafür nie. Auch in der Bezahlung drückt sich die zusätzliche Belastung nicht aus. Im Gegenteil, ihre Vorgesetzten sind unfreundlich, verabschieden sich früher und lassen sich auch gerne mal krankschreiben, wenn es brenzlig wird. Obwohl Julia sich schon lange ausgenutzt fühlt, sagt sie nichts. Ihren Ärger schluckt sie zunächst einmal runter, auch wenn sie im Gespräch mit Freunden ständig aggressiv und verärgert wirkt. Sie klagt bei jedem Treffen über die missliche Lage, kann aber Ratschläge schlecht annehmen.

Wenn Julia von ihrer Mutter erzählt, zeigt sie sich genervt über deren andauerndes Gejammer: Statt etwas an ihrer Situation zu verändern oder ein klärendes Gespräch zu suchen, mache sie alles für den Vater, räume ihm hinterher, bediene ihn. Dieses ständige Klagen geht Julia auf die Nerven. Aber Julia merkt nicht, dass sie das Verhalten ihrer Mutter übernommen hat: Sie jammert und schimpft, fühlt sich aber nicht in der Lage, die Dinge in die Hand zu nehmen, um etwas zu verändern.

Wut

Der Unterschied zwischen Ärger und Wut liegt vor allem in der Intensität. Wenn Ärger ein kleines Feuer ist, ist Wut ein Waldbrand. Sind wir wütend, dann sind wir total enthemmt. Wir sind blind vor Wut, nehmen nichts mehr wahr außer unserem Ärger und denken nicht an die Konsequenzen unseres Handelns. Dabei können Dinge und im Extremfall auch Knochen zu Bruch gehen. Wut setzt ungeahnte Kräfte frei, die sonst durch Vorsicht, Rücksicht und Umsicht gebändigt sind. Selbst kleine Kinder, die im wahrsten Sinne des Wortes außer sich vor Wut sind, kann man nur mit größter Anstrengung festhalten.

Die Ursache solcher Wutausbrüche ist oft das Gefühl, dass unsere Bedürfnisse mit Füßen getreten werden. Die meisten Menschen reagieren mit Wut, wenn sie sich hilflos fühlen und glauben, sich gegen einen Gegner verteidigen zu müssen.

Liam, dreiundzwanzig Jahre alt, ist in einem sehr schwierigen Elternhaus aufgewachsen. Beide Eltern waren alkohol- und drogenabhängig. Liam war früh auf sich alleine gestellt und hat viel Zurückweisung und Bedrohung erfahren. Deshalb erwartet er auch in aktuellen, an sich besseren Beziehungen, dass er ungeliebt bleibt und hängen gelassen wird. Schon bei kleinen Frustrationen wird er darüber wütend und dann auch ausfällig. In so einer Situation geht er einmal verbal regelrecht auf seine Cousine los, die ihm eigentlich immer die Treue bewiesen hat. Jetzt hat sie den »Fehler« gemacht, mit Liams Mutter zu sprechen, als diese sie angerufen hat. Liam flippt regelrecht aus, als er das hört, und weil er sich kaum beruhigt, geht die Cousine nach kurzer Zeit verärgert. Daraufhin ist Liam so wütend, dass er das Geschirr vom Tisch fegt. Teller, Gläser, Gabeln und Messer landen geräuschvoll auf dem Boden, einiges geht zu Bruch, Essensreste kleben überall, am Boden, an der Tapete.

Als er die Bescherung sieht, kippt seine Stimmung in den Keller. Er braucht eine Stunde, bis alles wieder einigermaßen so ist, wie er es haben will. Und Liam fühlt sich bloß noch traurig und verlassen. Denn seine Wut war eigentlich eine Reaktion auf die Befürchtung, dass auch seine Cousine ihn verlassen und verraten wird.

Trotz

»Das Einzige, wozu gute Ratschläge taugen, ist, weitergereicht zu werden. Für einen selbst sind sie immer völlig nutzlos«, heißt es bei Oscar Wilde. Und wirklich: Vor allem unaufgeforderte Ratschläge haben meist den schalen Beigeschmack der Entmündigung. Menschen, die uns unentwegt erzählen, was wir alles falsch machen und wie es besser geht, sind ausgesprochen nervig und leiden nicht selten unter völliger Selbstüberschätzung.

Diese Übergriffigkeit zurückzuweisen, ist eine angemessene Reaktion. So behaupten wir unsere Autonomie. Und auch das damit einhergehende Gefühl des Trotzes ist völlig normal. Doch manchmal reagieren wir trotzig, obwohl man es nur gut mit uns meint, uns in keiner Weise entmündigen möchte und weder unsere Autonomie noch unsere Selbstständigkeit infrage stellt. Manchmal können wir sogar solche Ratschläge nicht befolgen, die wir eigentlich richtig finden, weil wir meinen, dass wir sonst die eigene Persönlichkeit gefährden. Dann hat unser Verhalten etwas Kindisches und wirkt auf den Gesprächspartner unreif.

Julia beklagt sich schon seit ein paar Jahren über ihren Job. Die Beschwerden sind immer dieselben: Sie werde ausgenutzt, nicht gefragt, unter Druck gesetzt ... Sie stellt sich in diesen Erzählungen immer als völlig machtlos und ausgeliefert dar, als gäbe es gar keine Alternative, als müsste sie alles erdulden. Wenn ihre Freunde sie dann vorsichtig fragen, ob es nicht möglich sei, mal mit einem Vorgesetzten zu sprechen und ihm das Problem zu schildern, wird Julia patzig: Sie könne es sich nicht leisten, ihren Job zu verlieren. Sie sei eben angestellt, da könne man so was nicht machen.

Impulsivität

Impulsive Menschen neigen dazu, die eigenen spontanen Bedürfnisse ohne Rücksicht auf andere oder mögliche negative Konsequenzen für sich selbst zu verfolgen. Das Bankkonto ist leer, der Schrank voll? Egal, der rote Kaschmirpulli muss her! Die Deadline ist gefährlich nahe, mein Dispo und der Vertrauensvorschuss beim Chef gefährlich ausgereizt? Egal, ich will auf diesen Klettertrip! Meine Partnerin ist völlig erledigt, und mit den Kindern habe ich seit drei Wochen nicht mehr wirklich Zeit verbracht?

Egal, ich schaue jetzt erst mal die dritte Staffel meiner Lieblingsserie.

Impulsives Verhalten kann sich sehr unterschiedlich äußern. Aber es zielt stets auf eine ungebremste Bedürfnisbefriedigung. Immer tut man etwas, was man später bereut, was objektiv unklug ist. Das ist Außenstehenden sofort klar, sie können über solche Dummheiten oft nur den Kopf schütteln. Man selbst fragt sich erst nachträglich: Was hab ich mir nur dabei gedacht? Und die Antwort lautet schlicht: nichts! Denn bei Impulsivität wird nicht nachgedacht. Es geht dem verzogenen inneren Kind einzig und allein darum, das zu bekommen, was es gerade unbedingt haben will.

Jennifer ist vor Kurzem von zu Hause ausgezogen. Jetzt wohnt sie in einem Studentenwohnheim. Ihr Zimmer ist klein, hässlich, schmutzig – großartig! Jede Nacht gibt es irgendwo eine Party oder man macht mit den Mitbewohnern irgendeinen Blödsinn. Es wird viel getrunken, viel gelacht und viel geflirtet. Jennifer gefällt ihr neues Leben: coole Leute aus aller Welt, spannende Gespräche und viel Spaß. Die Uni besucht sie auch manchmal, aber meistens ist sie morgens zu fertig. Sie nimmt sich immer wieder vor, öfter mal hinzugehen, aber irgendwie klappt es dann doch meistens nicht.

Erst zu Semesterende kommt das böse Erwachen: Sie sitzt in den Prüfungen und hat keine Ahnung. Hat sie wirklich gar nichts gelernt in diesem Semester? Was hat sie sich nur dabei gedacht? Außerdem ist sie total pleite! Sie hat einfach nicht darauf geachtet, dass sie viel zu viel Geld ausgegeben hat.

Jennifer ist in einer ziemlich chaotischen Familie aufgewachsen. Ihre Eltern hatten wenig Zeit. Eigentlich ist sie von ihren älteren Schwestern großgezogen worden. Wenn ihre Eltern mal zu Hause waren, haben sie ihr kaum Grenzen gesetzt, weil sie meinten, dass Kinder ruhig alles mal ausprobieren sollten.

Verwöhntheit

Im Unterschied zur Verwöhntheit ist impulsiven Menschen im Prinzip bewusst, dass sie gerade etwas Dummes machen, und vor allem, dass sie die Folgen ihrer Impulsivität irgendwann selbst ausbaden müssen. Sie wachen am nächsten Morgen mit Katzenjammer auf. Sie bereuen die letzte durchzechte Nacht, fassen sich an den Kopf und ärgern sich über die eigene Dummheit. Verwöhnten Menschen sind diese Formen der Selbstkritik eher fremd. Sie glauben, dass für sie ganz besondere oder auch gar keine Regeln gelten, und fühlen sich nicht an die gleichen Pflichten gebunden wie andere. Sie fühlen sich für ihr Verhalten nicht verantwortlich und sind überzeugt, es sei richtig, dass andere die Suppe für sie auslöffeln und dass ihr Handeln höchstens Konsequenzen für ihr Umfeld hat.

Menschen mit einem verwöhnten inneren Kind wurden in ihrer Kindheit oft tatsächlich in Watte gepackt und somit verzogen. Sie empfinden in herausfordernden Situationen aber nicht unbedingt starke Gefühle. Am ehesten reagieren die Betroffenen beleidigt, wenn andere ihre Forderungen nicht tolerieren und ihnen Grenzen setzen.

Linus, der bereits erwähnte IT-Experte, hat nur wenige Freundschaften. Seinen engsten Freund Juri kennt er noch aus der Schule. Linus und Juri waren als Kinder unzertrennlich. Doch je älter sie wurden, desto größer wurden die Gegensätze. Linus geht wie selbstverständlich davon aus, dass Juri die Dinge erledigt, zu denen er selbst keine Lust hat. Obwohl er schon seit Jahren in einer eigenen Wohnung lebt, ist er noch immer bei Juri gemeldet. Er erwartet, dass Juri ihn informiert, wenn wichtige Post kommt, und ihm die Post ungefragt weiterleitet. Weil seine Wohnung etwas außerhalb gelegen ist, schläft er außerdem oft bei Juri. Er hat seinen eigenen Schlüssel und ruft vorher kurz an.

Juri kennt auch Linus' Mutter. Er weiß, warum der Freund so unselbstständig und verwöhnt ist. Vieles sieht er ihm nach, zum Beispiel, dass er im Gespräch die ganze Redezeit beansprucht und ausschließlich von sich spricht, ohne sich auch nur einmal nach Juri zu erkundigen. Oder dass er nie Zeit hat, wenn Juri mal Hilfe braucht, aber seinerseits ständig Hilfe einfordert. Oder dass Linus, als Juri ihm beim Umzug helfen will, noch im Schlafanzug ist und noch keine einzige Kiste gepackt hat. Aber irgendwann wird ihm die Asymmetrie ihrer Beziehung zu viel und Juri distanziert sich: Eine Freundschaft ist schließlich kein Fürsorgeverhältnis, zumindest kein dauerhaftes.

Undiszipliniertheit

Fast jeder ist mal undiszipliniert, und das ist auch gut so. Preußische Selbstdisziplin führt selten zum Glück. Trotzdem kann ein erwachsener Mensch weder seine Autonomie behaupten noch seine Ziele erreichen, wenn er die täglich anfallenden Aufgaben nicht einigermaßen gewissenhaft erledigt. Wer so gar kein Durchhaltevermögen besitzt, wird auch nichts erreichen. Wem es über die Maßen schwerfällt, alltäglichen Pflichten nachzukommen, der wird irgendwann in fürchterliche Schwierigkeiten geraten. Wer Dinge endlos aufschiebt, wird immer wieder Phasen unglaublichen Stresses erleben und unnötigerweise Dinge nicht hinbekommen.

Menschen mit einem undisziplinierten inneren Kind sind nicht unbedingt auch verwöhnt in dem Sinne, dass sie andere für sich die Kastanien aus dem Feuer holen lassen. Die Kombination kommt aber häufig vor. Bei Linus etwa.

Linus ist ein Fall, in dem das verwöhnte und das undisziplinierte Kind aufs Ungünstigste zusammentreffen. Es fällt ihm nicht nur schwer, lästige, langweilige, alltägliche Aufgaben zu erledigen. Er ist überzeugt, dass er das eigentlich auch nicht muss. Eine Wohnung zu suchen etwa, ist einerseits beschwerlich, andererseits auch nicht nötig, weil seine Mutter schon etwas finden wird, wo er erst mal unterkommen kann. Zum Amt gehen und sich ummelden ist lästig und letztlich auch nicht so wichtig, weil Juri sich ja um die Post kümmern kann, die auch nach zwei Jahren noch in seine alte Wohnung kommt. Deadlines einzuhalten, fällt ihm schwer. Er kann nur unter extremem Druck überhaupt arbeiten. Dann aber wird der Stress ihm meist zu groß, und er kündigt den Job, ehe er etwas Unfertiges abgibt.

Linus hat durch Überbehütung weder gelernt die Frustration langweiliger Arbeiten auszuhalten, noch die Konsequenzen seiner Handlungen selbst zu tragen. Bis heute nimmt ihm die Mutter beides ab. Sein verzogenes inneres Kind hindert ihn bis heute, beruflich Fuß zu fassen und sich weiterzuentwickeln.

▶ *Und bei dir?*

Wut und Ärger sind normal und oft auch gesund. Es gibt viele gute Gründe, sich zu ärgern: Ungerechtigkeiten und Rücksichtslosigkeiten, andere Menschen, die sich unmöglich verhalten, einem nachhaltig schaden und gar nicht auf die Idee kommen, sich zu entschuldigen. Wenn du dich ab und zu ärgerst, ist das völlig in Ordnung. Viel bedenklicher wäre es, wenn du niemals wütend würdest.

Dasselbe gilt für die Tendenz, hin und wieder unangenehme Dinge aufzuschieben. Das kennt fast jeder. Es ist auch eigentlich logisch, dass man Angenehmes und Interessantes eher macht als Unangenehmes und Langweiliges.

Zum Problem werden Wut und Impulsivität erst, wenn sie eine gängige Reaktionsweise sind und immer wieder zu Konflikten am Arbeitsplatz, in der Beziehung oder auch mit Freunden führen. Diese Konflikte ergeben sich meist dadurch, dass die Menschen in unserem Umfeld kein Verständnis für unser unangemessenes Verhalten haben.

Ich habe einige Aussagen zusammengestellt, die dir helfen können herauszufinden, ob dich ein verzogenes inneres Kind lenkt oder ob du einfach hin und wieder ganz normale und berechtigte Wut und Unlust verspürst. Die Sätze sind beispielhaft, entscheidend ist, was du selbst denkst: Neigst du zu unangemessen wütenden Reaktionen? Ist deine Bedürfnisbefriedigung manchmal zu impulsiv? Bringst du deine eigene Einschätzung ein?

- Wenn ich erst einmal wütend bin, sehe ich echt rot. Ich verliere manchmal richtig die Beherrschung.
- Ich will alles, und zwar sofort! Ich tue, was ich will, dabei kann ich auf die Gefühle und Bedürfnisse anderer Menschen keine Rücksicht nehmen.
- Ich verletze Regeln, mache Dummheiten, befriedige unmittelbare Bedürfnisse und denke nicht an die Konsequenzen. Später bereue ich das, ärgere mich über mein dummes Verhalten.
- Ich habe das Gefühl, dass ich mich nicht an dieselben Regeln halten muss wie andere und dass Pflichten, die für andere gelten, keine Geltung für mich haben.
- Wenn ich ehrlich bin, habe ich schon öfter gesagt bekommen, dass ich manchmal unangemessen trotzig, aggressiv oder bockig bin.

Das verletzte und das verzogene innere Kind treten oft gemeinsam auf. Wir wissen sicher alle, wie es ist, wütend oder verletzt, traurig oder verärgert zu sein. Dabei unterscheiden sich diese Zustände fundamental: Das verletzte innere Kind geht fast ausschließlich mit negativen Gefühlen einher: Traurigkeit, Verlassenheit, Verletzlichkeit. Im Zustand des verzogenen inneren Kindes erleben sich Menschen oft machtvoll und stark. Sie haben das Gefühl einer gelungenen Auflehnung, sind mitunter stolz darauf, dem Gegenüber endlich Grenzen aufgezeigt zu haben und sich nichts gefallen zu lassen: »Dem hab ich's gezeigt«, »Endlich hab ich mal auf den Tisch gehauen«, »Der hat gedacht, mit mir kann man's ja machen – da hat er sich getäuscht!« – solche und ähnliche Sätze schwirren in unseren Köpfen herum, wenn wir mal wieder laut geworden sind. Nicht selten schämt man sich allerdings hinterher.

Im Rückblick wirkt das eigene Verhalten doch übertrieben, und es bleiben vor allem Scham, Verlassenheit und neue Konflikte.

Auch wenn es um die unmittelbare Befriedigung von Bedürfnissen geht, fühlt man sich zunächst gut! Wer kauft nicht gern einen neuen Pulli, isst viel und macht es sich erst mal bequem, obwohl eigentlich Dringendes erledigt werden müsste? Es spricht auch überhaupt nichts dagegen, sich gelegentlich etwas zu gönnen und nicht ganz so streng mit sich zu sein. Im Gegenteil: Menschen, die das nicht können, haben ein Problem. Wer nicht auf sich achtet, läuft Gefahr, sich zu viel zuzumuten und vielleicht sogar ein Burnout-Syndrom zu entwickeln. Zu einem Problemverhalten wird die unmittelbare Befriedigung von Bedürfnissen des verzogenen Kindes erst, wenn die Folgen zwar kurzfristig angenehm sind, aber mit der Zeit zu großen Schwierigkeiten führen. Wer überhaupt keine Selbstdisziplin und kein Durchhaltevermögen hat, wird seine langfristigen Ziele nicht erreichen können, und wer alles bei anderen ablädt, wird irgendwann ziemlich allein sein.

Im Alltag müssen wir ständig solche Entscheidungen zwischen spontaner Bedürfnisbefriedigung und Disziplin treffen: Zähneputzen ist lästig, aber wenn wir es nicht machen, wird es irgendwann schmerzhaft und teuer. Die tägliche Rückengymnastik ist anstrengend, und wir könnten stattdessen auch zwanzig Minuten länger im Bett liegen, aber irgendwann zahlt sich das aus: Wenn nämlich alle anderen über Rückenschmerzen jammern, können wir uns entspannt zurücklehnen.

Anfangs sind es vor allem andere Menschen, die unsere Wut und Verwöhntheit als Problem wahrnehmen. Solltest du also die Befürchtung haben, bei dir könnte ab und zu ein verzogenes inneres Kind aktiv sein, frage mal deine Bekannten. Wenn du von mehreren Ähnliches hörst, könnte etwas dran sein.

Übrigens: Sich ein verzogenes inneres Kind einzugestehen, fühlt sich peinlich und unangenehm an. Es ist aber eine starke Leistung, sich diese Themen schonungslos anzuschauen!

Um zu klären, ob dein Verdacht sich bestätigt, ist es auch bei diesem inneren Anteil deiner Psyche wichtig zu verstehen, woher er kommt, was ihn auslöst und wie du dich dabei fühlst:

- Was sind die typischen Auslöser für mein verzogenes inneres Kind? In welchen Situationen tritt es auf?
- Welche Gefühle melden sich bei mir, wenn ich mich in diesem Zustand befinde? Handelt es sich um Frust, Ärger, Wut oder eher um Trotz? Welche Gefühle stehen im Vordergrund, welche im Hintergrund? Fühle ich mich stark oder eher schwach?
- Folgt meiner kindlichen Wut oft Traurigkeit oder vermischen sich beide Gefühle miteinander?
- Welche Gedanken habe ich typischerweise, wenn mich mein verzogenes inneres Kind lenkt? Viele Menschen erleben sich ungerecht behandelt – ist das bei mir auch so? Und worin besteht die gefühlte Ungerechtigkeit?
- Welche Erinnerungen oder inneren Bilder werden ausgelöst, wenn ich über meine kindliche Wut nachdenke? Sind es Kindheitserinnerungen? Sätze der Eltern, Lehrer oder Mitschüler?
- Wie verhalte ich mich typischerweise, wenn mich das verzogene innere Kind steuert? Wie gehe ich mit meinen Mitmenschen um? Wie reagiere ich auf andere und wie reagieren andere auf mich? Woran erinnert mich diese Interaktionsweise? An Personen und Situationen aus meiner Kindheit?

Um diese Fragen zu beantworten, kannst du auch die Übung von S. 72 machen. Geh dazu von einer aktuellen Situation aus, in der dein verzogenes inneres Kind, dein kindlicher Ärger oder deine unangemessene Wut aktiviert wurden.

Liam könnte diese Fragen so beantworten: Auslöser für seine übergroße Wut sind Situationen, in denen ihm die absolute Loyalität und Aufmerksamkeit, die er einfordert, verweigert werden. Er fühlt sich in erster Li-

nie wütend. Die Wut dient dazu, für einen Moment das Gefühl zu haben, die Kontrolle über die Situation zu besitzen. Gleichzeitig fühlt Liam sich schwach und hilflos. Bei ihm tritt das verzogene innere Kind immer in Verbindung mit dem verletzten inneren Kind auf. Es ist das Gefühl, ungerecht behandelt und verraten worden zu sein, das seine aggressive Reaktion heraufbeschwört. Würde er in sich gehen und den Bildern und Erinnerungen nachspüren, die ihn mit diesen Gefühlen verbinden, wären es vermutlich Situationen aus seiner Kindheit, in denen der Vater betrunken ist und die Familie beschämt oder in denen seine Mutter ganz auf sich bezogen ist und Liam völlig übersieht: Bilder und Gefühle der Bedrohung und Einsamkeit. Momente, in denen sein kindliches Bedürfnis nach Sicherheit und Verbundenheit enttäuscht und ignoriert wurde. Liams Umfeld reagiert auf seine Unbeherrschtheit, Konfrontationsbereitschaft, Aggressivität und Uneinsichtigkeit meist durch Distanzierung und Rückzug.

▶ *Und bei anderen?*

Denk noch einmal an Uwe, den aggressiven Autofahrer, der im Straßenverkehr manchmal so von seinem Ärger beherrscht wird, dass er die eigenen Kräfte gefährlich überschätzt. Uwe neigt nicht nur im Auto zu unbeherrschten Wutausbrüchen. Auch zu Hause ist es einfach, ihn zum Explodieren zu bringen. Manchmal reicht ein lautes Geräusch, das Klappern von Tellern, eine kleine Ungeschicklichkeit oder dass jemand vergessen hat, die Wohnzimmertür zu schließen – und Uwe geht an die Decke. »Giftzwerg« nennt Uwes Frau ihn in solchen Momenten und verlässt für ein paar Minuten den Raum, bis Uwe sich wieder abgeregt hat.

Wenn wir dabei sind, wenn ein Bekannter sich wieder einmal übermäßig und sinnlos aufregt, überkommt uns oft das Gefühl, Zeuge eines unreifen Verhaltens zu werden. Meist haben wir ein ganz gutes Gespür dafür, ob eine Wut oder ein Ärger durch die Situation gerechtfertigt ist. Jeder hat Bekannte, die sich über Lappalien ungeheuer und gern auch endlos aufregen können. Wenn es im Café mal fünf Minuten länger dauert, wollen sie gleich mit dem Geschäftsführer sprechen, wenn das Schwimmbad unangekündigt geschlossen hat, machen sie einen Aufstand. Und auf die Frage, ob das wirklich so furchtbar sei und ob sich der Ärger überhaupt lohne, reagieren sie gereizt oder gar mit Tränen.

Wenn wir eine Person erleben, die von ihrem verletzten inneren Kind geleitet wird, verspüren wir oft instinktiv Mitgefühl und Mitleid. Wir wollen sie trösten und unterstützen. Wenn wir aber jemanden in unserer Nähe haben, der gerade von seinem verzogenen Kind bestimmt wird, geraten wir selbst auch in ärgerliche Stimmung und/oder verspüren Hilflosigkeit. Es ist schwer, mit solchen Menschen zusammenzuleben. Immer wieder geraten sie und wir mit ihnen in die gleichen unangenehmen und ausweglos scheinenden Situationen. Oft ist es uns ein Rätsel, warum der Freund, der doch auch liebevoll und verständig sein kann, sich mitunter so unmöglich verhält.

Wenn du dieses Verhaltensmuster eines Bekannten besser verstehen möchtest, versuche, die folgenden Fragen zu beantworten. Wenn die betroffene Person dir sehr nahesteht, bietet es sich an, die Fragen gemeinsam zu beantworten. Allerdings sollte das verzogene oder verletzte innere Kind gerade nicht aktiv sein. Sonst warte damit, bis die Person sich wieder ruhig und erwachsen verhält.

- Kann ich nachvollziehen, was dieses gereizte/impulsive Verhalten bei der betroffenen Person ausgelöst hat?
- Habe ich eine Ahnung, was derjenige in diesem Moment »eigentlich« braucht? Oft resultiert die Wut daraus, dass man sich ausgegrenzt fühlt, obwohl man eigentlich Kontakt und Zuwendung bräuchte.
- Wie reagiere ich, wenn ich die betroffene Person so erlebe? Wie fühle ich mich? Fühle ich Mitleid oder Frustration? Will ich den anderen unterstützen und trösten oder ihm/ihr lieber den Rücken zudrehen?

Das verzogene Kind in mir heißt:

....

Woran erkenne ich das verzogene innere Kind?

....

....

....

Was sind typische Auslöser?

....

....

....

Welche Gefühle habe ich dann?

....

....

....

Welche Gedanken habe ich dann?

....

....

....

Welche Erinnerungen sind beteiligt/werden ausgelöst?

....

....

....

Wie fühlt sich mein Körper an, wenn mich das verzogene innere Kind leitet?

....

....

....

Wie verhalte ich mich typischerweise in diesem Zustand?

....

....

....

Wechsele ich häufig in eine andere Verhaltensweise (z. B. verletztes inneres Kind), wenn ich das verzogene Kind in mir spüre? In welche?

....

....

....

Was brauche ich, wenn ich von meinem verzogenen inneren Kind geleitet werde? Welches Bedürfnis habe ich?

....

....

....

Wird durch mein Verhalten mein eigentliches Bedürfnis erfüllt (z. B. nach Respekt)?

....

....

....

- Inwieweit ist das verzogene innere Kind »erfolgreich«? Bekommt die betroffene Person die Reaktion, die sie braucht? Schafft sie es, dass ihre Bedürfnisse tatsächlich erfüllt werden?
- Insbesondere bei verwöhnten und undisziplinierten inneren Kindern: Habe ich eine Ahnung, woher das Verhalten bei der betroffenen Person stammt? Was weiß ich über die Eltern und andere wichtige Bezugspersonen? Waren die vielleicht auch verwöhnt und impulsiv? Oder wurde die Person als Kind zu wenig gefordert?
- Insbesondere bei übergroßer Gereiztheit und Wut oder gar Aggression: Habe ich eine Ahnung, woher die Emotionen bei dieser Person stammen? Was weiß ich über die Eltern und andere wichtige Bezugspersonen? Waren die vielleicht auch stark gereizt und wütend oder aggressiv? Oder hat der Betroffene möglicherweise oft schlechte Behandlung oder starke Ungerechtigkeit erleben müssen?

Du hast dich mit dem verzogenen inneren Kind vertraut gemacht, bei dir und anderen nachgespürt. Um das verzogene Kind in dir noch besser kennenzulernen, ist es hilfreich, wenn du deine Gedanken und Ergebnisse niederschreibst (S. 72/73).

Das glückliche innere Kind: »Zweimal drei macht vier …«
Werfen wir noch mal einen Blick in den Kleiderschrank: Da hängen die schlichten Sachen, die irgendwie immer gehen, und die etwas unbequemen Sachen, in denen wir schwitzen und die kratzen, für besondere Anlässe wie Familienfeiern, Betriebsfeiern, Vorstellungsgespräche, dann die unauffälligen bis abgerissenen, bequemen Sachen für gemütliche Tage und jene wundersamen Gewebe, deren bloßer Anblick uns in gute Laune versetzt. Vernünftig sind die bestimmt nicht, aber sie machen Spaß. Ihr Kauf war völlig unabhängig von Überlegungen, die sich auf Qualität, Preis und Praktikabilität richten.

Im Kleiderschrank unserer Seele hängen auch solche herrlichen Stücke. Wir ordnen sie dem »glücklichen Kind« zu, dem Zustand, in dem wir uns wunderbar unbeschwert, beschwingt und glücklich fühlen. Die Figur, die das glückliche Kind vielleicht am reinsten verkörpert hat, ist Astrid Lindgrens Pippi Langstrumpf. Völlig unangepasst, aber immer mit Blick auch auf die Bedürfnisse anderer folgt sie ihrem Spieltrieb und ihrer Kreativität. Sie ist mit der Welt im Reinen und kennt daher auch keine Eitelkeit und keine Missgunst. Freigiebig und empathisch verströmt sie reine Lebensfreude und macht sich die Welt, »wie sie ihr gefällt«.

Das sollten wir auch alle ab und zu tun. Wenn es draußen regnet, kann drinnen die Sonne scheinen. Wenn man mitten im Stress steckt, sollte man Zeit haben für einen kleinen Spaß zwischendurch. Denn wenn wir nicht alles ganz so ernst nehmen, ist der Nebel gleich nicht mehr so dicht, und die Arbeit geht uns viel leichter von der Hand.

Jeder Mensch verbindet andere Erfahrungen mit dem Zustand des glücklichen Kindes: Die einen fühlen sich frei und unbeschwert, wenn sie mit ihren Freunden »Mensch ärgere dich nicht« spielen, die anderen, wenn sie mit ihren Enkeln Sandburgen bauen oder Arien aus Operetten singen. Das Schöne an diesem inneren Anteil des Seelischen ist, dass er gleich mehrere emotionale Grundbedürfnisse befriedigt: zunächst das Bedürfnis nach Spaß, Spiel und Spontaneität. Dann auch das Bedürfnis nach Verbundenheit und Geborgenheit: Wenn wir uns gehen lassen, herumalbern und zum Clown machen können, dann weil wir uns sicher sind, dass unser Umfeld uns gewogen ist. Wir erleben uns als glücklich, zugehörig und gut aufgehoben, wenn wir dem glücklichen Kind in uns freie Bahn lassen, zu blödeln und Faxen zu machen. Was für ein angenehmer, entspannender und erholsamer Zustand!

Vor allem, da die Welt uns meist eher fordernd und kalt begegnet. Viele Menschen erleben in ihrem Alltag Stress und Überforderung, weil sie rund um die Uhr funktionieren sollen. Von ihnen wird erwartet, dass sie sich auf ein immer entgrenzteres Berufsleben mit vielen Überstunden einlassen, das sie mit ihrer Familie und manchmal auch der Pflege der Eltern unter einen Hut bringen müssen. Die Zeit zum Luftholen ist da eher knapp. Und selbst dabei setzt man sich oft unter Druck: Selbst die freie Zeit soll paradoxerweise optimal genutzt werden. Nur wie?

Genau hier wird das glückliche innere Kind zum Lebensretter: Es ist ein guter Schutz gegen psychische Probleme, denn es setzt dem Funktionalitätsgebot den Unsinn entgegen, dem Unbehagen an den privaten und beruflichen Verhältnissen das Bewusstsein, dass die Welt im Großen und Ganzen gut läuft. »Die Welt, schon recht!«, schrieb der Dichter Peter Hacks in einem Gedicht und beschrieb damit ein Gefühl der Gelassenheit und Versöhntheit, das wir im Einklang mit unserem glücklichen inneren Kind erleben.

Bei Menschen, die ihrem glücklichen Kind in sich viel Raum geben, haben die schädlichen inneren Kinder im Allgemeinen weniger Einfluss. Dasselbe gilt leider auch umgekehrt: Bei Menschen mit einem verzogenen inneren Kind ist das glückliche innere Kind meist nur schwach entwickelt. Es ist daher sinnvoll, das glückliche Kind in sich zu stärken und so aufzubauen, dass es die schädlichen Persönlichkeitsanteile mehr und mehr verdrängt.

Allerdings ist es nicht praktikabel und auch nicht wünschenswert, dass wir uns nur noch im Zustand des glücklichen Kindes befinden. Es geht um eine gesunde Balance: Tatsächlich werden Menschen ohne größere psychische Probleme die meiste Zeit von ihrem erwachsenen Ich gelenkt. Aber auch für diese Menschen ist es wichtig, ihr glückliches inneres Kind zur Verfügung zu haben. Denn jeder ist mal erschöpft, gestresst, überlastet und spaß- und erholungsbedürftig, und dann ist es gut, wenn man auf Aktivitäten zurückgreifen kann, die dem glücklichen Kind gefallen. So entsteht ein Gegengewicht zu jenen frustrierenden Situationen, die unser Berufs- und Privatleben eben auch auszeichnen.

Hanna ist Lehrerin an einer Sprachenschule und alleinerziehende Mutter von zwei Kindern im Kindergartenalter. Ihr Alltag ist ganz schön stressig. Sie steht früh auf, macht die Kinder bereit, bringt sie in die Kita und fährt dann so schnell wie möglich zur Arbeit. Die Arbeit wird schlecht bezahlt. Das Geld reicht gerade so. Manchmal merkt Hanna, dass ihre Kräfte nachlassen. Das Gute ist, dass die Arbeit in der Schule und auch die Zeit mit den Kindern ihr viel Energie zurückgeben. Beides ist auch anstrengend. Aber Hanna hat sowohl mit ihren Schülern als auch mit ihren Kindern immer wieder viel Spaß. Sie freut sich, dass sie dank der Kinder alberne Dinge unternehmen darf: Kissenschlachten, Zauberküche und »Musik« machen auf den eigenwilligen Tröten, die ihr Vater aus Kenia mitgebracht hat. Dann gibt die Kleinste den Einsatz und alle blasen munter drauflos. Und auch in der Schule gibt es genug Gelegenheit, Neues und Verrücktes auszuprobieren. Das macht allen Spaß, es wird viel gelacht, und Hanna hat das gute Gefühl, bei ihren Schülern beliebt zu sein. Hätte Hanna diesen Ausgleich nicht, würde sie aufgrund der permanenten Überlastung Gefahr laufen, in eine psychische Abwärtsspirale zu geraten.

▶ *Und bei dir?*

Sicher kennst du Momente, in denen die Welt plötzlich in den schönsten Farben leuchtet, dann bist du mit allem versöhnt und alberst hemmungslos herum. Du fühlst dich rundum akzeptiert, verbunden und geschätzt, bist mit dir und der Welt im Reinen.

Dieser Zustand lässt sich dauerhaft nicht aufrechterhalten. Es gibt Sorgen, Schicksalsschläge, die persönliche Energie ist begrenzt und der Alltag größtenteils mit Pflichten gefüllt. Das glückliche innere Kind verändert die Verhältnisse nicht. Die Zeit bleibt knapp, die Arbeit anstrengend, der Sachbearbeiter unfreundlich. Doch Menschen, die wie Hanna viel Raum in sich für das glückliche innere Kind haben, können diesen Erfahrungen etwas Schönes, Heiteres und Freundliches entgegensetzen. Sie schaffen sich ihre Enklaven der Unbeschwertheit und damit einen Ausgleich, der sie für Niedergeschlagenheit und Erschöpfung weniger anfällig macht. Um Kontakt zu deinem glücklichen inneren Kind aufzunehmen, kannst du folgende Übung machen: In welchen Situationen treffen diese Aussagen irgendwie zu?

- Ich fühle mich geliebt und akzeptiert.
- Ich bin zufrieden und entspannt.
- Ich vertraue den meisten anderen Menschen.
- Ich bin spontan und verspielt.

Kontakt zu deinem glücklichen inneren Kind

Mach es dir bequem, schließ die Augen, und beobachte zur Entspannung deinen Atem. Dann versetze dich in eine unbeschwerte Situation.

Was ist da passiert? Was war dabei? Was für Gefühle sind präsent? Warum gelingt es dir, so heiter und leicht zu sein? Wie fühlt sich das körperlich an?

Lass deine Vorstellung in die Kindheit schweifen.

Gibt es da Erinnerungen und Menschen, die mit guten Gefühlen verbunden sind?

Versuch, das warme Gefühl zu behalten, wenn du die Übung beendest.

Die meisten Menschen beklagen, dass sie sich nicht oft genug glücklich, unbeschwert und entspannt fühlen. Wenn du dieses Energiearsenal auch häufiger ausschöpfen möchtest, musst du erst einmal herausfinden, was bei dir persönlich den Zustand des glücklichen Kindes auslöst. Was brauchst du, um dich entspannen zu können und glücklich zu fühlen?

- Welche Aktivitäten, Situationen und Personen holen das glückliche Kind in mir hervor?
- Wann war ich das letzte Mal mit meinem glücklichen inneren Kind verbunden? Denk über die letzten Wochen nach, und forsche, wann du dich besonders heiter, glücklich und leicht gefühlt hast.
- Was gehört zu meinem glücklichen inneren Kind? Was ist besonders wichtig? Sind es bestimmte Menschen, bestimmte Aktivitäten oder eher situative Voraussetzungen (zum Beispiel Wochenende oder gutes Wetter)?
- Gibt es Dinge, die es mir erleichtern, mein glückliches inneres Kind auszuleben (Ausdauertraining, Trommeln …)?

Wenn du das Gefühl hast, dass du dich niemals glücklich und unbeschwert fühlst und dein Leben ausschließlich aus Verpflichtungen und Verantwortung besteht, bedenke, dass das Leben selten perfekt ist. Selbst wenn du dich nicht daran erinnern kannst, dass dein glückliches inneres Kind jemals aktiv war und deinem Leben Freude und Schwung gegeben hat, gab es bestimmt Momente, in denen du dich über einen schönen Herbsttag mit seinem bunten Laub und seinem goldenen Licht gefreut hast, über eine lustige Bemerkung eines Kindes lachen musstest oder dir beim Brainstorming mit Kollegen eine absurde Idee gekommen ist. Es gibt also sicher Ansatzpunkte – Dinge und Situationen –, die dich deinem glücklichen inneren Kind näherbringen. Und die gilt es zu stärken!

Und bei anderen?

Hannas Schüler schätzen sie, weil ihre Fröhlichkeit und ihr Lachen so ansteckend sind, und ansteckend ist auch das glückliche innere Kind in Aktion. Menschen in unserer Nähe, die sich von ihm leiten lassen, bringen auch uns diesem Zustand näher, in ihrer Umgebung fühlen auch wir uns glücklicher, unbeschwerter, akzeptierter. Sie verströmen positive Gefühle, deshalb suchen wir ihre Nähe.

Umgekehrt sind Personen mit einem starken verletzten oder verzogenen inneren Kind im Umgang eher anstrengend und belastend, weshalb wir ihre Nähe eher meiden. Das Fatale daran ist, dass Personen, die sich ohnehin schon akzeptiert und geborgen fühlen, zudem auch noch beliebt sind und leicht Freunde finden, während Personen, die sich verlassen und ungeliebt erleben, tatsächlich eher verlassen und gemieden werden.

Luisa ist Mitte vierzig, Pilotin und alleinstehend. Sie hat einen engen Freundeskreis – eine Art Ersatzfamilie, und in gewisser Weise ist Luisa die Sonne, um die alle anderen kreisen. Ihr Lachen, ihr Lächeln, ihr frech-charmanter Humor, ihre kindliche Neugier auf alles: andere Länder, fremdes Essen, neue Bücher, Musik, Veranstaltungen, Sportarten, ihre minutenlange schweigende Ehrfurcht beim Verzehr eines Spaghettieises – das alles zieht Menschen an. Alle laden sie ein. Sie wissen, dass eine Feier, auf der Luisa ist, nur gewinnen kann. Auch ihre Arbeitskollegen wünschen sich immer, dass sie mit Luisa zusammenarbeiten dürfen: Mit ihr ist die stressige Arbeit auf so beengtem Raum viel lustiger und geht leichter von der Hand.

Überlege nun am besten noch mal selbst ganz genau, in welchen Situationen dein glückliches inneres Kind aktiv wird, wie du dich in solchen Momenten fühlst und verhältst und welche Gedanken und Bilder dir durch den Kopf gehen. Notiere und/oder zeichne es .

Das glückliche Kind in mir heißt:

....

Was sind die typischen Situationen, die mein glückliches inneres Kind hervorrufen?

....

....

Welche Gefühle habe ich dann?

....

....

Welche Gedanken habe ich dann?

....

....

Welche Erinnerungen sind beteiligt/werden ausgelöst?

....

....

Wie fühlt sich mein Körper typischerweise an, wenn mich das glückliche innere Kind leitet?

....

....

Wie verhalte ich mich typischerweise in diesem Zustand?

....

....

So entstehen und wirken unsere inneren Richter

Katrin erinnert sich noch genau: März 1963. Ein wunderbarer Frühlingstag. Die Luft war noch feucht, aber schon ein bisschen warm, die helle Sonne bahnte sich den Weg durch die ersten zarten Blätter. Sie, ihre Mutter und ihre Schwester stapften die kleine bewaldete Anhöhe zu der Kirche hinauf, in der gleich Katrins Konfirmation stattfinden sollte. Dabei konnte sie mit Kirche und Religion ebenso wenig anfangen wie ihre Mutter. Was sollte also der ganze Zirkus?, fragte sie, obwohl sie die Antwort wusste: Wie der exakt getrimmte Pudel, der Sportwagen und die teuren Lodenmäntel ging es auch bei der Konfirmation vor allem darum, nach außen ein gutes Bild abzugeben. Aber zu Hause stimmte gar nichts: Ihr Vater verschwand immer mal wieder für ein paar Wochen, die Mutter brachte ständig irgendwelche Männer mit nach Hause, beide tranken viel zu viel, bekriegten sich häufig bis aufs Blut und vertrugen sich dann doch wieder. Was nach außen wohlanständig und kultiviert aussah, war in Wirklichkeit das reinste Chaos.

»Anständig und angemessen« sollte auch die schreckliche Aufmachung sein, in die ihre Mutter sie gesteckt hatte: ein dunkelblaues Kleid mit einem Kragen aus einer völlig lächerlichen und kratzenden Spitze bis an die Ohren, das Ganze aus einem fürchterlich glänzenden Polyester, in dem man schwitzte wie verrückt, und viel zu hohe Schuhe, auf denen sie nicht laufen konnte. Sie fühlte sich so unwohl und fremd darin. Katrin erinnert sich noch genau, wie sie auf dem Weg zum Altar hingefallen ist. Das war ihrer Mutter furchtbar peinlich. Anstatt zu fragen, ob alles in Ordnung sei, und sich für die blöden Schuhe zu entschuldigen, kam der Satz: »Musst du immer alles kaputt machen?«

»Viele Kinder haben schwer erziehbare Eltern«, schrieb der französische Philosoph und Pädagoge Jean-Jacques Rousseau. Eltern benutzen ihre Kinder zur Befriedigung der eigenen Bedürfnisse, während sie deren Gefühle ignorieren und missachten. Dass das ab und zu passiert, ist nahezu unvermeidlich: Auch Eltern sind Menschen. Sie haben Stärken und Schwächen, Weitsicht und blinde Flecken. Viele Eltern haben vieles richtig, aber eben auch einiges falsch gemacht. Sie können liebevoll gewesen sein und zugleich übermäßig perfektionistisch bezüglich ihrer Anforderung an ihr Kind. Fürsorglich und besorgt, aber zugleich übergriffig und inkonsequent. Konsequent und wohlmeinend, aber letztlich kalt. Ursel etwa ist in vielerlei Hinsicht eine vorbildliche Mutter gewesen. Aber da sie selbst nie gelernt hat, Gefühle zu zeigen, hat sie das auch ihren Kindern nicht zugestehen können.

Selbst solche Eltern also, die sich wirklich die größte Mühe geben, alles richtig zu machen, machen Fehler. Manchmal, wie im Fall von überfürsorglichen Eltern, sogenannten Helikoptereltern, ist genau das das Problem: Dann schadet ein Zuviel des Guten, und Kinder lernen weder die eigenen Grenzen noch die eigenen Fähigkeiten kennen.

In diesem Kapitel geht es nun um die Persönlichkeitsanteile, die uns stark unter Druck setzen, herabsetzen, in uns das Gefühl auslösen, abgelehnt oder sogar gehasst zu werden. Sie überzeugen uns, nicht klug und attraktiv, nicht liebenswert und gut genug zu sein. Niemand lehnt sich selbst von Geburt an ab. Es sind andere Menschen, die uns in unserer Kindheit beigebracht haben, an uns selbst zu zweifeln, uns abzuwerten und übermäßig viel abzuverlangen. Und das haben wir bis heute nicht verlernt. Auch wenn wir längst erwachsen sind, melden sich immer wieder innere Stimmen zu Wort, die uns von unserer eigenen Unzulänglichkeit erzählen. Der Ursprung dieser Botschaften liegt in längst vergangener Zeit, aber wir werden sie, wenn wir nichts dagegen unternehmen, bis ins hohe Alter hören.

Wir sprechen in diesem Zusammenhang von einem fordernden und/oder strafenden inneren Richter. Die Denk- und Verhaltensmuster, die mit dem inneren Richter einhergehen, sind für unser Wohlbefinden immer schädlich. Wäre der innere Richter ein Produkt, müsste sich auf der Verpackung ein Totenkopf befinden mit dem Vermerk: von Kindern fernhalten! Vom inneren Richter angetriebene Verhaltensweisen haben in der Regel negative Auswirkungen, etwa wenn eine Person dazu neigt, sich übermäßig unter Druck zu setzen, sie sich die Erfüllung eigener Bedürfnisse nicht gestattet, die eigenen Gefühle als lächerlich abtut oder sich selbst immer wieder wegen belangloser Dinge abwertet. Der Begriff »innerer Richter« umfasst all jene Stimmen in uns, die sich durch Abwertung, Überforderung oder gar Misshandlung in unserer Kindheit in unserem Fühlen, Denken und Handeln verwurzelt haben. In den meisten Fällen geht der innere Richter auf die Eltern zurück, seltener auf Geschwister, es können aber auch Verwandte, Lehrer oder Mitschüler verantwortlich dafür sein, dass wir uns als Erwachsene selbst abwerten und unter Druck setzen.

Der innere Richter geht besonders oft mit dem verletzten inneren Kind einher.

Vielleicht kennst du solche Situationen: Dein Chef gibt dir deine Arbeit mit einem kleinen Feedback zurück. Das ist nicht nur ein ganz normaler Vorgang, es ist sogar aufmerksam. Du könntest dich über dieses Interesse eigentlich auch freuen. Jemand hat sich die Mühe gemacht, deine Arbeit ganz genau zu lesen und für die Zukunft Verbesserungsvorschläge zu machen. Wenn du jedoch einen stark ausgeprägten inneren Richter hast, fühlst du dich eher am Boden zerstört: Bin ich denn auch dazu zu dumm?, denkst du. Kann ich gar nichts richtig machen? Vielleicht fürchtest du sogar, entlassen zu werden.

Oder: Dein Partner macht eine ansatzweise kritische Bemerkung, die vielleicht nur ein Witz war, und schon bist du tief verletzt, zweifelst an dir, fühlst dich ungeliebt, hast womöglich Angst, das Ende der Beziehung sei eingeleitet.

In Fällen wie diesen wird zunächst der innere Richter geweckt. Oft artikuliert er sich in Kommentaren, die schon deine Kindheit immer wieder in eine private Hölle verwandelt haben, wie:

»Du kannst auch gar nichts richtig machen!«, »Schlamperei, wie immer!« oder »Ist die Kleine mal wieder böse?«. Infolgedessen meldet sich auch gleich das verletzte Kind in dir, das sich unfähig und nicht liebenswert fühlt. Je nachdem, was du in deiner Kindheit erlebt hast, fühlst du dich schwach, hilflos oder beschämt.

Innerer Richter und verletztes inneres Kind bilden gerne eine verhängnisvolle Allianz. Vieles haben sie gemeinsam: Beide sind schädlich und setzen uns zu. Trotzdem ist es wichtig, sie zu unterscheiden, damit du ihnen etwas entgegensetzen kannst. Letztlich müssen beide Instanzen abgeschwächt werden: die Gefühle des verletzten Kindes, die dich zwingen, dich unsicher und kindisch zu verhalten, ebenso wie die Stimme des inneren Richters, die dir sagt, dass du nichts kannst und nichts bist. Doch während die dich abwertenden Stimmen zwar angeeignet, aber doch fremde Stimmen sind, die es gilt, zum Verstummen zu bringen, ist das verletzte innere Kind ein Teil von dir, den es zu trösten und zu heilen gilt. Aus diesem Grund ist es wichtig, das verletzte innere Kind und den inneren Richter, auch wenn sie oft gemeinsam auftreten, auseinanderzuhalten. Einzeln lassen sie sich besser außer Gefecht setzen (innerer Richter) beziehungsweise beruhigen und heilen (verletztes inneres Kind).

Kennst du schon die Richter-Stimmen in dir? Was sie auch sagen, sie sind immer schädlich – für jeden Menschen. Denn sie verhindern, dass wir uns so sehen, wie wir sind, dass wir uns selbst akzeptieren, unser Potenzial erkennen und dann ausschöpfen können. Sie sind die Mühlsteine an unserem Hals, sie sind der defekte Motor, der dafür sorgt, dass wir mit einem vollen Tank nur einige Kilometer weit fahren können. Und es darf nicht sein, dass sie so viel Macht über uns haben! Es liegt in deiner Hand, diese Stimmen in dir zum Verstummen zu bringen – dieses Buch hilft dir dabei.

Der erste Schritt ist auch hier wieder: Nimm die Stimmen des inneren Richters wahr, und spüre, wie sie wirken! Der innere Richter kann ganz unterschiedliche Botschaften transportieren.

Es handelt sich zwar fast immer um Forderungen oder Vorwürfe, aber ihr Inhalt unterscheidet sich stark. Daher ist es zunächst wichtig, dass du deinen inneren Richter gut kennenlernst. Frage dich: Woher kommt er? Was sind seine Botschaften? Gibt es konkrete Sätze, die sich in mir eingebrannt haben? Ist er fordernd oder strafend oder vielleicht beides? In welchen Situationen taucht er auf? Wie fühle ich mich dann? Wie reagiere ich?

Die drei Stimmen

Der innere Richter kann leistungsfordernd, emotional fordernd und/oder strafend vorgehen. Wenn er Leistung fordert, empfindet die betroffene Person Gefühle des Versagens. Emotionale Forderungen lösen Schuldgefühle aus. Und der strafende innere Richter demütigt den Betroffenen.

Der leistungsfordernde innere Richter

Der leistungsfordernde innere Richter setzt uns unter Druck, indem er übertriebene Ansprüche an uns stellt. Niemand kann immer der Beste sein. Niemand wird in seinem Leben immer nur gewinnen. Und, noch wichtiger: Man kann nicht, aber man muss eben auch nicht immer der Beste sein. Für Kinder, vor allem solche, die sehr begabt sind, ist es sicher schwer, wenn zum ersten Mal etwas schiefgeht, wenn die erste Vier zurückkommt. Manche weinen dann. Erwachsene aber sollten gelernt haben, sich nicht gleich komplett infrage zu stellen, nur weil mal etwas nicht klappt wie geplant. Dann ist man nicht gleich ein Versager, und schon gar nicht, wenn unrealistische Ansprüche nicht erfüllbar sind. Erwachsene sollten Realitäten akzeptieren und wissen, wer sie sind und was sie können. Wenn dir das schwerfällt, kann das ein Hinweis darauf sein, dass du dich im Denkmuster des fordernden Richters befindest.

Jonas, den ehrgeizigen Jurastudenten, dem es schwerfällt, auch mal locker zu sein und Spaß zu haben, hast du ja schon kennengelernt. Bei Jonas ist ein stark fordernder innerer Richter am Werk.

Jonas hat sehr liebevolle Eltern, die alles für ihn tun würden. Sie lieben ihren Sohn innig und sind stolz auf ihn. Jonas ist der Erste in seiner Familie, der studiert hat. Sein Vater ist beruflich erfolgreich, er hat sich nach der Lehre in einem Unternehmen bis ganz nach oben hochgearbeitet. Trotzdem hat er sich seinen studierten Kollegen immer unterlegen gefühlt, konnte in ihrer Gegenwart nie wirklich sicher und selbstbewusst auftreten. Deshalb wollte er unbedingt, dass Jonas studiert, am besten Jura. Schon als kleines Kind weiß Jonas, dass er Rechtsanwalt werden will – beziehungsweise werden soll. Vom ersten Schultag an ist er überzeugt, dass sein Vater unendlich enttäuscht sein wird, wenn er mal keine tollen Noten nach Hause bringt. In dieser Zeit beginnt Jonas, unkontrolliert zu zucken. Bis heute kann er nicht genau sagen, ob er für seinen Vater Anwalt geworden ist. Noch immer setzt er sich unter enormen Druck, um immer und überall der Beste zu sein. Er glaubt, dass alles andere seinen Vater enttäuschen würde.

Der emotional fordernde innere Richter

Dieser innere Richter stachelt uns nicht zu immer besseren Leistungen an, sondern verlangt, uns um andere und nicht um uns selbst zu kümmern. Es geht dabei nicht nur um angemessene Hilfsbereitschaft, sondern darum, sich für andere aufzuopfern und die eigenen Wünsche und Bedürfnisse zu ignorieren.

Kinder müssen erst lernen, dass andere Menschen auch Bedürfnisse haben. Sie sind erst mal egoistisch, ehe Eltern, Kindergärtner und Lehrer ihnen zeigen, dass Lukas, der neben ihnen sitzt, auch gern ein Eis will oder dass die kleine Schwester jetzt Ruhe braucht und sie deshalb leise sein müssen. Kinder, die diese Form der Empathie und Rücksichtnahme nicht lernen, werden später unerträgliche Rüpel.

Es ist also eine wichtige pädagogische Aufgabe, ihnen ein Gefühl der Rücksicht zu vermitteln. Darüber darf aber nicht vergessen werden, die Bedürfnisse und Gefühle des Kindes ernst zu nehmen und ihm zu zeigen, dass auch diese ihre Berechtigung haben. Solltest du einen starken emotional fordernden inneren Richter haben, hast du wahrscheinlich Probleme damit, in Beziehungen Grenzen zu setzen oder deine eigenen Wünsche einzubringen. Nicht »Du musst immer der Beste sein«, sondern »Du musst es immer allen recht machen« spricht dann die innere Stimme.

Carlos' Freundin Franzi ist Anfang zwanzig und studiert Sonderpädagogik. Sie ist eigentlich eine lebensfrohe junge Frau. Doch bald fällt Carlos auf, dass etwas nicht stimmt: Franzi kann nicht Nein sagen. Egal, wer sie um Hilfe bittet, sie hilft, auch wenn sie sich das eigentlich gar nicht erlauben kann. Und obwohl Franzi wenig Geld zur Verfügung hat, ist sie anderen gegenüber unerhört großzügig. Sie liebt es, Geschenke für andere zu kaufen, sich selbst gönnt sie hingegen nie etwas. Als Carlos sie einmal fragt, warum, bricht sie in Tränen aus: Dafür reiche ihr Geld nicht. Sie brauche auch gar nichts.

Carlos ist verwundert. Er kennt Franzis Eltern. Der Vater ist ein wenig cholerisch, aber generell sind die beiden sympathisch. Auch Franzi erzählt nichts anderes. Mit der Zeit fällt ihm aber auf, dass Franzis Mutter eigentlich immer krank ist. Mal hat sie Migräne, mal Rücken, Allergien oder Magenprobleme. Alle springen dann, um es ihr recht zu machen und sie zu versorgen. Ist das vielleicht der Hintergrund von Franzis Überfürsorge für andere?

Franzis Eltern haben bei aller Liebe versäumt, Franzi zu zeigen, dass sie genauso wichtig ist wie andere. Ein anderes Beispiel ist Anja, die Psychotherapeutin mit der depressiven Mutter. Auch sie hat nie erfahren, dass ihre Bedürfnisse wichtig sind. Statt dass ihre Mutter für sie gesorgt hätte, hat Anja für ihre Mutter gesorgt. Heute verfügt sie zwar über ein bemerkenswertes Einfühlungsvermögen, ist aber nicht in der Lage, sich ausreichend abzugrenzen oder Nein zu sagen, wenn sie nicht mehr kann oder nicht mehr will. Beide Fälle, Franzi und Anja, sind typisch für den emotional fordernden inneren Richter, auch weil bei ihnen große Schuldgefühle entstehen, wenn sie ihm nicht nachkommen.

Der strafende innere Richter

Hier geht es nicht um Ansprüche oder Forderungen. Der strafende innere Richter setzt die Betroffenen nicht wirklich unter Druck, diktiert ihnen kein Verhalten und gibt ihnen kein klares Ziel vor, er stachelt weder zu immer mehr Leistung an noch zur Selbstaufopferung. Seine Botschaften sind einfach nur abwertend, und das generell und absolut: »Du bist immer so ungeschickt«, »Bist du denn zu allem zu blöd?«, »Kannst du denn nicht einfach mal was richtig machen?« Sie erklären dem Betroffenen, dass er »schon immer lahm«, »eine Niete« oder »leider nicht der Schönste« war. Erinnerst du dich an Susanna, die junge Frau mit den extremen Selbstzweifeln und dem fatalen Beziehungsmuster?

Susanna leidet unter einem strafenden inneren Richter. Ihre Eltern haben ihr auf unterschiedliche Weise das Gefühl gegeben, nicht klug und schön genug zu sein. Für den Vater war es Susannas mangelndes Interesse an Naturwissenschaften, für die Mutter ihr Aussehen und Verhalten. Noch heute wird Susannas Selbstbild bestimmt von den abwertenden Urteilen ihrer Eltern. Aus diesem Grund kommt sie weder beruflich noch in Beziehungen zu anderen Menschen auf ihre Kosten. Es lässt sich nur mutmaßen, aber wäre Susannas musische und soziale Begabung erkannt und positiv verstärkt worden, hätte sie vermutlich mittlerweile ihren Weg gemacht, anstatt sich immer noch orientierungslos mit abgebrochenem Studium von einem schlecht bezahlten Job zum nächsten zu hangeln. Ähnliches gilt für ihr Beziehungsleben: Hätten ihre Eltern Susanna das Gefühl gegeben, liebenswert zu sein, hätte sie sich wohl kaum immer wieder mit Partnern abgefunden, die sie in jeder erdenklichen Hinsicht abwerten.

Die verschiedenen Botschaften an uns

Der innere Richter hat typische Botschaften. Oft sind es sogar ganz konkrete Sätze, die sich uns eingeprägt haben, weil wir sie so oft oder in einer besonders prägenden Situation zumeist von Vater oder Mutter hören mussten. Die Beispiele, die ich dir hier gebe, sind gewissermaßen repräsentativ. Sie helfen dir dabei, deine eigenen Sätze zu identifizieren, die dich verfolgen und unter Druck setzen oder abwerten.

Leistungsfordernder innerer Richter

- »Du musst immer der Beste sein.«
- »Wenn es nicht perfekt ist, ist es nichts wert.«
- »Wenn du nicht schlank bist, findest du nie einen Freund.«
- »Fehler passieren anderen, aber nicht dir.«

Emotional fordernder innerer Richter

- »Du musst für die anderen da sein.«
- »Stell deine Bedürfnisse nicht in den Vordergrund, das ist egoistisch.«
- »Sei die perfekte Mutter für deine Kinder.«
- »Dein Müssen und dein Mögen,/die stehn sich oft entgegen./ Du tust am besten, wenn du tust,/ nicht, was du willst, nein, was du musst!« (Eintrag einer Mutter ins Poesiealbum)

Strafender innerer Richter

- »Du bist einfach nur peinlich.«
- »Wenn dich jemand richtig kennenlernt, nimmt er Reißaus.«
- »Es wäre besser, du wärst gar nicht geboren.«

Bei den meisten Menschen melden sich die schädlichen Stimmen der Eltern in uns in ganz bestimmten Situationen – oft dieselben, in denen auch das verletzte oder verzogene innere Kind uns negative Gefühle beschert. Manche Menschen leiden aber auch unter einem stark ausgeprägten inneren Richter, der praktisch immer aktiv ist.

Fallbeispiel: strafender innerer Richter, der in fast allen Situationen wirksam ist

Andrea ist bei Nonnen aufgewachsen. Von klein auf unterstand ihr Handeln strikten Regeln. Widerworte und geringfügige Fehler wurden rigoros bestraft: mit Strafarbeiten, Essensentzug und Bloßstellung. Auch jeder körperliche Genuss, nicht nur Sexualität, sondern auch einfache körperliche Nähe, sich hübsch zu machen, langes warmes Duschen wurden abgelehnt, verteufelt oder sogar bestraft.

Heute gelingt es Andrea in fast keinem Bereich, sich selbst wertzuschätzen und sich etwas zu gönnen. Neben dem Essen sind auch körperliche Genüsse wie Duschen, Sex, Massagen, ja sogar die Wärme der Sonne eigentlich »verboten«. Wenn sie einen kleinen Fehler macht, fühlt sie sich elend und hat das Gefühl, Strafe zu verdienen. Andrea, die durch ihre Geschichte chronisch depressiv und instabil ist, wird eine lange Therapie benötigen, in der sie lernt, ihren strafenden inneren Richter zu überwinden und sich selbst liebevoller und mit mehr Nachsicht zu begegnen.

Fallbeispiel: emotional fordernder innerer Richter, der auf wenige Situationen beschränkt ist

Rosie ist Altenpflegerin und kann sich, im Gegensatz zu vielen ihrer Kollegen, in der Regel gut abgrenzen. Sie liebt ihren Job, ist einfühlsam, hört den Menschen zu. Aber sie weiß auch, dass man in diesem Job schnell Gefahr läuft, sich aufzureiben. Deshalb hat Rosie ganz klare Regeln: 1. Nach acht Stunden ist der Arbeitstag zu Ende. 2. Sie leiht allen ein Ohr, lässt sich aber nicht über Gebühr vereinnahmen. 3. Wenn es ihr zu viel wird, sagt sie es. Damit ist sie immer gut gefahren, auch weil die alten Leute dafür meist Verständnis haben.

Allerdings gibt es eine Ausnahme von der Regel: Alte Männer mit un-

heilbarem Krebs. Hier kann Rosie nicht Nein sagen. Manchmal sitzt sie noch lange nach Feierabend bei ihnen und hört ihnen zu, oder sie macht Besorgungen und kümmert sich in ihrer Freizeit um wichtige Angelegenheiten. Sie verbringt viel Zeit damit, sich zu überlegen, wie sie diesen Menschen eine kleine Freude bereiten kann. Das alles ist eigentlich wunderbar und sehr ehrenhaft. Aber Rosie vergisst dabei immer wieder sich selbst. Der Job ist hart genug, eigentlich braucht sie ihre Wochenenden, um mal auszuspannen, etwas Schönes zu unternehmen, mit Freunden in die Natur zu fahren. Bloß: Wenn Rosie wieder einen ihrer speziellen »Fälle« hat, kommt all das zu kurz.

Anlässlich einer Fortbildung zum Thema Burn-out-Prophylaxe denkt Rosie darüber nach, warum es ausgerechnet Männer mit Krebsleiden sind, bei denen ihre eigentlich gut ausgeprägte Fähigkeit, sich abzugrenzen, versagt. Überrascht stellt sie fest, dass es sich dabei um ein Verhaltensmuster aus ihrer Kindheit handelt. Rosies Vater hatte jahrelang mit unterschiedlichsten Krebsformen gekämpft, ehe er schließlich starb. Rosies Mutter, eine Krankenschwester, arbeitete damals im Schichtdienst, weshalb Rosie sich früh an der Pflege ihres geliebten Vaters beteiligen musste. Wenn sie sich genau mit den Gefühlen befasst, die die älteren Krebspatienten in ihr auslösen, fühlt sich dies ganz ähnlich an wie ihre frühere Verpflichtung als pflegende Tochter gegenüber ihrem Vater.

Im Folgenden werden die drei Typen des schädlichen inneren Richters noch einmal ausführlich beschrieben.

Der leistungsfordernde innere Richter: »Erst die Arbeit, dann das Vergnügen!«

Kein anderes Outfit entspricht dem leistungsfordernden inneren Richter so gut wie ein schwarzer Anzug und ein weißes, gebügeltes Hemd mit Krawatte. Das Hemd ist bis zum obersten Knopf zugeknöpft und gestärkt, die Krawatte nicht zu farbenfroh, aber dafür eng gebunden. Diese Kleidung mögen manche Menschen mit Erfolg und Leistungsbereitschaft assoziieren, andere aber mit Fantasielosigkeit und Unentspanntheit. Sicher: Ein schwarzer Anzug ist ein Klassiker, aber wie alle Klassiker kann er auch langweilig aussehen. Außerdem ist er weder besonders bequem noch praktisch.

Menschen, die bildlich gesprochen immer einen solchen Anzug tragen, haben einen stark ausgeprägten leistungsfordernden inneren Richter und haben verlernt, sich individuell auszudrücken und sich zu entspannen. Sie sehen keine Alternative zu dieser Uniform des Erfolgs. Ihre ganze Aufmerksamkeit und Energie verwenden sie auf ihr berufliches Weiterkommen. Im Tunnelblick der Betroffenen schrumpft das Leben auf Medaillengröße zusammen. Dabei verlieren sie alle anderen Dinge, die das Leben auch lebenswert machen, aus den Augen: Entspannung, Spaß, Spiel, Freunde, Liebe, Hobbys … Dadurch haben sie wenig Ausgleich, der ihnen helfen könnte, ihren meist sehr stressigen und arbeitsintensiven Alltag besser zu meistern.

Außerdem ist ihre Vorstellung von Erfolg völlig übertrieben: Sie müssen nicht nur gut, sie müssen der Beste sein, und zwar immer. Dass dieser Anspruch überzogen und unrealistisch ist, liegt auf der Hand. Es ist schlicht nicht möglich, immer Bestleistungen zu bringen und niemals Fehler zu machen. Daher verursacht dieses leistungsfordernde Denkmuster ständig das Gefühl zu scheitern, auch wenn man objektiv gute Leistungen bringt. Nur wenn sich Erfolg einstellt, fühlen sie sich glücklich und liebenswert. Bei dessen Ausbleiben hingegen bricht für sie eine Welt zusammen: Sie zweifeln an sich, an den eigenen Fähigkeiten, am eigenen Selbstwert. Studenten etwa, die in der Schule konkurrenzlos immer die besten Noten hatten, haben plötzlich Angst, die Uni nicht zu schaffen, obwohl ihre Leistungen auch hier objektiv gut oder zumindest solide sind.

Der leistungsfordernde innere Richter ist vor allem in solchen Bereichen aktiv, die von sich aus schon eng mit dem Leistungsgedanken verbunden sind: im Studium, bei der Arbeit, beim

Sport. Am Arbeitsplatz kann die Folge ein Burn-out sein, weil man sich keine Pausen gönnen kann und perfektionistisch viel zu hoch gesteckten Zielen hinterherjagt. Gleichzeitig vernachlässigen Menschen in diesem Zustand alle Bereiche, die nicht mit der Arbeit zu tun haben. Sie erlauben sich keine Erholung und stellen Erfolg, Arbeit und Disziplin über Spaß, Freude und Entspannung.

Vor allem Frauen spüren diesen Druck auch in Bezug auf ihr Äußeres und hadern häufig mit ihrer Figur, was für Außenstehende unverständlich ist. Sie fühlen sich unattraktiv und dick, obwohl sie ganz normal aussehen. Doch Kino und Werbung haben ein Schönheitsideal zur Norm erklärt, dem nicht mal drei Prozent aller Menschen entsprechen. Leider prägen diese Bilder schon die Selbstwahrnehmung vieler kleiner Mädchen, die so früh lernen, dass sie den gesellschaftlichen Ansprüchen nicht genügen, und deshalb ihr Aussehen ablehnen. Menschen mit einem stark fordernden inneren Richter in diesem Bereich verlangen von sich ständige Disziplin bei Ernährung und Bewegung. Nährwerttabellen werden angelegt, jedes Gummibärchen mit einer Viertelstunde mehr im Fitnessstudio vergolten. Während sich die einen nach den Schlemmereien der Weihnachtszeit und dem Schock beim Blick auf die Waage sagen: Was soll's, dann wird ab jetzt wieder ein bisschen weniger gegessen und sich mehr bewegt, geraten Menschen mit einem fordernden inneren Richter in solchen Momenten in Panik. Sie fühlen sich hässlich, wollen sich am liebsten verstecken und bezweifeln, dass sie überhaupt noch liebenswert sind.

Was ihn befeuert

Zuwendung bei guter Leistung

Der leistungsfordernde innere Richter bildet sich, wenn Eltern, Lehrer oder andere Bezugspersonen ein Kind mit überzogenen Forderungen hoher Leistung unter Druck gesetzt haben.

Nina erzählt, dass sie völlig verzweifelt war, als sie in der Schule eines Tages nur den zweiten Preis bekommen hatte: Sie hatte Angst vor der Enttäuschung der Mutter. Dabei habe ihre Mutter es nur gut gemeint. Sie habe das Beste für sie gewollt und sich gewünscht, dass der Tochter einmal alle Türen offen stünden, dass sie eine glückliche und gute Zukunft hätte.

An sich ist es gut, wenn Eltern ihren Kindern Zuwendung und Anerkennung auch in Form von Lob für Leistungen zukommen lassen, aber sie sollten Kinder auch für ihren Einsatz und die vielleicht erfolglose Mühe loben. Die alte Erziehungsmaxime »Nicht zu schimpfen, ist schon Lob genug« kann böse Folgen haben. Ein Kind muss sich darüber hinaus nämlich auch wichtig und geliebt fühlen, wenn es keine Leistung bringt.

Liebesentzug bei mangelnder Leistung

Besonders dramatisch ist es, wenn dem Kind bei schlechten oder auch nur nicht exzellenten Leistungen Zuneigung und Zuwendung entzogen werden: wenn Ninas Mutter auf Ninas zweiten Platz mit Enttäuschung reagiert, sie ignoriert und nicht beachtet. Kinder, denen so übel mitgespielt wird, werden sich zwar mächtig ins Zeug legen, um ihre Eltern ja nicht wieder zu enttäuschen und nur die allerbesten Leistungen zu bringen, Freude an guter Leistung entwickeln sie auf diese Weise aber nicht. Sie fühlen sich nur furchtbar ungeliebt und wertlos, wenn sie mal kein gutes Ergebnis erzielen.

In Ninas Fall hat außerdem die Balance von Lob und Forderung nicht gestimmt. Auch ein zweiter Preis ist eine tolle Leistung. Wenn Eltern ihren Kindern das Lob für ihre Leistungen vorenthalten, kann das dazu führen, dass die Kinder verzweifelt immer noch besseren Leistungen hinterherjagen, in der Hoffnung, dass es irgendwann einmal genug sein wird. Dabei können sie aufgrund ihrer kindlichen Perspektive noch nicht überblicken, dass es womöglich niemals »genug« sein wird.

Leistungsorientierte Systeme

Kinder, die Leistungssport betreiben oder intensiv Musikinstrumente lernen, haben oft besonders damit zu kämpfen. Vielleicht sind es gar nicht die Eltern, sondern ein übertrieben ehrgeiziger Tennis-, Schwimm- oder Geigenlehrer, der das Talent des Kindes erkannt hat und ihm das Leben zur Hölle macht. Dann geht es nicht mehr um den Spaß an der Bewegung oder der Musik, sondern um Erfolg. Und der stellt sich nie so richtig ein, denn es gibt kein Ende: Wurden die Kreismeisterschaften gewonnen, ist das nicht etwa Grund zum Feiern, sondern zum Trainieren für die Bezirksmeisterschaften. Je größer die Wettbewerbe werden, desto schwieriger wird es zu gewinnen. Solche überambitionierten Sport- und Musiklehrer nehmen den Kindern oft nicht nur die Freude an Sport und Musik oder an ihrem Talent, sondern sind verantwortlich dafür, dass sie später als Erwachsene nie mit dem Geleisteten zufrieden sein können.

Magnus erinnert sich noch, dass er schon als kleiner Junge eine echte Wasserratte war. Er liebte alles am Schwimmen: die türkisfarbenen Fliesen im Schwimmbad, das Sonnenlicht, das durch das Wasser auf seine Hände fiel, die Schwerelosigkeit. Und als sein Freund Simon in den Schwimmverein ging, wollte er auch. Seine Trainerin war sehr nett, es machte großen Spaß, mit den anderen zu schwimmen und zu planschen. Irgendwann nahm die Trainerin ihn beiseite: »Magnus, du hast wirklich Talent. Ich hab mit Harry über dich gesprochen. Er würde dich gerne in seine Juniorengruppe nehmen.« Magnus war mächtig stolz. Am Anfang machte es auch Spaß. Bei Harry wurde zwar nicht mehr rumgealbert, aber er fühlte sich jetzt ernst genommen, wie ein Großer behandelt. Bald war er der Schnellste in der Gruppe, und es dauerte nicht mal ein Jahr, da schwamm er sein erstes Turnier – und gewann! Es folgten weitere Wettbewerbe, viele Medaillen und Pokale sammelten sich in seinem Kinderzimmer an.

Aber dann kamen die Regionalmeisterschaften. Magnus trainierte wie ein Verrückter. Harry verlangte ihm alles ab. Vor der Schule, nach der Schule, am Wochenende nichts als Training. Aber irgendwie war alles nicht genug: Bei den Meisterschaften machte er den achten Platz. Eine Katastrophe. Magnus erinnert sich noch genau an das enttäuschte Gesicht seines Trainers.

Heute hat Magnus keine Lust mehr zu schwimmen. Stattdessen macht er jetzt Yoga. Und er studiert BWL. Hier merkt er, dass er vor Klausuren einen riesengroßen Druck spürt und sich leicht als Versager fühlt, wenn er keine hervorragenden Noten bekommt. Dieses Gefühl erinnert ihn stark an Situationen früher beim Schwimmen.

Eltern leben ihren Kindern Werte vor

Schließlich gibt es auch solche Eltern, die von ihren Kindern zwar nicht ausdrücklich Leistung einfordern, aber selbst sehr leistungsorientiert leben. Man spricht in solchen Fällen von Lernen am Modell: Die Kinder beobachten, welche Werte für ihre Eltern gelten, was ihnen wichtig und was weniger wichtig ist. Wenn Eltern sich stark über ihren beruflichen Erfolg definieren, sich wenig Ruhe und Entspannung und auch wenig Spaß und Vergnügen gönnen, ist die Wahrscheinlichkeit hoch, dass Kinder sich ein ähnliches Verhalten und Denken aneignen. Eltern sind auch in dieser Hinsicht Vorbilder.

Fordernder innerer Richter oder gesunder Ehrgeiz?

Wir leben in einer Welt, die immer höhere Anforderungen an uns stellt. Die Selbstoptimierungsliteratur boomt schließlich nicht grundlos: Jeder von uns muss sich auf dem freien Markt der Arbeitskräfte und der Partnerschaften so gut wie möglich vermarkten. Doch Leistungen im Beruf werden nicht nur finanziell entschädigt: Auch die Wertschätzung und der Respekt, die uns von anderen entgegengebracht werden, nehmen mit wachsendem Einkommen zu. Gleiches gilt für Erfolg im Sport und gutes Aussehen.

Wir leben also in einer anstrengenden Welt. Und manchmal ist es fast unmöglich zu entscheiden, wessen Bedürfnisse und Wünsche wir eigentlich gerade erfüllen, wessen Zielen wir hinterherlaufen. Oft setzen wir uns so unter unnötigen Druck. Andererseits brauchen wir aber auch einen gewissen Ehrgeiz, nicht nur um in dieser Welt bestehen zu können, sondern auch um das zu erreichen, was uns wichtig ist. Und persönlicher Erfolg macht glücklich und stolz, stärkt unsere Autonomie und unser Selbstbewusstsein. Er gibt uns ein Gefühl dafür, was wir alles noch erreichen können, dass wir nicht hilflos und abhängig sind, sondern selbstständige, kompetente, erwachsene Menschen.

Was ist also der Unterschied zwischen gesundem Ehrgeiz, der uns weiterbringt, und dem fordernden inneren Richter, der uns behindert? Die Frage lässt sich am besten beantworten, indem man sich eine weitere stellt: Wie gut geht es mir mit diesem Ehrgeiz? In welchem Maße ist es mir möglich, auch noch andere Bedürfnisse als das Bedürfnis nach Erfolg zu befriedigen? Erfahre ich durch den Ehrgeiz Einschränkungen wie Schlafstörungen, Frustessen oder Burn-out?

Sollte es dir nicht mehr gelingen, angenehmen Aktivitäten nachzugehen, das Leben zu genießen, dich zu entspannen und ohne schlechtes Gewissen einfach mal nichts zu tun, wird dein Handeln wahrscheinlich von schädlichen Richter-Stimmen geleitet. Wenn du hingegen einfach viel arbeitest, es dir ansonsten aber gut geht und du dir das Leben schön und angenehm machen kannst, ist dein Ehrgeiz wahrscheinlich eher gesund.

Karl ist in der Werbung tätig. Die Leitung der Kreativabteilung ist sein Traumjob. Es stimmt einfach alles: Er reist viel, kann kreativ sein, arbeitet in einem prima Team, kann all seine Fähigkeiten einbringen, erhält viel Anerkennung und auch ein sehr ordentliches Gehalt. Manche seiner Freunde bezeichnen ihn im Scherz als Workaholic. Und tatsächlich definiert sich Karl auch über seinen beruflichen Erfolg und investiert viel Zeit und Energie in die Arbeit. Dafür ist ihm seine Freizeit aber auch heilig. Egal, wie dringend es anderen erscheinen mag, Karl öffnet berufliche

E-Mails nicht am Wochenende oder im Urlaub. Ganz bewusst genießt er dann die Natur, die Zeit mit seinem Mann, das Autofahren mit Musik, das Essen im Landgasthof.

Karl leidet wahrscheinlich nicht unter einem leistungsfordernden inneren Richter, sondern ist nur gesund ehrgeizig. Er führt auch außerhalb der Arbeit ein erfülltes und glückliches Leben.

Und bei dir?

Anhand der folgenden Aussagen kannst du überprüfen, ob du möglicherweise von einem leistungsfordernden inneren Richter angetrieben wirst. Treffen sie zu, lässt du dich vermutlich von seinen schädlichen Denkmustern leiten.

- »Erst die Arbeit, dann das Vergnügen.« – Ich gebe mir selbst keine Gelegenheit, zu entspannen oder Spaß zu haben, bevor ich nicht alles erledigt habe, was ich tun muss.
- »Voll im Stress.« – Ich stehe dauernd unter Druck, Dinge zu leisten und zu erreichen.
- »Ich gebe immer 100 Prozent!« – Ich bin ein totaler Perfektionist und versuche, keine Fehler zu machen; wenn mir doch mal welche unterlaufen, kritisiere ich mich selbst heftig.

Der fordernde innere Richter 1

Stell dir vor, du lässt etwas, was wichtig, aber nicht besonders dringlich ist, liegen. Stattdessen gehst du erst einmal einen Cappuccino in der Sonne trinken, weil das Wetter gerade so herrlich ist.

Wie fühlt sich das an? Kannst du den Cappuccino genießen? Schließlich kann die andere Sache warten. Oder fühlst du dich unruhig und unter Druck? Das wäre ein Hinweis auf einen fordernden inneren Richter.

▶ *Und bei anderen?*

Kennst du diese Menschen, die schon total überlastet sind und sich noch zwei, drei Projekte zusätzlich aufladen? Die bereits unter einem stressigen Arbeitsalltag leiden, nebenbei noch einen Segelschein machen und am Wochenende noch ein Fotoprojekt aufziehen? Die bis nachts um elf an einer Präsentation sitzen, damit kein doppeltes Leerzeichen seinen Weg in den Text findet? Menschen, die unter einem starken leistungsfordernden inneren Richter leiden, sind eigentlich immer im Stress, zeigen oft einen übermäßigen Perfektionismus und bürden sich generell zu viel auf.

Die meisten von uns verfügen über ein gewisses Maß an Faulheit. Wir wissen, wann wir uns zu verkrümeln haben, um nicht zu irgendwelchen unangenehmen Aufgaben verpflichtet zu werden. Wenn es im Büro um unliebsame zusätzliche Arbeiten geht, ist es verlockend, mal schnell einen Kaffee zu holen. Aber es gibt sie, diese Kollegen, die sich nie drücken. Völlig überlastet übernehmen sie wieder und wieder die Arbeit, die sonst keiner machen will. Warum gelingt es diesen Kollegen nicht, sich zu drücken wie alle anderen? Wahrscheinlich deshalb, weil sie von einem ausgeprägten leistungsfordernden inneren Richter geleitet werden. Das muss zwar nicht die Regel sein – wenige sind womöglich auch einfach nur ungeschickt, wenn es darum geht, einer unliebsamen Arbeit auch mal aus dem Weg zu gehen. Wer sich jedoch sofort schlecht fühlt, wenn er die Zusatzarbeit einmal nicht übernimmt, der hat mit großer Wahrscheinlichkeit einen höchst aktiven leistungsfordernden inneren Richter an seiner Seite.

Der emotional fordernde innere Richter: »Jetzt nimm doch mal Rücksicht!«

Sicher kennst du die Geschichte vom heiligen Martin. Der kommt eines kalten Tages angeritten und sieht einen frierenden Bettler an der Stadtmauer kauern. Das geht doch nicht, dass der so friert, denkt Martin, und mit einem mutigen Hieb seines Schwertes zerteilt er seinen warmen Mantel: Die eine Hälfte behält er, die andere gibt er dem Bettler. Generationen von Kindern haben sich gefragt: War der Mantel so groß, dass auch die Hälfte locker reichte für die beiden? Oder war Martin zwar weichherzig, aber ein bisschen beschränkt, sodass jetzt beide frierten?

Martins Mantel ist das modische Accessoire, das dem emotional fordernden Richter am ehesten entspricht. Allerdings haben die Betroffenen mehr Verstand als Martin: Sie geben dem Bettler den ganzen Mantel. So muss auch weiterhin nur einer frieren, nämlich sie.

Auch dieses Denkmuster stellt überzogene Forderungen an die Betroffenen. Doch statt Leistung, Noten, Geld, Aufstieg fordert es uneingeschränktes Mitgefühl und ein soziales Verhalten, das die Bedürfnisse anderer über die eigenen stellt. Menschen, die sich auf diese Weise emotional fordern, glauben, für das Wohlergehen anderer verantwortlich zu sein, immer nett und unkompliziert sein zu müssen und nie Kritik äußern zu dürfen. Wenn sie sich daran nicht halten, drohen ihnen starke Schuldgefühle.

Die Betroffenen haben oft eine hohe Empathiefähigkeit und sind daher überproportional in sozialen Berufen tätig. Oft entscheiden sie sich für eine Laufbahn als Sozialarbeiter, Kindergärtner, Kranken- oder Altenpfleger, Arzt oder auch Therapeut.

Was ihn befeuert

Umgekehrte Fürsorge

Erinnerst du dich an Anja, die Psychologin mit der depressiven Mutter? Depressive, behinderte, alkoholkranke oder aus sonst einem Grund abhängige oder pflegebedürftige Eltern sind häufig die Ursache für einen emotional fordernden Richter in einem. In solchen Familien landet diese zusätzliche Last oft auf den schmalen Schultern der Kinder: Schon die kleine Anja fühlte sich dafür verantwortlich, die Mutter aufzuheitern. Viel zu früh machen Kinder wie Anja die Erfahrung, die eigenen Bedürfnisse hinter die aller anderen Familienmitglieder zu stellen.

Ähnliche Prozesse lassen sich beobachten bei Kindern, deren Eltern sich trennen und dabei eine emotionale Schlammschlacht veranstalten. Eine Trennung der Eltern ist für die Kinder immer schmerzhaft. Ihre kleine Welt gerät ins Wanken. Grundsätzliche, beunruhigende Fragen tun sich auf: Wenn du Mama nicht mehr lieb hast, hast du mich dann irgendwann auch nicht mehr lieb? Was hat Papa denn so Schlimmes gemacht? Und: Bin ich schuld? Eltern, die verantwortungsvoll mit einer Trennung umgehen, haben all diese Befürchtungen zu entkräften und zudem dem Kind schnell ein neues, stabiles Umfeld zu bieten. Leider klappt das nicht immer. Zu groß sind die Verletzungen bei den Eltern, zu groß der eigene Schmerz, um angemessen auf den des Kindes einzugehen. Kommt es bei einer Trennung gar dazu, dass ein Elternteil das Kind als Mülleimer für die eigenen Sorgen und Gefühle benutzt oder das andere Elternteil schlechtmacht, gerät das Kind rasch in die Rolle des Beraters, Trösters oder Vermittlers. Eine Funktion, der es gar nicht gerecht werden kann, weil sie seinem Alter nicht entspricht. Das Kind ist völlig überfordert. Es versteht nicht, dass ihm hier etwas zugemutet wird, was es nicht leisten kann. Und so fühlt es sich schuldig und verantwortlich, wenn es keinen »Erfolg« hat und den Elternteil nicht glücklich macht. Diese Überzeugung, für das Wohlergehen der anderen verantwortlich zu sein, und das Gefühl von Schuld, wenn es nicht klappt, bleiben den Betroffenen auch als Erwachsenen erhalten.

In beiden Fällen, bei einer unschön verlaufenden Trennung ebenso wie bei einem pflegebedürftigen oder emotional unerreichbaren Elternteil, kann sich das Fürsorgeverhältnis umkehren. In der Fachsprache bezeichnet man diesen Prozess als »Parentifizierung«. Damit soll ausgedrückt werden, dass das Kind zu früh die Rolle eines sorgenden Erwachsenen übernimmt, insbesondere im sozialen und emotionalen Bereich.

Lernen am Modell

Du weißt bereits: Nicht nur positive, sondern auch schädliche Verhaltensweisen, die Eltern ihrem Nachwuchs vorgelebt haben, können von Kindern übernommen werden. Beim emotional fordernden inneren Richter spielt das Lernen am Modell eine besonders große Rolle. Die Betroffenen stammen oft aus Elternhäusern, in denen alle Familienmitglieder auf eine bestimmte Person Rücksicht genommen haben. Bei Anja ist es die depressive Mutter, genauso gut kann es ein behindertes Geschwisterkind sein, ein jähzorniger Vater oder auch ein Familienmitglied, dem man vormachen soll, man habe es gern – egal, wie man sich wirklich fühlt, man darf es nicht zeigen. Immer nett lächeln. Profis im Dienstleistungsgewerbe wissen, wie anstrengend das ist. Welche Anstrengung muss es erst für ein Kind bedeuten, wenn es die Rolle des Gutgelaunten und Zugeneigten nie verlassen darf! Jemand, der als Kind nur positive Gefühle – Zuneigung, Zuwendung, Freude – zeigen durfte, wird in späteren Beziehungen mit hoher Wahrscheinlichkeit Schwierigkeiten haben zu zeigen, dass er etwas nicht mag. Wenn er sich doch für seine Bedürfnisse einsetzt oder Kritik am Partner äußert, wird er dabei vermutlich starke Schuldgefühle entwickeln.

Ben arbeitet in seinem Traumberuf: Er ist Krankenpfleger. Er ist sehr beliebt, denn er hat immer gute Laune und ein offenes Lächeln für alle und jeden. Es erfüllt ihn mit Stolz und Freude, wenn er es schafft, seine Patienten aufzuheitern – etwa der Frau mit der Lungenembolie ein kleines Lächeln abzugewinnen oder das Ekel aus Zimmer 8 dazu zu bringen, über sich selbst zu lachen.

Trotzdem merkt er, dass er manchmal an seine Grenzen stößt und das Gefühl hat, gegen Windmühlen zu kämpfen. »Mir geht's doch auch nicht immer gut«, gesteht er sich selbst kleinlaut ein. So etwas laut zu sagen oder anderen zu zeigen, dass er heute mal überhaupt keine Lust hat, würde er nie wagen.

Warum eigentlich nicht? Ben erinnert sich, dass seine Mutter auch so ist, ganz anders als sein Vater. Der hatte nie Probleme damit, seine generelle Grimmigkeit zu zeigen. Richtig entspannt war es zu Hause eigentlich nur, wenn er nicht da war. Sonst glich das Leben mitunter dem Lauf durch ein Minenfeld: Man musste ständig bemüht sein, ihn nicht unnötig zu reizen, keinen Krach zu machen, ihm nicht zu widersprechen, nicht die falschen Fragen zu stellen. Mit vereinten Kräften versuchten Mutter und Sohn, ihn bei Laune zu halten, damit er nicht in seinen gereizten und herrischen Ton verfiel. Niemand hat Ben explizit angewiesen, das zu tun. Er hatte sich dieses Verhalten schon in früher Kindheit von seiner Mutter abgeschaut.

Es gibt nicht wenige Menschen, die grantige, unbeherrschte Väter und vermittelnde, aber auch unterwürfige Mütter haben. Um Konflikte mit dem Vater zu vermeiden, orientieren die Kinder sich am Verhalten der Mutter. Auf diese Weise lernen sie leider auch, die eigenen Bedürfnisse und Gefühle denen einer anderen Person komplett unterzuordnen. In extremen Fällen erleben Kinder es nicht nur als unangenehm, sondern als gefährlich, wenn sie ihre unterwürfige Rolle nicht spielen. Immer wieder berichten beispielsweise die Söhne und Töchter von Alkoholikern, dass ihr Vater, insbesondere wenn er alkoholisiert war, unberechenbar, gereizt und auch gewalttätig sein konnte. Wenn die Mutter es nicht schaffte, sich zu trennen, reagierte sie meist devot, um den Vater nicht zu reizen. Die Kinder übernahmen dieses Verhalten und pflegen es auch als Erwachsene. Noch als Erwachsene spüren sie eine diffuse Bedrohung, wenn sie ihren Partner kritisieren oder ihre Bedürfnisse äußern, auch wenn objektiv kein Grund zur Sorge besteht.

▶ *Und bei dir?*

Hast du dich in einigen Punkten wiedererkannt? Gab es in deiner Familie jemanden, auf den alle Rücksicht genommen haben und der labil, bedrohlich oder gar gewalttätig reagierte, wenn du dich nicht »rücksichtsvoll« – was in diesem Fall eher unterwürfig heißt – verhalten hast?

Wenn du den Verdacht hast, bei dir könnte ein emotional fordernder Elternmodus vorliegen, schaffen die folgenden Aussagen vielleicht Gewissheit:

- »Ich hab euch alle lieb!« – Ich gebe mir größte Mühe, es anderen recht zu machen. Ich versuche alles, um Konflikte, Auseinandersetzungen und Zurückweisungen zu vermeiden.
- »Immer nur lächeln!« – Ich bin ein schlechter Mensch, wenn ich auf andere wütend werde.
- »Das mach ich doch gern!« – Ich zwinge mich, verantwortungsbewusster zu sein als die meisten Menschen.

Der fordernde innere Richter 2

Stell dir vor, du lehnst eine Bitte ab – z. B. Nein sagen zum Backen eines Kuchens fürs Kindergartenfest, zur Umzugshilfe oder zur Übernahme eines Elternamts.

Wie fühlt sich das an? Kannst du gut zu dem stehen, was du machen willst und was nicht? Oder wirst du sofort von Schuldgefühlen befallen? Das spräche für einen fordernden inneren Richter.

Der leistungsfordernde und der emotional fordernde innere Richter haben gemein, dass sie die Betroffenen stark unter Druck setzen. Beide verleiten dazu, es anderen recht zu machen. Die eigenen Bedürfnisse kommen dabei viel zu kurz. Wen ein leistungsfordernder innerer Richter lenkt, der wird immer ferneren Zielen nachjagen, immer höhere Gipfel erklimmen wollen, weil er fürchtet, sonst nicht liebenswert zu sein. Wer unter einem emotional fordernden inneren Richter leidet, wird immer wieder versuchen, sich zu kümmern, zurückzunehmen, für andere aufzuopfern, weil sonst fürchterliche Schuldgefühle drohen. Wenn du dich also ständig unter Druck setzt oder schuldig fühlst, sobald du andere einmal nicht zufriedenstellst, ihnen nicht sofort hilfst oder dir ausnahmsweise mal selbst etwas gönnst, ist in dir wahrscheinlich ein emotional fordernder Richter aktiv.

▶ *Und bei anderen?*

Bei anderen erkennst du einen aktiven inneren Richter, wenn du der Person immer wieder sagen möchtest: »Du musst es nicht immer allen recht machen!«, »Du musst auch mal Nein sagen« und »Denk auch mal an dich.« Wahrscheinlich hast du das Gefühl, dass dieser Mensch sich von anderen selbstverständlich, ja geradezu willig ausnutzen lässt und nicht auf sich selbst achten kann. Wie gerne würdest du ihm sagen: »Willst du das wirklich? Das musst du doch nicht machen!« Aber auch wenn der andere gern auf dich hören möchte: Durch seinen emotional fordernden inneren Richter kann er deinen Ratschlag nicht annehmen und sein Verhalten nicht ändern.

Strafender innerer Richter: »Muss ich erst wieder böse werden?!«

Innere Richter sind immer schädlich für die Betroffenen, aber der strafende innere Richter ist extrem destruktiv. Menschen, die sich an seinen Botschaften orientieren, werten ihre gesamte Person ab oder hassen sich sogar selbst. Sie haben das Gefühl, hässlich, schlecht, dumm oder absolut wertlos zu sein. Letztlich lässt sich dieses Denkmuster auf die Aussage »Du bist nicht liebenswert!« herunterbrechen. Darüber hinaus können Scham und Ekel gegenüber der eigenen Person auftreten. Manche Betroffenen neigen dazu, sich selbst zu verletzen, wenn sie etwas tun, was früher bestraft wurde. Sie fühlen sich hassenswert und ekelhaft. Das Gefühl, ein Recht auf eigene Bedürfnisse oder überhaupt irgendeine Art Eigensinn zu haben, ist diesen Menschen oft vollkommen fremd.

Ursprung für diese zerstörerische Selbstwahrnehmung sind in den meisten Fällen Missbrauchserfahrungen. Dabei muss nicht immer sexueller Missbrauch vorliegen, es gibt noch viele andere Missbrauchsformen: Ein Mädchen, das in der Pubertät von den Jungs wegen ihrer großen Brüste gehänselt wurde, wird sich möglicherweise zeitlebens entsetzlich für ihre Brüste oder gar für ihren ganzen Körper schämen. Ein Junge, der aufgrund nichtiger Vergehen immer wieder brachialen Bestrafungen ausgesetzt war, wird auch später im Leben bei geringfügigen Fehlern sofort das Gefühl haben, Strafe zu verdienen. Aber auch schon einem Kind, dem früh das Gefühl gegeben wurde, nichts richtig zu machen und »böse« zu sein, wird es schwerfallen, sich jemals anders wahrzunehmen und zu glauben, dass es liebenswert ist.

Was ihn befeuert

Schaut man ganz genau hin, ist eigentlich jede Form des »Gebrauchs« von Kindern ein Missbrauch. Kinder unterliegen ausschließlich unserer Fürsorgepflicht, sie sollten keine Funktion haben. Wir sind für sie da, nicht sie für uns. Trotzdem gibt es kaum einen Vater oder eine Mutter, die ihre Kinder nicht ab und zu instrumentalisieren. Das fängt ganz harmlos an, wenn man die Kinder vorschiebt, um einen unangenehmen Termin leichter absagen zu können. Noch kritischer ist es, wenn Kinder ihren Teil zur gesellschaftlichen Außenwirkung einer Familie beitragen sollen, wenn Eltern mit dem Verhalten, der Begabung oder dem schulischen Erfolg ihrer Kinder angeben oder den Kindern vermitteln, sie seien in irgendeiner Form für die Zufriedenheit der Eltern verantwortlich. All diese Handlungsweisen sind Formen von Missbrauch. Sie unterscheiden sich allerdings grundlegend von jenen, die zum strafenden inneren Richter gehören und Vergehen darstellen, die auch strafbar sind. Manchmal haben die Betroffenen nur eine Form des Missbrauchs erleben müssen, manchmal kamen gleich mehrere zusammen.

Sexueller Missbrauch

Wenn wir von Missbrauch sprechen, meinen wir fast immer sexuellen Missbrauch. Sexueller Missbrauch ist nicht nur schädlich, er ist ein krimineller Tatbestand. Nach Paragraf 176 des Strafgesetzbuches begeht sexuellen Missbrauch, »wer sexuelle Handlungen an einer Person unter vierzehn Jahren (Kind) vornimmt oder an sich von dem Kind vornehmen lässt« sowie »wer ein Kind dazu bestimmt, dass es sexuelle Handlungen an einem Dritten vornimmt oder von einem Dritten an sich vornehmen lässt«. In besonders schweren Fällen ist eine Freiheitsstrafe von nicht unter einem Jahr vorgesehen. Auch wer sexuelle Handlungen vor einem Kind vornimmt, muss mit einer Freiheitsstrafe von drei Monaten bis zu fünf Jahren rechnen.

Die Täter stammen meist aus dem nahen Umfeld: Es sind Väter, Onkel, Großväter, aber auch Nachbarn, Jugendgruppenleiter, Sportlehrer oder Priester. Und manchmal sind es auch weibliche Vertrauenspersonen, die das in sie gesetzte Vertrauen missbrauchen und sich sexuell an Kindern vergehen.

Sexueller Missbrauch hat für die Betroffenen verheerende Folgen und führt zum strafenden Elternmodus, denn viele Kinder schämen sich sehr für die Übergriffe. Oft reden die Täter ihnen ein, dass sie selbst an ihrer Behandlung schuld seien, entweder weil man sie habe bestrafen müssen oder weil sie den Missbrauch provoziert hätten. In vielen Fällen sind missbrauchte Kinder überzeugt, schlechte Menschen zu sein, die eben keine bessere Behandlung verdienten.

Connie ist eine sehr scheue Frau Mitte zwanzig. Sie hat weder die Schule noch ihre Ausbildung abgeschlossen. Sie schlägt sich mit kleinen Jobs durch, die sie immer wieder verliert. Ab und zu prostituiert sie sich auch. Das gelingt ihr allerdings nur, wenn sie sich mit Medikamenten betäubt.

Connies Kindheit war ein Albtraum. Im Alter zwischen fünf und zwölf ist sie wiederholt sexuell missbraucht worden. Manchmal von ihrem

Vater, manchmal von ihrem Onkel. Der Vater hatte gesagt, dass Connie ein schlechtes Kind und dies ihre Bestrafung sei. Connie schämte sich zu sehr, um der labilen Mutter, die vom Vater abhängig war, etwas zu sagen. Diese hatte zwar etwas geahnt, aber es nicht wahrhaben wollen.

Heute ist Connie extrem unsicher. Scham und die Angst, verlassen zu werden, beherrschen sie noch immer. Außerdem hat sie keine hohe Meinung von sich. Sie fühlt sich überhaupt nicht liebenswert oder kompetent. Sexualität ist für sie vor allem eine Form der Bestrafung. Sie schläft mit Männern, mit denen sie gar nicht schlafen will. Um diese sexuellen Kontakte überhaupt zu ertragen, greift sie immer wieder zu Medikamenten. Außerdem fügt sie sich immer dann selbst Verletzungen zu, wenn sie sich besonders wertlos fühlt.

Körperlicher Missbrauch

Auch diese Missbrauchsform ist mittlerweile ein kriminelles Delikt, aber noch nicht lange und vor allem noch nicht überall. Nach Paragraf 225 des Strafgesetzbuches macht sich strafbar, wer »eine Person unter achtzehn Jahren … quält oder roh misshandelt«. In diesen Fällen sieht das Deutsche Strafgesetzbuch eine Freiheitsstrafe von sechs Monaten bis zu zehn Jahren vor.

Trotzdem: Kinder zu schlagen, gehört auch hierzulande für viele selbstverständlich noch zum pädagogischen Instrumentarium. Eine Ohrfeige hat noch keinem geschadet? Doch! Wer Kinder schlägt oder ihnen auf andere Weise Schmerzen zufügt, macht sich nicht nur strafbar, sondern ist auch verantwortlich für tiefe psychische Narben. Die Täter sind wiederum meist Eltern und Bezugspersonen. Manchmal handeln sie aus Affekt, weil sie leicht erregbar sind und schnell in Wut geraten. Manchmal haben ihre Handlungen aber auch eine sadistische Qualität: Solche Täter haben ein Vergnügen daran, Kinder zu quälen. Diese Form der Misshandlung hinterlässt in aller Regel besonders schwere Verletzungen der kindlichen Seele und führt zu starken strafenden Elternmodi. Auch die Gewalt, die unter Klassenkameraden vorkommt, ist keineswegs harmlos. Wurde Kindern von ihren Mitschülern aufgelauert und ist ihnen körperliche Misshandlung durch Gleichaltrige widerfahren, können furchtbare psychische Probleme die Folge sein.

Pauls Kindheit ist von Gewalt gezeichnet. Seine Mutter ist sehr dominant und jähzornig. Bei jedem Widerwort braust sie auf und schlägt Paul. Seinen zwei Brüdern geht es ebenso. Pauls Vater ist ein netter, aber zurückhaltender Mann, der sich seiner Frau nicht gewachsen fühlt und die Kinder mit der immer wieder gewalttätigen Mutter allein lässt. Auch in der katholischen Schule, die Paul und seine Brüder besuchen, herrscht nichts als Strenge und Pflichteinforderung. In der Pubertät beginnen alle Brüder, viel zu trinken und auch unterschiedliche Drogen zu nehmen. Sie vernachlässigen die Schule. Obwohl alle begabt sind, glauben sie nicht an die eigenen intellektuellen Fähigkeiten. Mit neunzehn und nach einer bereits beachtlichen Drogenkarriere nimmt Pauls jüngerer Bruder sich das Leben. Die Mutter beginnt daraufhin, einen noch engeren Kontakt zur Familie einzufordern. Als Paul sich dem widersetzt, wird sie erneut körperlich übergriffig gegen den mittlerweile dreiundzwanzigjährigen Sohn.

Heute ist Paul neununddreißig und hat keinen Kontakt mehr zu seiner Mutter oder seinem älteren Bruder. Er hat das Abitur nachgemacht, anschließend studiert und wohnt in einer anderen Stadt. Trotz dieser Erfolgsgeschichte hält er sich für dumm. Es fällt ihm schwer, an die eigenen Fähigkeiten zu glauben. Sein Verhältnis zum eigenen Körper ist schamhaft. Er meidet Orte und Situationen, in denen er sich vor anderen ausziehen soll. Er ist sozial sehr zurückhaltend. Obwohl er aufgrund seines freundlichen und interessierten Wesens überall beliebt ist, lässt er sich kaum auf Freundschaften ein. Dabei sehnt er sich eigentlich nach einem Menschen, dem er sich wirklich anvertrauen kann.

Emotionaler Missbrauch

Im Grunde weiß jeder, dass man seine Beziehungsprobleme ohne die Kinder zu klären hat. Ganz vermeiden lässt es sich kaum, dass die Kleinen etwas mitbekommen, wenn es zwischen Mama und Papa mal kracht. Und wenn sie mal eine Träne sehen oder den harscheren Ton einer Auseinandersetzung mitbekommen, werden sie das relativ unbeschadet überstehen. Von den Eltern als emotionale Mülleimer missbraucht oder für ihre Beziehungsprobleme verantwortlich gemacht zu werden, ist aber etwas anderes. Es gibt Kinder, die tatsächlich überzeugt sind, schuld zu sein an der Trennung ihrer Eltern, daran, dass Mama sich heute wieder nicht gut fühlt und Kopfschmerzen hat oder dass Papa sich wieder wegen Geld Sorgen machen muss. Wenn sich Eltern ihren Kindern gegenüber über die sexuellen Probleme des Partners auslassen, wenn sie von ihrer Verzweiflung, ihren Ängsten oder gar ihren Selbstmordgedanken erzählen, bürden sie ihnen eine Last auf, die diese weder tragen können noch sollen.

Vernachlässigung

Menschen kommen völlig hilflos zur Welt, nackt, hungrig, durstig. Ein Säugling würde ohne die Sorge anderer Menschen nicht lange überleben. Diese völlige Abhängigkeit lässt mit der Zeit nach. Doch bis in die Pubertät brauchen Kinder Zuwendung und Anleitung, ein stabiles Zuhause und ein Bildungs- und Erziehungsangebot. Manche sind früher selbstständig, andere später. Kinder, die zu früh auf sich allein gestellt sind und in instabilen Verhältnissen leben, können sich nicht gut entwickeln. Elternteile, die verschwinden und dann irgendwann unvorhersehbar und ohne Begründung wieder auftauchen, schädigen ihre Kinder nachhaltig. Diese brauchen dann so viel Kraft für die Sorge darum, ob der neue Zustand dauerhaft ist, dass kaum noch etwas übrig bleibt für Schule, Spiel und Spaß – Dinge, die für eine erfolgreiche und glückliche kindliche Entwicklung notwendig sind.

Wenn Kinder nicht genug Nahrung, Kleidung, Wärme und Nähe bekommen, werden sie außerdem daraus den verheerenden Schluss ziehen: Ich bin es nicht wert, dass man sich gut um mich kümmert, ich bin nicht einmal gut genug, um auch nur Grundbedürfnisse erfüllt zu bekommen. Diese Vorstellung wird später aller Voraussicht nach ihr Verhalten prägen.

Als ihre Eltern sich trennten, waren Mark und sein Zwillingsbruder erst fünf. Der Vater war schon vorher meistens abwesend und nicht an seinen Kindern interessiert gewesen. Und auch die Mutter, eine erfolglose, sich selbst überschätzende Künstlerin, hatte sich kaum Zeit für sie genommen. Als der Vater sich wegen einer anderen Frau scheiden ließ, begannen die beiden, eine regelrechte Schlammschlacht auf dem Rücken der Zwillinge auszutragen. Der Vater bezeichnete seine Exfrau in Anwesenheit der Kinder als arrogant, berechnend und unattraktiv. Die Mutter diffamierte vor allem die neue Frau, die nur hinter dem Geld des Vaters her sei. Die Kinder wohnten bei der Mutter. Der Vater kam alle paar Wochen vorbei und holte die Kinder übers Wochenende zu sich. Weil weder Vater noch Mutter besondere Lust hatte, sich um die Kinder zu kümmern, vereinbarten die Eltern stillschweigend, dass diese »schwierig« seien.

Bald waren die Jungs selbst davon überzeugt, unmöglich zu sein. In der Schule machten sie nur Ärger und malträtierten die anderen Kinder. Der neuen, anfangs sehr zugewandten und verständnisvollen Frau des Vaters gegenüber waren sie so unverschämt und gemein, dass diese nicht mehr dabei sein wollte, wenn der Vater die Kinder hatte. Daraufhin verlor auch er bald jedes Interesse. Er kam nur noch zu Weihnachten vorbei, um Geschenke abzuliefern. Für Mark war das besonders schlimm. Anders als sein Bruder, dem die künstlerische Begabung der Mutterfamilie bescheinigt wurde, galt er als typisches Vaterkind, Spross einer Händlerfamilie, der außer Zahlen nichts im Kopf hatte – und Zahlen galten der schöngeistigen Mutter nichts. Mark wuchs also auf, vom Vater völlig ignoriert, von der Mutter bei jeder sich bietenden Gelegenheit zur Tante abgeschoben, weil sie mit dem Kind nichts anfangen könne.

Marks Kindheit war sowohl durch emotionalen Missbrauch als auch durch Vernachlässigung geprägt. Dadurch hat er ein völlig verzerrtes Selbstbild, es bewegt sich zwischen Minderwertigkeit und Selbstüber-

schätzung. Mark ist nicht in der Lage, sich realistisch einzuschätzen oder darzustellen. Materiell ist nur das Beste gut genug für ihn, emotional gibt er sich mit den geringsten Zuwendungen zufrieden. Bis heute buhlt er um die Zuneigung seines Vaters, der aber immer noch völlig desinteressiert an seinen Söhnen ist. Auch sonst braucht Mark extrem viel Bestätigung: Er erträgt es nicht, einmal nicht im Mittelpunkt zu stehen. Zugleich ist er weitgehend unempathisch und nicht in der Lage, Gefühle für andere zu entwickeln, wodurch seine Beziehungen immer wieder in die Brüche gehen.

Heute ist Mark einundfünfzig. Beruflich ist er sehr erfolgreich. Er arbeitet für eine amerikanische IT-Firma und verdient viel Geld. Sein größter Wunsch allerdings, ein harmonisches und liebevolles Zuhause mit Kindern, die es viel besser haben als er damals, ist nicht in Erfüllung gegangen. Obwohl er zweimal heiratete und auch beide Male Vater wurde, endeten die Ehen immer in einer Katastrophe und seine Kinder mussten genau das durchleben, was er verhindern wollte. Sie wurden Beteiligte seiner Rosenkriege, und danach stellte er den Kontakt zu den Kindern völlig ein. Mark fragt sich, warum es ihm nicht gelingt, die Fehler seines Vaters nicht zu wiederholen, obwohl das sein größter Wunsch ist.

Andere schwere Strafen

Erinnerst du dich noch an Andrea, das Mädchen, das bei den Nonnen aufgewachsen ist und dort für die kleinsten Fehler übel bestraft wurde? Sie ist ein typisches Beispiel für einen aktiven strafenden inneren Richter, der auf schwere Bestrafung in der Kindheit zurückzuführen ist. Dabei ist nicht nur das Ausmaß der Bestrafung, sondern auch ihre Unverhältnismäßigkeit und überhaupt ihre Begründung relevant. Wenn in der Kindheit die natürlichen und eigentlich unproblematischen Bedürfnisse wie die nach Sexualität, körperlicher Nähe, Wärme und wohlschmeckendem Essen bestraft werden, wird eine Person diese Bedürfnisse auch später nur mit großen Schuldgefühlen befriedigen können. Sie wird sich im Zweifel selbst nicht nur für die eigentliche Befriedigung, sondern auch schon für den Wunsch danach ablehnen und selbst bestrafen. Solche Personen hassen sich oft selbst, denn diese Bedürfnisse sind fundamental menschlich und lassen sich nicht völlig unterdrücken. Die ständige Nichtbefriedigung der grundlegendsten Bedürfnisse macht einen Menschen sehr unglücklich und unsicher.

Mobbing

Mobbing ist eine ungemein leidvolle und verletzende Erfahrung. Tatorte sind meist Schulhof und Klassenzimmer, die Täter die Mitschüler. Oft berichten die Betroffenen, dass sie über eine sehr lange Zeit gemobbt wurden. Über Jahre mussten sie jeden Morgen wieder in die Höhle des Löwen. Am schlimmsten waren die Pausen und der Schulschluss: In den Pausen war es ratsam, sich in der Nähe der Aufsicht aufzuhalten, nach Schulschluss bot sich an, entweder so schnell wie möglich zu verschwinden oder sich so lange auf der Toilette zu verstecken, bis alle gegangen waren.

Es ist ungemein schwer, Mobbing aufzudecken. Die Täter wissen genau, wann sie sich zurückzuhalten haben und wie sie Gemeinheiten am Lehrer vorbei an den Adressaten schmuggeln können. Und die Betroffenen schämen sich meistens für die eigene Unbeliebtheit oder haben die oft berechtigte Angst, durch »Petzen« alles nur noch schlimmer zu machen. Zurück bleiben ein starkes Gefühl von Ausweglosigkeit und die Überzeugung, sich unterwerfen zu müssen. Menschen, die wie beispielsweise Nora während ihrer Schulzeit massiv gemobbt wurden, fühlen sich häufig nicht interessant und »cool« genug, um dazuzugehören.

So war es auch bei Brian, dem Jungen, der wegen seiner Homosexualität von Mitschülern und Lehrern gemobbt wurde. Diese Kombination ist besonders fatal, weil die Betroffenen das Gefühl haben, dass selbst die Personen, die eigentlich zu ihrem Schutz da sind, sich der negativen Meinung der Peiniger angeschlossen haben.

Obwohl Brian sehr attraktiv ist, schämt er sich für seinen Körper und sein Aussehen. Er trainiert täglich mehrere Stunden und hält einen strikten Ernährungsplan ein: Auf Kohlenhydrate versucht er vollständig zu verzichten. Er isst ausschließlich fettreduzierte und zuckerfreie Produkte. Dafür pumpt er sich jeden Tag mit Proteinen voll. Tee und Kaffee trinkt er auch nicht, weil das angeblich die Zähne verfärbt. Wenn er mal nicht ins Fitnessstudio kann, fühlt er sich schwabbelig.

Wenn Brian zurückdenkt, stellt er fest, dass das schamhafte Gefühl gegenüber dem eigenen Körper bis in seine frühe Teenagerzeit zurückreicht: Mit dreizehn Jahren begann er, jeden Morgen um sechs Uhr aufzustehen, um im elterlichen Wohnzimmer eine Fitness-DVD abzuspielen und mitzuturnen. Zu diesem Zeitpunkt begann auch sein Kampf, die harte Behauptung der eigenen sexuellen Identität, gegen seine Mitschüler und viele seiner Lehrer: die Sportlehrerin, die ihn mit der absurden Behauptung, Jungs hätten nur »eingeschränkte motorische Fähigkeiten«, nicht zum Jazz-Dance zulassen wollte, oder die Chemielehrerin, die in seiner Anwesenheit seine Mutter fragte, ob Brian eigentlich »vom anderen Ufer« sei ... Brian weigerte sich, sich für seine Homosexualität zu schämen. Dafür entwickelte er eine Scham gegenüber dem eigenen Körper. Mit sechzehn setzte eine Essstörung ein, die ihn zeitweise gefährlich abmagern ließ. Es fällt ihm noch heute schwer, sich Fotos aus dieser Zeit anzusehen. Nicht nur, weil ihn die Scham für sein damaliges Aussehen überkommt, sondern weil er den Schmerz fühlt, der diese Zeit geprägt hat.

▶ *Und bei dir?*

Findest du dich oft ganz furchtbar? Hast du manchmal das starke Gefühl, dumm, hässlich, schlecht oder schlicht nicht liebenswert zu sein? Schämst oder ekelst du dich gar vor dir selbst? Fühlst du dich schuldig, oder bestrafst du dich, wenn du schöne Dinge tust oder dir mal etwas gönnen möchtest? Waren diese Dinge in deiner Kindheit vielleicht verboten und wurden rigide bestraft? Glaubst du, kein Recht auf eigene Bedürfnisse zu haben? Hast du oft das Gefühl, dass du dich anderen nicht zumuten kannst, weil du so schrecklich, so langweilig oder so ein Stimmungskiller bist? Kannst du schwer Komplimente annehmen? Hast du Schwierigkeiten, einem anderen zu glauben, wenn er sagt, dass er dich mag oder dass du ihm wichtig bist? All das können Indizien dafür sein, dass ein strafender innerer Richter dein Leben dirigiert. Um ganz sicher zu sein, schau, ob du den folgenden Aussagen zustimmen kannst.

- Weil ich schlecht bin, gestehe ich mir nicht zu, angenehme Dinge zu tun, wie andere Menschen auch.
- Ich verdiene es, bestraft zu werden.
- Ich habe den Drang, mich selbst zu bestrafen, indem ich mir wehtue (z. B. mich schneide).
- Ich kann mir selbst nicht vergeben.

Der strafende innere Richter kann so überwältigend und schädlich sein, dass ich dir ausnahmsweise nicht vorschlagen möchte, ihm mit einer Imaginationsübung auf die Spur zu kommen. Das könnte einfach zu schmerzhaft sein. Den strafenden Richter in dir solltest du besser mit therapeutischer Begleitung anschauen.

Und bei anderen?

Stell dir vor, Andrea wäre deine Freundin. Woran könntest du erkennen, dass bei ihr ein strafender innerer Richter aktiv ist? Wahrscheinlich würde dir die extreme Bedürfnislosigkeit von Andrea auffallen: Du genießt draußen die ersten warmen Strahlen der Frühlingssonne, während deine Freundin sich schlecht fühlt und so bald wie möglich wieder reinwill. Oder du hast ein extra leckeres Essen gekocht, und Andrea kann das überhaupt nicht genießen. Du schenkst ihr einen Freundinnentag im Spa, und Andrea sucht nach einem Vorwand, nicht mitkommen zu müssen. Überhaupt sind ganze Lebensbereiche tabu: Sexualität und Liebe etwa lösen bei Andrea nur Scham aus.

Außerdem wirst du wahrscheinlich immer wieder Bemerkungen hören, mit denen Andrea sich selbst abwertet: »Das schaff ich doch nicht«, »Dafür bin ich nicht klug genug« und ein ständiges ungläubiges Rückversichern, ob du wirklich ihre Gesellschaft möchtest: »Ich muss nicht vorbeikommen, wenn dir das lieber ist«, »Ich will dich aber nicht stören«, »Bist du sicher, dass ich dir nicht zu viel werde? Wir haben uns doch schon letztes Wochenende gesehen. Nur keine Umstände.«

Das kann einem mit der Zeit ganz schön auf die Nerven gehen. Es dauert eine Weile, bis man verstanden hat, dass hier nicht jemand auf der Suche nach Komplimenten ist, sondern tatsächlich gar nichts von sich selbst hält. Deine normale und wohlmeinende Reaktion ist vermutlich, deine Freundin mit Komplimenten zu päppeln, ihr immer wieder zu verstehen zu geben, dass du sie ganz anders siehst, dass sie eigentlich klug und liebenswert ist. Das Problem ist nur: Diese positiven Botschaften kommen gar nicht an, du kannst dich noch so ins Zeug legen. Durch die Mauer der Selbstabwertung dringt kein liebevolles und zugeneigtes Wort zu Andrea hindurch. Und in krassen Fällen kann es sogar dazu kommen, dass Menschen wie Andrea sich von jenen Freunden abwenden, die es gut mit ihnen meinen. Denn sie hält es für ein Zeichen deiner schlechten Urteilsfähigkeit, dass du dich überhaupt für sie interessierst!

Fataler Umgang mit den Stolpersteinen aus Kindertagen

»Sind wir nicht alle ein bisschen bluna?«, warb jahrelang eine Limonadenfirma. Und sind wir nicht wirklich alle ein bisschen verrückt? Jeder stolpert immer mal wieder über die eigenen Gefühle und Befindlichkeiten, über merkwürdige Verhaltensweisen, die er bisher nicht ganz nachvollziehen konnte – deren Ursprünge dir jetzt aber vielleicht bekannter sind, weil du ihnen beim Lesen dieses Buches nachspüren konntest. Erinnerungen aus Kindheit und Jugend, prägende emotionale Erfahrungen, Situationen, in denen unsere Eltern uns nicht gehört und sich nicht so gekümmert haben, wie es angemessen gewesen wäre, Momente, in denen unsere Gefühle durch unsere Mitschüler oder Lehrer grob verletzt wurden, Sätze, die unsere Eltern vielleicht nur so dahingesagt haben: Die Stolpersteine, die uns die Kindheit in den Weg gelegt hat, unterscheiden sich. Manche von uns stolpern nur ab und zu und verletzen sich dabei kaum. Andere brechen sich regelmäßig die Knochen. Sie sind schon sichtlich gezeichnet und stehen dadurch wackeliger auf ihren Beinen.

Ob leicht oder schwer, häufig oder selten: Es gibt verschiedene Strategien, mit emotional schwierigen Erfahrungen umzugehen. Die Psychologie spricht hier von »Bewältigung«. Welche Bewältigungsform zur Anwendung kommt, hängt von der Person, aber auch von der Kindheitserfahrung ab, die eine Situation erst emotional problematisch macht. Auch mit welchem Druck und wie stark wir auf die negativen Gefühle reagieren, steht meist in direktem Verhältnis zu dem Druck, den das innere Kind oder der innere Richter in uns auslösen.

Drei Arten der Bewältigung

Wir unterscheiden drei Arten der Bewältigung negativer Gefühle aus der Kindheit, die allerdings nur selten als Solisten auftreten: Unterwerfung – die Orientierung an den Bedürfnissen der anderen –, Vermeidung – der Versuch, Gefühlen und Problemen aus dem Weg zu gehen – und Überkompensation – ein Muster, das so tut, als wäre genau das Gegenteil dessen wahr, was die schädlichen inneren Botschaften der Eltern uns suggerieren.

Im Folgenden werden diese inneren Vorgänge anschaulich beschrieben. Denn es ist recht wahrscheinlich, dass auch du hin und wieder zu der einen oder anderen dieser Bewältigungsformen neigst. Dieses Buch hilft dir, sie aufzudecken – bestenfalls, um sie später zu verabschieden, falls sie dir im Weg stehen, wichtige andere Anteile deiner Persönlichkeit zu entfalten.

Unterwerfung

Menschen im Zustand der Unterwerfung handeln so, wie sie glauben, dass andere Menschen es gerne hätten. Sie fühlen sich dann stabil und einigermaßen sicher, wenn sie es anderen recht machen. Das Gefühl, für andere da zu sein, gibt ihnen sozusagen ihre Existenzberechtigung. Bei ausgeprägter Unterwerfung wirken die negativen Gefühle und Botschaften der schädlichen Denkmuster aus der Kindheit besonders stark. Die Betroffenen haben meist einen geringen Selbstwert, trauen sich selbst wenig zu und nehmen die eigenen Bedürfnisse kaum mehr wahr. Das passende Kleidungsstück wäre die Dienstbotenuniform oder die Schwesterntracht.

Vermeidung

Ein passendes Bild für dieses Verhalten ist die Jogginghose, am besten ausgebeult, von unbestimmbarer Farbe und Form. Sie ist bequem und warm, man fühlt sich darin pudelwohl, kann aber das Haus nicht verlassen. Die Jogginghose ist, wie es in einer Fernsehserie heißt, die Bekleidung dessen, der aufgegeben hat, der sagt: Job, Beziehung – das lasse ich lieber; heute Nachmittag sitze ich lieber vor dem Fernseher und schaue meine Lieblingssoap. Man kann seine Zeit sicher schlechter verbringen, aber das Fernsehprogramm sollte nicht der Verwirklichung unserer Ziele im Weg stehen. Genau so ist das aber bei Menschen, die aufkommende negative Gefühle aus der Kindheit zu vermeiden versuchen: Sie ziehen sich zurück, gehen allen Situationen aus dem Weg, in denen die ungewünschten Gefühle auftauchen könnten, oder verwenden Substanzen, die sie diese Gefühle weniger intensiv spüren lassen. Wenn gar nichts mehr geht, soll Alkohol den Ausweg ebnen. Betäubende Substanzen wie Alkohol, Beruhigungs- oder Rauschmittel können negative Gefühle vielleicht dämpfen, uns eine kurze relativ angstfreie und unbeschwerte Zeit bescheren, aber nur, um den Preis von Kopfschmerzen und Problemen, die – wenn nicht am nächsten Morgen, so doch in den nächsten Wochen und Monaten – immer größer werden. Von Vermeidung spricht man also immer dann, wenn wir Dinge vor allem machen, um die negativen Gefühle des inneren Kindes und/oder des inneren Richters nicht zu spüren. Das Glas Wein zum festlichen Essen zählt nicht dazu, wohl aber der Wodka zum Mutantrinken vor einem Meeting und erst recht der weitgehende soziale Rückzug, das Nicht-arbeiten-Gehen und Keine-Arbeit-Suchen sowie Tätigkeiten, die uns von negativen Gefühlen ablenken, wie übermäßiges Fernsehen oder Computerspielen.

Vermeidung als Bewältigungsstrategie hält sich oft sehr hartnäckig, weil sie sich zunächst sehr viel besser anfühlt als die abwertenden und negativen Gefühle, die sie vermeidet. Langfristig aber steht sie sowohl der Verwirklichung unserer Träume im Wege als auch der Erfüllung unseres Bedürfnisses nach Autonomie, Verbundenheit und Kompetenz. Außerdem spüren die meisten Menschen sehr deutlich, dass etwas nicht gut läuft, wenn sie in der Vermeidung feststecken. Und auch unsere Umwelt spiegelt uns das wider – »Hast du dein Studium immer noch nicht abgeschlossen?!«

Überkompensation

Wer zur Bewältigungsform der Überkompensation neigt, verhält sich so wie jene Mädchen, die bei Nacht und klirrender Kälte nicht nur viel zu kurze und dünne Sachen anziehen, sondern auch solche, die ein paar Nummern zu klein sind. Das ist sicher mutig, aber auch äußerst unbequem und in der Regel nicht sehr kleidsam. Trotzdem: Diesem Outfit ist der Triumph mitgegeben, sich weder dem Wetter noch der Figur unterworfen zu haben. Ähnlich funktioniert auch die Strategie der Überkompensation: Wir tun so, als wäre das Gegenteil dessen wahr, was der innere Richter uns glauben machen will. Sagen die Stimmen der Vergangenheit: Du bist doch zu allem viel zu dumm, dann verhalten wir uns, als könnte uns intellektuell niemand das Wasser reichen. Sagen sie: Du bist doch viel zu unattraktiv, als dass dich jemals jemand begehren oder lieben könnte, dann machen wir auf Frauenheld oder Diva. Das fühlt sich auf jeden Fall besser an, als das Bewusstsein, man sei dumm und hässlich. Diesem Verhalten wohnt wie der engen Kleidung der Triumph inne, sich den schädlichen Stimmen nicht gebeugt zu haben – auch wenn es sehr viel Kraft braucht, uns davon zu überzeugen, tatsächlich begehrenswert und schlau zu sein. Ein Zweifel bleibt, und der macht uns unsicher und verwundbar. Überkompensation bricht nicht selten wie ein Kartenhaus zusammen – und dann kann man sich extra schlecht fühlen.

Überkompensation bedeutet also, dass wir Defizite im Übermaß ausgleichen. Wenn wir uns eigentlich minderwertig fühlen, verhalten wir uns betont souverän bis arrogant. Wenn wir uns unattraktiv fühlen, geben wir den großen Verführer. Überkompensation hat viele Gesichter. Aber stets geht es darum, eine Situation, in der man sich eigentlich unsicher und klein fühlt, zu kontrollieren und zu beherrschen. Es ist oft gar nicht so leicht, sich gegen Personen mit einem solchen Verhalten durchzusetzen. Erinnere dich noch einmal an Holger, den kleinen, dicken Mann aus der wohlhabenden Familie. Er ist so ein Fall: Er fühlt sich seiner Familie und vor allem auch Frauen gegenüber unterlegen. Er fühlt sich im tiefsten Inneren völlig unattraktiv. Dieses Gefühl kompensiert er, indem er Frauen zu reinen Objekten abwertet und schlecht und herablassend behandelt.

Ist das jetzt nützlich oder schädlich?

Damit es nicht zu Missverständnissen kommt: Jede der hier vorgestellten Form, Situationen zu bewältigen, hat auch ihre Berechtigung. Jede auf ihre Weise kann uns helfen, mit unseren Gefühlen besser klarzukommen und schwierige Situationen durchzustehen. So lohnt es sich zum Beispiel nicht, in jeden Konflikt zu gehen, vor allem, wenn unsere Chancen, unsere Interessen durchzusetzen, eher schlecht stehen. Manchmal ist es durchaus die gesündeste und auch vernünftigste Strategie, Ja zu sagen und sich seinen Teil zu denken – auch wenn man damit streng genommen etwas vermeidet.

Und ebenso gibt es Situationen, die man überstehen muss, ohne sich seine Ängste und Unsicherheit anmerken zu lassen: Heulend im Büro sitzen bringt nichts, und ein Vortrag, den vor lauter Stottern keiner versteht, verliert an Gewicht. Auch Überkompensation und vorgespieltes Selbstbewusstsein haben von Fall zu Fall also ihre Berechtigung.

Es ist grundsätzlich erst mal gut, wenn wir über Strategien verfügen, mit deren Hilfe wir im Zweifel negative Gefühle bewältigen können. Also mach dir keine Sorgen, wenn du ab und an zu Vermeidung und Überkompensation neigst. Wahrscheinlich spürst du selbst, wann die Grenze überschritten ist und die Art der Bewältigung zum Problem wird: wenn sie dich nämlich daran hindert, deine Bedürfnisse zu befriedigen. Es ist völlig in Ordnung, die Kollegin im Büro, die einen immer so genervt anschaut, wenn man sich nur mal schnäuzt, zu ignorieren oder den aufdringlichen Blicken eines Fremden im Café dadurch zu entgehen, dass man sich an einen anderen Tisch setzt. Es sollte nur nicht so sein, dass du grundsätzlich den Kontakt zu Menschen meidest, mit denen du Konflikte hast. Wenn du etwa eine eigentlich sehr gute Freundin nicht mehr anrufst, um ein schwieriges Gespräch nicht führen zu müssen, ist das ein Problem. Die vermeidende Bewältigung sorgt zwar dafür, dass du im Moment weniger negative Gefühle erlebst; sie schadet jedoch langfristig deinen Freundschaften und Beziehungen, die du für ein erfülltes Leben aber brauchst.

Ähnlich verhält es sich, wenn wir aus Angst davor, zu versagen oder eine Absage zu erhalten, gar nichts mehr wagen: weder die

Frau bzw. den Mann anzusprechen, die oder der uns so wunderbar und begehrenswert erscheint, noch für den Job vorzusprechen, den wir uns immer gewünscht haben. Sicher, erst mal fällt eine Last von uns ab, wenn wir uns entschieden haben, statt zum Vorstellungsgespräch ins Kino zu gehen. Doch letztlich enden wir allein und unglücklich und bleiben weit hinter unseren Möglichkeiten zurück.

Bewältigungsformen aus der Kindheit können später schaden

Manche Menschen neigen eher zu einer ganz bestimmten Bewältigungsform, andere verfügen über mehrere. Frido (S. 133) hat zum Beispiel einen stark leistungsfordernden inneren Richter, dem er sich zunächst unterwirft: Als es an der Uni mit den Leistungen nicht klappen will, setzt er sich hin und lernt wie besessen. Erst als das auch nichts bringt, wird der Vermeidungsmodus aktiv, und Frido spielt lieber Videospiele, statt zur Uni zu gehen oder zu lernen. Es ist gut vorstellbar, dass irgendwann bei höherem Druck auch noch die Überkompensation einsetzt, sodass Frido andere anschnauzt, wenn sie nur ein kleines Anliegen haben. Welche Bewältigungsformen aktiv werden, hängt also sowohl von der Situation als auch vom jeweiligen Betroffenen ab.

Es gibt verschiedene Gründe, weshalb eine Person eine bestimmte Bewältigungsform entwickelt hat. Oft stammen diese Muster aus der Kindheit. Sie erwiesen sich für das Kind als beste Möglichkeit, schwierige Situationen zu »überleben«, sich vor Bedrohung oder Ablehnung zu schützen. So war es für ein Kind tatsächlich notwendig, auf den jähzornigen Vater Rücksicht zu nehmen, um dessen Wut und Schlägen zu entgehen. Erst im späteren Leben wird diese Unterwerfung, die völlige Zurücknahme und Unterdrückung der eigenen Bedürfnisse, kritisch, dann schadet sie dem Betroffenen mehr, als sie ihm nützt.

Möglich ist auch, dass das Kind die Bewältigungsform der Unterwerfung von einer Bezugsperson übernommen hat, die sich ebenfalls stark an anderen orientierte, also durch Lernen am Modell. Weil zum Beispiel die Mutter dem Vater alles recht machte und keine gesunden Grenzen aufzeigen konnte, wird später auch das Kind vermutlich Schwierigkeiten mit der eigenen Abgrenzung haben.

Unterwerfung: »Hauptsache, dir geht es gut ...«

Kennst du das? Immer wieder tust du Dinge, zu denen du keine Lust hast, zu denen dich aber auch keiner zwingt. Du hättest »Nein, danke« sagen können oder »Dazu hab ich keine Lust«, aber irgendwie konntest du das nicht. Und jetzt gehst du schon wieder mit deiner Freundin durch den todlangweiligen botanischen Garten oder hilfst deiner Nachbarin beim Umzug, obwohl du eigentlich arbeiten müsstest. Und manchmal geht es nicht nur um solche Lappalien: Auch im Bett tun manche Dinge, die sie selbst eigentlich abstoßend finden, weil sie ihren Partner befriedigen wollen. Oder schlimmer: Sie denken überhaupt nicht an sich. Sie stellen entscheidende berufliche und private Wünsche hinter die ihres Partners, damit der andere sich verwirklichen kann. Kommt dir das auch bekannt vor?

Warum handeln wir so? Woher kommt dieses unterwürfige Verhalten? Keine Sorge, es ist nicht immer schädlich, sich so zu verhalten. Fast jeder stellt die eigenen Bedürfnisse mal hinter die anderer, und das ist auch gut so. Wir sind nun mal nicht allein auf der Welt und müssen Rücksicht nehmen. Aber manchmal gehen wir weiter, als wir müssten, und vor allem, als uns guttut.

Wer die Bewältigungsstrategie der Unterwerfung benutzt, lässt zu, dass andere ihn schlecht behandeln, und tut Dinge, die er nicht machen will und auch nicht machen müsste. Er gibt den Forderungen und Wünschen anderer nach und stellt deren Bedürfnisse über die eigenen. In vielen Situationen haben wir das Recht, abzulehnen, Nein zu sagen. Wir tun viel zu viele Dinge, die wir eigentlich nicht tun müssen. Wir wollen andere glücklich machen und vergessen uns dabei völlig, oder wir verausgaben uns bis zum Burn-out, um den (vermeintlichen) Wünschen anderer nachzukommen.

Dabei stellt sich langfristig oft gar nicht der erhoffte Effekt ein. Psychisch gesunde, liebevolle Freunde oder Partner schätzen es nämlich meist gar nicht, wenn ihr Gegenüber keine eigenen Bedürfnisse äußert. Und Menschen, die so etwas ausnutzen, denken umgekehrt nicht daran, es einem zu danken.

Wie ist das bei Anja, der netten Psychologin? Sie neigt gerade in privaten Beziehungen stark dazu, es anderen recht machen zu wollen. Wenn sie und ihr Partner einen gemeinsamen Abend verbringen möchten, wartet sie zum Beispiel immer auf seine Wünsche oder versucht, sich etwas auszudenken, was ihm gefallen könnte. Ihr Partner ist davon manchmal richtig genervt. Er würde wirklich gerne mal mitbekommen, auf welche Musik und welche Filme Anja eigentlich steht! Sie bleibt für ihn nicht richtig greifbar, wenn sie es immer nur ihm recht machen will.

Und Connie, die junge Frau mit einer Kindheitsgeschichte mit sexuellem Missbrauch? Sie neigt auch sehr dazu, sich zu unterwerfen, insbesondere in sexuellen Beziehungen. Tief in sich trägt sie die Hoffnung, dass sie so vielleicht irgendwann einen Mann dazu bringen könnte, sie richtig zu lieben. Leider gerät sie so aber immer wieder an Männer, die sie sexuell ausnutzen und gar nicht daran denken, Connies eigene Bedürftigkeit ernst zu nehmen. Im Gegenteil, einer hat sie sogar schon dazu gebracht, für sie anschaffen zu gehen – zum Glück ist es ihr gelungen, diese Beziehung zu beenden.

Manchmal geht Unterwerfung einher mit Vermeidung – so wie bei Connie, die manche Sexpraktiken ihrer Partner nur mit Betäubung durch Alkohol oder Drogen aushält. In anderen Fällen kann Unterwerfung aber auch überkompensatorisch werden, auch wenn das vielleicht widersprüchlich klingt. Damit sind solche Menschen gemeint, die dauernd darüber sprechen, wie sehr sie für andere da sind, oder die sich so demonstrativ aufopfern, dass sie damit ganz viel Aufmerksamkeit bekommen. Das ist dann oft für alle anstrengend: für die Betroffenen selbst, weil es ihnen damit nicht sonderlich gut geht, und für ihr Umfeld, weil dieses Lamentieren irgendwann allen auf die Nerven geht, was sich in der Regel niemand anzusprechen traut.

Schlimme Mischung: Unterwerfung und Überkompensation

Kerstin arbeitet als Krankenschwester in Vollzeit, hat zwei Kinder und neigt zu Migräneanfällen. Sie ist im Haushalt und in ihrer Rolle als Mutter perfektionistisch und will alles möglichst gut machen. Sie macht ihren Kindern Pausenbrote, obwohl die gar keine mehr wollen, und putzt nach einem langen Arbeitstag noch alle Fenster. Wenn eine Freundin einlädt und darum bittet, etwas zum Buffet mitzubringen, bringt Kerstin garantiert vier volle Platten mit. Gleichzeitig klagt sie viel darüber, wie überlastet sie sei und wie viel Energie sie das alles koste. Wenn ihre Kinder oder ihr Mann sie genervt darauf hinweisen, dass niemand das alles von ihr verlange, scheint sie das überhaupt nicht wahrzunehmen und jammert und schuftet weiter. Ihr Mann verdreht dann manchmal die Augen und nennt sie innerlich »die ewige Märtyrerin«.

▶ *Und bei dir?*

Hast du das Gefühl, dass du viel zu oft Dinge tust, die du nicht tun wolltest? Dich den Wünschen anderer unterordnest? Dass du dich veränderst, damit andere dich mögen? Die eigenen Bedürfnisse vernachlässigst? Die folgende Checkliste soll dir Klarheit bringen:

- »Mir macht das nichts.« – Ich gebe mir große Mühe, es anderen recht zu machen, um Konflikte, Auseinandersetzungen oder Zurückweisungen zu vermeiden.
- »Ich bin so, wie du mich haben willst.« – Ich verändere mich in Abhängigkeit von Leuten, mit denen ich zusammen bin, damit sie mich mögen oder anerkennen.

- »Mit mir kann man's ja machen.« – Ich lasse zu, dass andere mich kritisieren und herabsetzen.
- »Mir egal. Entscheide du.« – Ich lasse anderen Leuten ihren Willen, anstatt meine eigenen Bedürfnisse auszudrücken.

»Das Leben ist kein Wunschkonzert!«, sagte meine Oma gerne, als klassische Vertreterin einer Generation, die nicht viel zu lachen hatte, aber auch eigentlich gar nicht wusste, wie oder warum man lacht. Teilweise hat sie recht: Es gibt Dinge, die keinen Spaß machen, aber unvermeidlich sind. Das fängt Montag mit dem frühen Aufstehen an und geht weiter mit der Fahrt durch nasse, graue, oft noch dunkle Straßen, dem Stress mit dem Chef, dem schlechten Kantinenessen und findet seinen Abschluss im anstrengenden Fitnesstraining nach Feierabend.

Wenn wir die Wahl hätten, würden wir sicher gern auf das eine oder andere verzichten. Aber die haben wir leider nicht. Da hilft nichts als Augen zu und durch. Aber wir tun es trotzdem, weil wir erwachsene und mehr oder weniger verantwortungsvolle Menschen sind. Dazu gehört auch, sich öfter zu Pflichten zu überwinden. Ein unterwerfendes Bewältigungsmuster liegt aber mit hoher Wahrscheinlichkeit dann vor, wenn wir die Wahl haben und trotzdem unangenehme Dinge tun, wenn wir uns freiwillig immer viel zu viele zusätzliche Pflichten aufbürden. Wenn du also in Partnerschaften, Vereinen oder im Kindergarten immer wieder Aufgaben übernimmst, die eigentlich auf mehrere Schultern gehören, aber irgendwie immer bei dir landen, oder wenn du dich auf sexuelle Praktiken einlässt, an denen du überhaupt keinen Spaß hast, ist wahrscheinlich Unterwerfung im Spiel.

Aber Vorsicht: Wenn du jetzt das Gefühl hast, dich immer für andere aufzuopfern, bedenke bitte, dass tatsächlich jeder Mensch dazu neigt, die eigenen Beiträge und Einsätze zu überschätzen. Schnell stellt sich bei uns das Gefühl ein, dass wir einen größeren Beitrag als alle anderen leisten.

Um sicherzugehen, stelle dir bitte vor, wie du dich fühlen würdest, wenn du anders handeln und Nein sagen würdest. Hättest du dann Angst oder ein schlechtes Gewissen? Diese Gefühle wären auf jeden Fall ein Indiz für Unterwerfung. Vielleicht fällt es dir schwer einzuschätzen, ob du überhaupt das Recht hättest, etwas abzulehnen. Wenn du dir nicht sicher bist, überlege, ob du einem Freund oder einer Freundin raten würdest, sich diese Bürde aufzuladen. Wenn du denkst: »Warum um Himmels willen kann er nicht einfach mal Nein sagen!«, dann solltest du dich fragen: Warum ist es für ihn okay abzulehnen, für mich selbst aber nicht? Da kann doch was nicht stimmen.

Vielleicht helfen dir die folgenden Situationen zu entscheiden, wann ein Unterwerfungsmodus vorliegt. Es gibt Momente, in denen es notwendig ist, an die Grenzen der eigenen Belastbarkeit zu gehen – auch dauerhaft und so, dass man das Gefühl hat, über lange Zeit gar nicht mehr zur Ruhe zu kommen.

»Ich kann langsam nicht mehr!«, denkt Elke oft, wenn sie nach ihrem Halbtagsjob schnell noch eingekauft und dann ihre drei Kinder von der Schule abgeholt hat. »Mama, ich hab Hunger«, quengeln die Kleinen schon im Auto, bevor sie sich streiten und das Überraschungsei auf der Rückbank verteilen. Tür auf: Meine Güte, was für ein Chaos! Aber jetzt wird erst mal Essen gemacht. Und dann Hausaufgaben. »Lukas, gib deiner Schwester endlich die Barbie.« Und nicht vergessen, die Wäsche aus der Reinigung abzuholen. Elke hat das Gefühl, permanent zu rotieren. Als wäre der Alltag nicht schon stressig genug, holen die Kinder sich ständig irgendwelche Infektionen in der Schule, brauchen Unterstützung bei den Hausaufgaben, Fahrdienst zum Sport usw. Ihr Freund kann sie kaum unterstützen: Er arbeitet oft bis spät und meist auch an den Wochenenden. Alles bleibt irgendwie an ihr hängen. Zwar hat sie schon eine Haushaltshilfe gesucht, die zweimal die Woche putzt und aufräumt, aber trotzdem bleibt noch so viel liegen, dass sie sich manchmal wie Sisyphos fühlt.

Was glaubst du? Ein Fall von Unterwerfung? Überlege, was Elke anders machen könnte und was passieren würde, wenn sie bestimmte Aufgaben nicht übernähme. Frage dich außerdem, ob Elke vielleicht schon versucht hat, ihre Situation zu verändern.

Tatsache ist leider: Berufstätige Mütter haben viel zu tun. Elke tut nichts, was nicht sein muss: Sie plant weder zusätzlich einen Klassenausflug noch ist sie Elternvertreterin oder engagiert sich freiwillig im Tennisklub ihres Sohnes. Wenn sie nicht täte, was sie tut, würde sie ihre Kinder vernachlässigen: Sie kann nicht aufhören, einzukaufen, den Kindern Essen zu machen oder ihnen bei den Hausaufgaben zu helfen. Außerdem hat Elke sich bereits Hilfe geholt, nämlich eine Person, die zweimal wöchentlich putzt. Manchmal kann man noch an den Umständen feilen und Kleinigkeiten verbessern. Insgesamt ist es aber so, dass Berufstätigkeit und drei Kinder eine hohe Belastung sind, die auch in unserer Gesellschaft noch immer überwiegend von Frauen getragen wird. Elkes lange, nie abreißende Liste der Aufgaben ist leider normal. Um das zu überprüfen, muss sie nur andere berufstätige Frauen fragen, die mehrfache Mütter sind. Das Urteil lautet hier also: Es spricht wenig dafür, dass bei Elke das Bewältigungsmuster der Unterwerfung wirksam ist.

Auch Katja ist eine halbtags berufstätige Mutter und hat dementsprechend viel zu tun. Aber sie macht mehr als die anderen Mütter. Sie weiß auch nicht, wie, aber irgendwie landen zusätzliche Aufgaben immer bei ihr. Einiges macht sie gern: Eier bemalen zu Ostern oder die Kinder am Musikabend schminken. Anderes aber nicht: Sie war Elternbeirat im Kindergarten und in der Grundschule und hat sich jetzt auch auf dem Gymnasium überreden lassen. Warum tu ich mir das an, warum macht das nicht endlich mal jemand anderes?, fragt sie sich. Wieder ein Jahr mit diesem langweiligen und nervigen Quatsch: Blumen kaufen für die Lehrkräfte, vermitteln zwischen Lehrern und Helikoptereltern …

Und als hätte sie nicht schon genug um die Ohren, hilft sie jetzt auch noch ihrer pflegebedürftigen Mutter im Haushalt und beim Einkaufen. Die Arme hat Parkinson und alles fällt ihr immer schwerer. Die Frage ist, warum ihre Schwester, die ganz in der Nähe wohnt, sich nicht an der Pflege beteiligen kann. Die hat viel mehr Zeit, keine Kinder und einen entspannten Job. Sie müsste eigentlich mal mit ihr sprechen. Aber irgendwie kommt es nie zu diesem Gespräch.

Was meinst du? Neigt Katja zu Unterwerfung? Könnte sie Dinge anders machen oder nicht machen, ohne dass irgendetwas Schlimmes passierte? Hat sie Alternativen?

Dass Katja viel zu tun hat, liegt wie bei Elke zu einem Großteil daran, dass sie eine berufstätige Mutter ist. Aber im Gegensatz zu Elke übernimmt Katja Aufgaben, die sie nicht übernehmen muss. Das ist völlig unbedenklich, solange sie Freude daran hat: Katja macht kreative Arbeiten mit Kindern, weil es ihr Freude bereitet. Anders sieht es mit ihrer Beteiligung am Elternbeirat aus: Da hätte sie sich berechtigterweise – wie alle anderen – drücken können, wenn ihre Unterwerfung nicht zugeschlagen hätte. Auch die Unterstützung der Mutter ist eine zusätzliche Aufgabe, die zwar jemand übernehmen muss – nur: Katja muss das nicht alleine machen. Es gibt keinen Grund, warum ihre Schwester ihr nicht dabei helfen sollte. Aber Katja schafft es nicht, diese Hilfe zu aktivieren, und von alleine kommt die Schwester anscheinend nicht darauf.

Es liegt also nahe, dass Katja teilweise aus Angst vor negativen Gefühlen handelt und es ihr zu selten gelingt, Nein zu sagen. Sie sollte Dinge, die sie nicht tun muss und nicht tun will, ablehnen.

Nadine fragt sich manchmal, warum sie sich immer Typen aussucht, die genauso sind wie ihr Vater: Alkoholiker mit Hang zum Zuschlagen. Und warum sie ebenso wie ihre Mutter nicht die Kraft hat, sich zu trennen.

Marko, ihr derzeitiger Freund, ist natürlich auch wieder süchtig und war sogar schon wegen Körperverletzung im Gefängnis. Obwohl es ihr eigentlich widerstrebt, tut sie alles, was er verlangt. »Hol mir ein Bier!« – und Nadine steht mit der Dose bereit. »Wo sind meine Socken?!« – Nadine kramt in seinem Gerümpel, bis sie ein Paar gefunden hat. »Ist wohl wieder nichts zum Essen da …« – Nadine »zaubert« eine Kleinigkeit. Auch im Bett macht sie alles mit, dabei ekelt sie sich regelrecht vor ihm. Aber sie hat Angst, dass Marko sie sonst wieder schlägt. Oder sie verlässt.

Nadine ist ein schwieriger Fall. Ganz sicher übernimmt sie Aufgaben, die sie weder machen will noch muss: Niemand muss einem anderen Erwachsenen sklavisch dienen. Sie hat jedes Recht, Nein zu sagen. Die Frage ist, ob Nadine auch die Wahl hat. Ihre Partnerschaft ist gefährlich. Ich würde es mir auch zweimal überlegen, ehe ich einem Mann wie Marko etwas abschlage. Hat Nadine also eine Alternative? Wenn sie ihre Situation wirklich ändern will, sollte sie zunächst einen sicheren Ort aufsuchen, ein Frauenhaus zum Beispiel.

Handelt Nadine im Bewältigungsmuster der Unterwerfung? Das ist mehr als wahrscheinlich. Schon die Tatsache, dass sie sich anscheinend immer wieder für Männer wie Marko entscheidet und so weit auf eine Beziehung einlässt, dass sie sich irgendwann selbst in Gefahr bringt, spricht dafür.

▶ *Und bei anderen?*

Wenn du einen Partner hast, der keinerlei eigene Wünsche und Bedürfnisse artikuliert und dir jeden Wunsch von den Augen abliest, ist er wahrscheinlich unterwürfig. Das klingt erst mal gut. Wer lässt sich nicht gerne verwöhnen? Aber irgendwann kann das auch nerven. Liebe macht keinen Spaß, wenn der andere so gar keine Bedürfnisse und Wünsche hat. Man will dem anderen doch auch mal eine Freude machen und auf seine Bedürfnisse eingehen.

Bei anderen Paaren fallen uns unterwürfige Verhaltensweisen meist schnell auf. Dann denken wir: »Ich kann nicht verstehen, warum sie das alles mitmacht. Wenn mein Mann mich so behandeln würde, wäre ich schon längst weg.« Oder: »Kann er ihr nicht mal was abnehmen? Er lässt sie doch völlig allein mit den Kindern und der Pflege seiner Mutter.« Wenn man etwas mehr über die Geschichte der Betroffenen weiß, wird in der Regel verständlicher, warum sie sich so unterwürfig und in Widerspruch zu den eigenen Interessen verhalten.

Allerdings ziehen Personen, die unterwürfig sind, oft Menschen an, die das auch genießen. Nadine zum Beispiel landet immer wieder bei Männern, die sich gern von vorn bis hinten bedienen lassen. Diese Beziehungen halten oft viel länger, als es den Betroffenen guttut, weil zwei oder mehr schädliche Verhaltensweisen ineinandergreifen und sich aufs Schrecklichste ergänzen.

Vermeidung: »Vielleicht lieber doch nicht …«

Vermeidung an sich ist nichts Schlechtes. Es hängt davon ab, was man vermeidet. Im Allgemeinen ist es nicht gut, wenn man etwa schwierigen Dingen wie Leistungsanforderungen, Konflikten, Menschen im Allgemeinen grundsätzlich aus dem Weg geht. Aber nicht mit allem Schwierigen muss man sich konfrontieren. Es ist zum Beispiel gut, wenn Suchtgefährdete den Kontakt mit Süchtigen meiden oder Stalker den Kontakt zu ihren Opfern. Es ist gut, wenn ein Mensch, den die Dunkelheit psychisch niederschlägt, das Licht sucht, und wer allergisch auf Nüsse reagiert, sollte keine essen. Problematisch wird Vermeidung erst, wenn sie uns daran hindert, unsere beruflichen und privaten Ziele zu verwirklichen, oder wenn sie uns isoliert und einsam macht.

Auch mit diesem Bewältigungsstil können die Botschaften der inneren Richter bewältigt werden. So können wir die Gefühle der Unzulänglichkeit (leistungsfordernder innerer Richter), der Schuld (emotional fordernder innerer Richter) und des Selbsthasses (strafender innerer Richter) vermeiden.

Vermeidung bei leistungsforderndem inneren Richter

Frido ist lange alles leichtgefallen: In der Schule hatte er nie lernen oder auch nur Hausaufgaben machen müssen, um die besten Noten zu bekommen. Für ihn, aber auch für seine Eltern war es selbstverständlich: Frido galt als Überflieger. Genau wie sein Vater, ein Professor für neuzeitliche Geschichte. Die Eltern waren sehr nett, aber beide sehr leistungsorientiert. Den Druck hat Frido nicht gespürt, solange er auf der Schule war. Als er aber nach einem sehr guten Abitur auf die Uni wechselte, änderte sich das: Plötzlich war er einer unter vielen. Seine ersten Klausuren bestand er zwar, wirklich gut waren sie aber nicht. Den Eltern getraute er sich nicht zu sagen, dass andere Studenten bessere Leistungen erzielt hatten. Frido setzte sich hin und lernte wie besessen für die nächsten Prüfungen. Aber die Ergebnisse entsprachen immer noch nicht dem, was seine Eltern von ihm gewohnt waren. Danach verbrachte er immer weniger Zeit an der Uni und vertat seine Zeit lieber mit Computerspielen.

Vermeidung bei emotional forderndem inneren Richter

Mathilda hat einen starken emotional fordernden inneren Richter, der ihr vermittelt, sie müsse immer gut gelaunt, freundlich und hilfsbereit sein. Das geht so weit, dass sie sich schuldig fühlt, weil sie den Obdachlosen vor dem Supermarkt bei ihr um die Ecke nicht anbietet, bei ihr einzuziehen. Dafür gibt sie ihnen immer eine Spende und fühlt sich danach wiederum schlecht, weil sie ihnen das Gefühl von Überheblichkeit vermittelt haben könnte. Als sie einmal kein Bargeld dabeihat, traut sie sich nicht, ihnen unter die Augen zu treten, und geht stattdessen zu einem anderen, sehr viel weiter entfernten Supermarkt.

Vermeidung bei strafendem inneren Richter

Robert, den du auf Seite 21 schon kennengelernt hast, hat einen stark ausgeprägten strafenden inneren Richter, der behauptet, er sei völlig un-

attraktiv und niemand könne ihn ausstehen. Er wurde von klein auf wegen seines hektischen und impulsiven Verhaltens und später auch wegen seiner stressbedingten Hautrötungen gehänselt. Die Eltern haben Robert überdies immer mit seiner hübschen Schwester verglichen. So kommt es, dass Robert sich schämt, wenn er sich in Gesellschaft anderer Menschen befindet, und sich sozial zurückzieht oder gar nicht unter Menschen geht. Vor allem meidet er Situationen, in denen sein geringer »Marktwert« deutlich werden könnte: Partys, Klubs und Ähnliches.

Vermeidung tritt in sehr unterschiedlichen Erscheinungsformen auf – hier die häufigsten Strategien:

Aus dem Weg gehen

»Ich komme doch nicht.« – Zunächst gibt es das schlichte Vermeiden von Dingen, Situationen und Themen, die einem unangenehm sind. Hast du beispielsweise eher Angst vor Menschen und denkst, dass andere dich nicht mögen und nicht akzeptieren, dann sagst du Einladungen zu Partys oder anderen Geselligkeiten in der Regel ab. Hast du Angst, zu versagen, abgelehnt zu werden oder Leistungsanforderungen nicht zu entsprechen, dann versäumst du Prüfungen und Vorstellungsgespräche, oder du begibst dich gar nicht erst in romantische Situationen, in denen du eine Abfuhr erleben könntest. Bist du konfliktscheu, weil du glaubst, dass man dich nur akzeptieren kann, wenn du immer zustimmst und auf Harmonie achtest? Dann wirst du wahrscheinlich all die Themen unter den Teppich kehren, die du für problematisch hältst.

Ablenkung

»Nur noch eine Folge.« – Statt zu tun, was eigentlich ansteht und nur noch dringender und problematischer wird, wenn es nicht erledigt wird, lenken viele Menschen ihre Aufmerksamkeit anderen Dingen zu: Sie sehen fern, spielen Computer, surfen im Internet, arbeiten zu viel oder verbringen die halbe Woche im Fitnessstudio.

Selbststimulierung

»Ich schieß mich erst mal weg!« – Einige Menschen bekämpfen negative Gefühle wie Traurigkeit, Verlassenheit, Einsamkeit, Hilflosigkeit, Leere oder Angst, indem sie sich etwas »Gutes« tun: Sie naschen Süßigkeiten, shoppen ausgiebig, flirten exzessiv oder lieben Extremsportarten. In Maßen sind all diese Dinge völlig unbedenklich und normal. Die meisten merken, wenn es dann doch etwas zu viel des Guten ist, und sagen dann Sätze wie: »Ich trinke momentan ein bisschen viel« oder »Das Frustessen muss ich wieder einstellen.« Oft wissen die Betroffenen auch, woher es kommt: »Der Tag war so schrecklich, da musste ich mir einfach was gönnen!«, oder: »Ich vögele gerade mal wieder gegen meine innere Leere an.«

Betäubung

»War da was?« –Viele von uns ersäufen hin und wieder ihren Schmerz im Alkohol. Wenn es gerade mal nicht so läuft, wie wir uns das wünschen, steigen Bier- wie Weinkonsum. Das ist durchaus normal. Wer nur trinkt, wenn es ihm gut geht, gehört einer Minderheit an. Wer aber dauerhaft negative Gedanken und Gefühle betäubt, ob mit Alkohol, Drogen oder Medikamenten, wird nicht nur seinen negativen Emotionen ausgeliefert bleiben, sondern auch ein Suchtverhalten entwickeln.

Jammern und Schimpfen

»Und dann kam er schon wieder mit dieser alten Geschichte …« – Kennst du diese Menschen, die immerzu motzen? Sie können sich über alles beschweren. Es ist ein gewohnheitsmäßiges und monotones Gejammer und Gezeter, in dem sich keine größeren Emotionen wie Wut oder tatsächliche Empörung erahnen lassen. Sie scheinen weder zu leiden noch sich besonders aufzuregen. Originell oder witzig sind sie auch nicht. Das Gemeckere ist für sie nur eine Möglichkeit, negative Gefühle für einen Moment nicht zu spüren.

Nichts von sich erwarten

»Ich lass es einfach auf mich zukommen.« – Wer keine Ziele hat, kann auch nicht enttäuscht werden. Es ist sicher gut, im Moment zu leben, nicht ständig völlig überzogene Erwartungen zu haben, keinen albernen Träumen hinterherzujagen. Auf viele Sachen haben wir keinen oder nur wenig Einfluss, und manchmal müssen wir eben auch unsere inneren und äußeren Beschränkungen akzeptieren und einsehen, dass man auch anders glücklich werden kann. Aber wer überhaupt keine Ziele hat, wird nie das Gefühl haben, dass er sein Leben und sein Glück eben doch bis zu einem gewissen Maß selbst in der Hand hat.

Mal allein, mal paarweise

Die beschriebenen Vermeidungsformen treten mal allein, mal in Kombination auf. Bei Robert beispielsweise, dem scheuen Mann mit den Hautrötungen, sind drei Vermeidungsformen aktiv: »Aus dem Weg gehen« – er geht gezielt nicht an Orte, an denen er Ablehnung erfahren könnte, »Ablenkung/Selbststimulation« – Robert flüchtet sich in die sexuellen Angebote des Netzes, und »Nichts von sich erwarten« – Robert gibt vor, gar keine Beziehung zu wollen, weil er Angst hat, enttäuscht zu werden.

Ein anderes Beispiel ist Frido, der Akademiker-Sohn, der an der Uni zum ersten Mal nicht den leistungsfordernden Erwartungen seiner Eltern gerecht werden kann. Nachdem er zunächst noch härter gepaukt hatte, bleibt er danach den Vorlesungen und Klausuren fern. Er vermeidet also Situationen, in denen er scheitern und mit dem Gefühl des Versagens konfrontiert werden könnte (aus dem Weg gehen). Zu Hause stimuliert er sich dann mit dem Internet und Computerspielen (Ablenkung).

Auch Paul, der Mann mit der jähzornigen Mutter, die schon beim kleinsten Widerwort zuschlug, der sich heute für seinen Körper schämt, meidet Orte und Situationen, in denen er sich ausziehen muss. Oder Brian, den Lehrer und Mitschüler wegen seiner Homosexualität gequält haben: Er meidet seine Heimatstadt und lenkt sich, seit er Teenager ist, durch übermäßige sportliche Betätigung von negativen Gefühlen der Scham und Einsamkeit ab. Und schließlich Connie, die Frau, die in ihrer Kindheit missbraucht wurde. Sie unterwirft sich, indem sie sich prostituiert, und vermeidet die dadurch ausgelösten Gefühle der Hilf- und Machtlosigkeit, indem sie sich medikamentös betäubt. Ein ähnlicher Fall ist Leonie.

Leonie hat große Angst vor Menschen. Ihr Vater war alkoholabhängig und hat sie und ihre Mutter immer wieder geschlagen. Heute braucht es nicht viel, und Leonie fühlt sich von anderen Menschen bedroht. Es reicht, dass ein Busfahrer mal unfreundlich wird oder ein Obdachloser herumschreit. Dann fährt Leonie zusammen und möchte am liebsten nach Hause und sich verkriechen. Außerdem hat sie das Gefühl, nicht zu genügen. Sie arbeitet als Verkäuferin in einer Spielzeugboutique. Manche Kunden sind sehr anspruchsvoll, und Leonie fühlt sich schnell unter Druck gesetzt und überfordert.

Vor einigen Jahren hat Leonie entdeckt, dass Alkohol ihre Ängste weitgehend vertreibt. Sie hat immer einen Piccolo, oft sogar eine Weinflasche dabei. Mit einem viertel Liter intus übersteht sie den Vormittag gut. Ihre Ängste melden sich dann kaum und sie kann entspannt arbeiten. Sie ahnt aber auch, dass sie bereits ein Alkoholproblem haben könnte – so wie ihr Vater.

▶ *Und bei dir?*

Es gibt kaum jemanden, der niemals etwas aus dem Weg geht, der nicht bei Liebeskummer mal ein Glas Wein mehr trinkt oder sich eine Tafel Schokolade gönnt, sich mal krankmeldet, wenn ihn die

Arbeit überfordert. Die Frage ist nicht, ob man hin und wieder Vermeidung praktiziert, sondern in welchem Ausmaß. Die folgende Liste kann dir helfen, Klarheit zu schaffen:

- »Einsamkeit ward mir zum Lose.« – Ich fühle mich abgekoppelt, nicht in Kontakt mit mir selbst, meinen Gefühlen oder anderen Menschen.
- »Lass mich doch einfach in Ruhe.« – Ich möchte mich nicht auf andere Menschen einlassen.
- »Ich muss arbeiten und dann noch zum Sport.« – Ich arbeite viel und treibe intensiv Sport, um nicht über unangenehme Dinge nachdenken zu müssen.
- »Leg die Sorgen in ein Gläschen Wein.« – Ich mache gern etwas Aufregendes oder Beruhigendes, um meine Gefühle zu vermeiden (Essen, Sex, Ausgehen, Fernsehen, Shoppen ...).

Vermeidung liegt vor, wenn wir wissen, dass wir eigentlich gerade etwas anderes tun sollten: Frido weiß vermutlich, dass er, statt am Computer zu spielen, lernen sollte; Robert, dass er, wenn er nicht offen ist, kaum jemanden finden wird, mit dem er sein Leben teilen kann. Und du weißt vielleicht, dass du, statt den Abend wieder mit fünf Folgen *Breaking Bad* auf dem Sofa zu verbringen, heute gut mal zum Sport gehen könntest. Ab und zu drückt jeder sich vor Unangenehmem. Zum Problem wird das erst, wenn übermäßiges Spielen, Naschen oder auch Trinken verhindert, dass wir unsere Ziele verwirklichen, und wir in wichtigen Bereichen des Lebens eindeutig nicht das erreichen, was wir erreichen könnten.

Es kann unangenehm sein, sich vermeidende Verhaltensweisen einzugestehen. Niemand gibt gern zu, dass er Angst hat vor Versagen, Ablehnung oder Überforderung. Es ist sehr unangenehm, vor sich selbst und anderen zuzugeben, zu viel zu trinken. Deshalb erfinden wir lieber kreative Ausreden, als ehrlich zu sein. Kaum einer sagt: »Ich konnte leider nicht zur Party kommen, weil ich

Angst hatte, dass keiner mit mir spricht, und hab stattdessen den ganzen Abend mit Facebook verbracht.« Oder: »Ich kann leider nicht zum Vorstellungsgespräch kommen, weil Sie mich sowieso nicht wollen.« Die meisten von uns schützen vor, von der Woche »total erledigt« zu sein oder sich irgendwie nicht gut zu fühlen.

Wenn du herausfinden möchtest, ob du zur Vermeidung von wichtigen, aber unangenehmen Dingen neigst, frage dich selbst: Wann greife ich zum Alkohol? Warum arbeite ich so viel? Warum gehe ich sechsmal die Woche zum Sport? Warum schaue ich so viel fern? Kann es sein, dass du trinkst, um – ähnlich wie Connie und Leonie – negative Gefühle und Ängste zu betäuben? Kann es sein, dass du andauernd trainierst, weil du dich von Problemen ablenken möchtest? Dass du so viel Zeit vorm Computer verbringst, weil du tief im Inneren Angst vor Einsamkeit hast?

▶ *Und bei anderen?*

Vermeidung ist allgegenwärtig: Denk mal darüber nach, wo du allein in der letzten Woche die unterschiedlichen Vermeidungsformen beobachtet hast. Da wird dir sicherlich eine Menge einfallen, denn wir vermeiden andauernd: das Essen mit den blöden Freunden des Partners, den Wettkampf, für den wir nicht trainiert haben, das Meeting, auf das wir uns nicht vorbereitet haben, die Aussprache, die im Büro aussteht, weil wir ein Problem ignoriert haben.

Kennst du Menschen, die regelmäßig vermeiden? Gibt es da einen Freund, der alle Termine absagt, bei denen außer dir noch jemand anwesend ist, oder eine Bekannte, die immer erst kommt, wenn alles bereits erledigt ist? Einen Mitbewohner, der schon seit sechs Jahren an seiner Masterarbeit schreibt, oder eine Freundin, die sich auf Partys immer betrinkt, um ihre Menschenscheu zu überwinden?

Stell dir vor, du wärst mit Robert oder Frido befreundet. Würdest du erkennen, dass beide Vermeiden als Bewältigungsstrategie benutzen? Und wenn ja, woran? Vielleicht fiele dir auf, dass Robert sehr viele sexuelle Kontakte hat, aber emotionale Bindungen vermeidet und das mit einem oberflächlichen Gefasel über die Spießigkeit von Beziehungen begründet. Bei Frido würdest du dich vielleicht irgendwann darüber wundern, dass er nur selten zur Uni geht und so schlechte Ergebnisse erzielt, obwohl er dir eigentlich intelligent erscheint. Irgendwann würde dir vielleicht auch sein übermäßiger Medienkonsum auffallen.

Vermeidung kann außerdem dazu führen, dass Freunde und Bekannte auf Dauer verärgert reagieren, und vielleicht würdest auch du dich von solchen Bekannten zurückziehen. Das ungünstige Bewältigungsmuster verstärkt dann bei den Betroffenen letztlich die negativen Gefühle, die es eigentlich vermeiden sollte.

Überkompensation: »Alles Idioten außer ich!«

Die meisten von uns sind nicht ganz so cool, wie sie sich geben, so klug, wie sie daherreden, oder so attraktiv, wie angesagtes Styling, Jacketkronen und Make-up sie erscheinen lassen. Wir alle legen uns immer wieder ziemlich ins Zeug, um den Anschein von etwas zu erwecken, was wir nicht sind.

Menschen, die gar nicht mehr anders können und fast schon vergessen haben, wie sie ungeschminkt aussehen, neigen zu Überkompensation. Von Überkompensation spricht man, wenn eine Person sich verhält, als wäre das Gegenteil dessen wahr, was verletztes Kind und innerer Richter ihr einflüstern. Fühlt sich diese Person unsicher, tritt sie betont selbstbewusst auf, fühlt sie sich hilflos, verhält sie sich extrem dominant, fühlt sie sich bedroht, reagiert sie schnell aggressiv.

Sven ist ein klassischer »Angstbeißer«: Das ständige Gefühl von Bedrohung und Hilflosigkeit kompensiert er durch ein extrem aggressives Verhalten. Wenn jemand auch nur eine andere Meinung hat, geht er sofort auf sein Gegenüber los und wird laut. Wenn er das Gefühl hat, jemand entscheidet über seinen Kopf hinweg, schreit er ihn an und versucht ihn einzuschüchtern. In privaten Beziehungen wird er sogar manchmal tätlich. Dabei ist Sven eigentlich extrem verletzlich und ängstlich. Er hat ein großes Bedürfnis nach Zuneigung, Anerkennung und Harmonie, das aufgrund seiner Art, jede unangenehme Situation gleich durch Überkompensation zu bewältigen, aber vermutlich nie befriedigt werden wird.

Es gibt eine ganze Reihe unterschiedlicher Formen, in denen Überkompensation auftritt:

Narzisstische Überheblichkeit

Das Besondere an narzisstischem Verhalten ist, dass der Betroffene nicht nur einen verzerrten Blick auf sich selbst und seine Umwelt hat, sondern dass er diese Verzerrung selbst kaum sieht. Meist weiß er nicht, dass er sich selbst überschätzt, und hält seine Überschätzung für eine realistische Einschätzung. Er verhält sich nicht so, als wäre er Mister Perfect, er *ist* Mister Perfect. In anderen Momenten kann diese Selbstwahrnehmung aber implodieren und sich stattdessen eine regelrechte Depression ausbreiten. Narzissmus kann dazu führen, dass eine Person berechtigter Kritik überhaupt nicht mehr zugänglich ist, alternative Vorschläge nicht ernst nimmt und keinerlei Zweifel kennt. Auf die Umwelt wirkt dieses Verhalten fast immer arrogant und herablassend.

Mark ist eigentlich ein sehr unsicherer Mensch. Seine Eltern haben ihm nie Wertschätzung entgegengebracht oder ihm das Gefühl von Zugehörigkeit und einer sicheren Bindung vermittelt. Heute lässt Mark andere kaum zu Wort kommen. Er hat eine große Sehnsucht nach Wärme und Nähe, kann aber niemanden neben sich bestehen lassen oder auch nur wahrnehmen. In seinen Erzählungen geht es nur um ihn, um seinen Erfolg, um seine Intelligenz, um seinen Durchblick. Dabei lässt er sein Gegenüber kaum zu Wort kommen, und wenn, dann hört er nicht zu.

Andere Menschen haben auf diese Unterhaltungen bald keine Lust mehr und ziehen sich zurück. Marks Überkompensation hat also nicht den beabsichtigten Effekt, andere zu beeindrucken, vielmehr führt sie eher zum Gegenteil: Statt vor Einsamkeit und Ablehnung zu schützen, verstärkt sie diese.

Paranoide Kontrolle

Kennst du Menschen, die alles anzweifeln? Die immer denken, dass man ihnen Böses will und man habe sich hinter ihrem Rücken gegen sie verschworen? Das kann zu einem regelrechten Wahn werden, insbesondere bei sehr eifersüchtigen Menschen.

Der Kontakt mit diesen Menschen ist ungemein anstrengend. Es fällt ihnen immens schwer zu vertrauen. Das kann regelrecht beleidigend sein – wenn du zum Beispiel ein Treffen absagen musst, weil du mit Fieber im Bett liegst, und dein Freund sagt nur: »Naja … Wer weiß, ob du wirklich so krank bist.« Es ist sehr mühsam, den anderen ständig zu beschwichtigen und um sein Vertrauen zu ringen. Monikas Freundin Sarah ist so ein Fall: Sie wurde in ihrer Kindheit immer wieder verlassen. Heute unterstehen all ihre privaten Kontakte einer paranoiden Kontrolle. Damit erreicht Sarah leider das Gegenteil dessen, was sie beabsichtigt hatte: Eine Person nach der anderen löst die Beziehung zu ihr auf.

Zwanghafte Kontrolle

Menschen, die innerlich sehr unsicher sind und sich deshalb überhöhen, bestehen oft darauf, anderen alles ganz genau zu erklären und auch zu kontrollieren, ob sie alles »richtig« machen. Dabei kann es um absolute Kleinigkeiten gehen – wie die Zwiebeln geschnitten gehören oder dass nur der billigste Kaffee gekauft werden darf. Von außen wird das als stur und eigensinnig wahrgenommen.

Katrin ist Studentin der Literaturwissenschaft. Sie ist äußerst perfektionistisch und definiert sich vor allem über ihre akademischen Erfolge. Oft braucht sie unendlich lange, um Hausarbeiten einzureichen, weil sie alles hundertprozentig machen will und sich extrem unter Druck setzt. Gruppenarbeiten sind für sie eine Tortur. Dann wird sie zum Kontrollfreak: Sie muss genau wissen, was die anderen machen, alles noch mal inspizieren und so ändern können, dass es absolut ihren Vorstellungen entspricht. Wenn ihre Mitstudenten sagen, dass der Zeilenabstand nun wirklich nicht so wichtig ist, verliert sie die Fassung und straft sie mit Verachtung. Am Ende muss sie die Arbeit weitgehend allein erledigen und hat die Sympathien ihrer Kommilitonen zum Großteil verloren.

Aufmerksamkeitsheischendes Verhalten

Es gibt »Rampensäue« und es gibt »Dramaqueens«. Die einen haben ihre Geltungssucht zum Beruf gemacht, die anderen müssen sich auf der häuslichen Bühne austoben. Beides kann von hohem Unterhaltungswert sein – zeitweise. Wer täglich Zeuge von Geltungssucht und exzessiver Selbstinszenierung werden muss, fühlt sich irgendwann strapaziert.

Aggressivität

Von Sven hast du schon gehört. Er hat sich ein aggressives Verhalten angeeignet, um der Bedrohung und Hilflosigkeit, die er so oft fühlt, zu begegnen. Sein Credo: Angriff ist die beste Verteidigung. Er will lieber zuschlagen, ehe er geschlagen wird. Dabei hat niemand die Absicht, ihn zu schlagen. Aber das kann Sven aufgrund seiner Geschichte leider nicht mehr objektiv einschätzen.

Viele Menschen, die so wie Sven in ihrer Kindheit viel Gewalt und Bedrohung erlebt haben, neigen später selbst zu aggressivem Verhalten. Typisch ist dann ein kalkulierender, gezielter Einsatz körperlicher oder verbaler Gewalt, um andere einzuschüchtern. Auf diese Weise versuchen sie, die Kontrolle über die Situation zu bekommen.

Falschheit und Verschlagenheit
Es gibt Menschen, die dazu neigen, andere zu übervorteilen und zu betrügen. Meistens sind sie in einem unsicheren Umfeld aufgewachsen, in dem es überlebenswichtig schien, zu lügen und zu manipulieren. Leider werden diese Verhaltensweisen von den Betroffenen später nicht unbedingt abgelegt – auch weil das Gefühl der Unsicherheit bleibt, selbst nachdem die Verhältnisse sicherer geworden sind.

▶ *Und bei dir?*
Es ist gar nicht so einfach zu erkennen, ob man zu Überkompensation als Bewältigungsform neigt: Im Gegensatz zu den anderen Formen fühlt sich, wer sich selbst überhöht, gar nicht so schlecht. Man glaubt, man habe die Kontrolle über die Situation, oder fühlt sich klüger und cooler als die anderen. Diese Strategie scheint also zu funktionieren.

Auf den ersten Blick zumindest. Viele Betroffene berichten, dass sie sich im Grunde doch nicht mögen, wenn sie im Zustand der Überkompensation sind. Sie sind sich selbst fremd, finden sich eher lächerlich und aufgeblasen. Bin ich das wirklich? Und will ich das wirklich? Überkompensation ist eine Form der Verstellung und deshalb sehr energieaufwendig. Entspannt und gelassen fühlt man sich dabei normalerweise nicht, eher angespannt und immer auf der Hut.

Um festzustellen, ob man Tendenzen hat, sich selbst zu überhöhen, können die Aussagen anderer Menschen sehr hilfreich sein. Hast du schon öfter – und von verschiedenen Menschen – gesagt bekommen, dass du immer nur an dich denkst oder dass du sehr stur seist? Dann lohnt es sich, darüber nachzudenken, was da dran ist …

Wenn du den Verdacht hast, dass auch du – wie die meisten Menschen hin und wieder – zu Überkompensation neigst, helfen dir vielleicht die folgenden Aussagen, die verschiedene Facetten dieser Bewältigungsform zusammenfassen:

- »He, schau mal her!« – Ich tue Dinge, um im Mittelpunkt der Aufmerksamkeit zu stehen.
- »So doch nicht.« – Ich reagiere gereizt, wenn andere nicht tun, was ich von ihnen erwarte.
- »Ich bin die Schönste, die Beste, die Tollste.« – Es ist wichtig für mich, die Nummer eins zu sein.
- »Pass bloß auf, sonst gibt's Ärger.« – Indem ich anderen zeige, dass mit mir nicht zu spaßen ist, verschaffe ich mir Respekt.

Eine andere Möglichkeit zu überprüfen, ob du Überkompensation als Bewältigungsform nutzt, ist der Stresstest: Wie alle Formen der Bewältigung intensiviert sich auch die Überkompensation bei Stress und Belastung. Stell dir also eine typische Stresssituation vor: etwa einen Prüfungstermin oder die Kinder sind krank und du musst zur Arbeit. Überlege dann, welche Reaktionsmuster bei dir normalerweise ablaufen und welche Gefühle dabei eine Rolle spielen.

Du kannst aber auch einfach mal dein Umfeld fragen. Vielleicht hast du schon diesbezügliche Rückmeldungen bekommen: Ein Freund hat dich gefragt, warum du immer gleich so aggressiv werden musst, oder eine Person am Nebentisch meinte: »Junger Mann, schalten Sie mal einen Gang zurück. Ich kann Sie bis hierher hören.« Vielleicht hat sich deine Tochter beschwert, dass du ihr immer alles aus der Hand nimmst und sie nichts allein machen lässt. Wenn dir schon öfter vorgeworfen wurde, egoistisch, dominant, herrisch oder zu laut zu sein, könnte Überkompensation im Spiel sein. Kannst du dich sogar noch an die Gelegenheit erinnern, bei der dir dieser Vorwurf gemacht wurde, dann versetze dich in diese Situation, und horche in dich hinein. Melden sich da verletzte Gefühle? Zeigt deine Fassade Risse?

Und bei anderen?

So schwer es ist, Überkompensation bei sich selbst zu erkennen, so einfach ist es, dieses Verhalten bei anderen zu identifizieren, insbesondere in seiner narzisstischen Form. Von außen betrachtet wirken die Betroffenen oft unecht, übertrieben, lächerlich. Peinlich wirkt das Ganze, weil für Außenstehende klar ist, dass sich hier jemand größer macht, als er ist, und man ihm nicht wirklich etwas zutraut. »Hunde, die bellen, beißen nicht«, sagt ein Sprichwort und ein anderes: »Große Klappe, nichts dahinter.«

Um den Kontakt mit diesen Menschen reißt man sich normalerweise nicht. Erstens, weil es schwerfällt, sie ernst zu nehmen, und sie uns mit ihren ständigen Prahlereien oder Kontrollen auf die Nerven gehen. Zweitens, weil sie uns so wenig Raum geben. Man kommt selbst nur selten zu Wort, und was man sagt, interessiert den anderen nicht; mit Widerspruch können solche Menschen schon gar nicht umgehen.

Das erwachsene Ich

Wann warst du das letzte Mal auf einer Hochzeit? Ist dir schon mal aufgefallen, dass gar nicht wenige Hochzeitsgäste sich offenbar in ihren Kleidern äußerst unwohl fühlen? Das ist eigentlich auch kein Wunder. Viele Menschen tragen Sachen, die überhaupt nicht zu ihnen passen. Schade: Gerade bei einer Hochzeit könnte man seiner Fantasie freien Lauf lassen und das tolle Teil anziehen, das man schon immer mal tragen wollte. Aber das machen die wenigsten. Der Grund ist so ernüchternd wie einfach: Oft wissen wir nicht, was uns steht, was zu uns passt, weil wir uns gar nicht sicher sind, wer wir sind. Schuld sind die schädlichen Denkmuster! Wir sind so beherrscht von unseren unterschiedlichen Verhaltensstrategien und Ängsten, dass wir den Überblick über unsere Persönlichkeit verloren haben. Das Bild, das wir von uns selbst haben, ist völlig verzerrt, und deshalb wählen wir immer wieder die falschen Schuhe, Kleider und Accessoires.

Wenn uns jedoch das erwachsene Ich steuert, befinden wir

uns in einem Zustand, der es uns in der Regel ermöglicht, unser Seelenleben einigermaßen zu überblicken und uns ein weitgehend unverzerrtes Bild von uns selbst zu machen. Das erwachsene Ich passt zu uns und zum aktuellen Leben und seinen Situationen wie eine wunderbare, maßgeschneiderte Robe: wie angegossen.

Mit einem aktiven erwachsenen Ich sind wir entspannt und gelassen. Wir haben den Überblick über die jeweilige Situation. Wir haben das Gefühl, die Abläufe zu kennen und Eventualitäten mehr oder weniger gut einschätzen zu können. Unvorhergesehene Vorkommnisse werfen uns nicht aus der Bahn. Das wird uns dadurch ermöglicht, dass unser Handeln und Fühlen nicht von schädlichen Gefühlen und Verhaltensweisen gesteuert werden, sondern dass wir einen kühlen Kopf behalten, die Prozesse selbst steuern und eigene Impulse geben.

Wenn wir über ein starkes und funktionierendes Ich verfügen, können wir die Realität gut einschätzen und unangenehme Erfahrungen, wenn sie nicht zu erschreckend und grausam sind, gut verarbeiten. Anders als unter dem Einfluss schädlicher, hinderlicher Gedanken und Verhaltensweisen können wir in diesem Zustand Situationen, Konflikte oder Beziehungen als das wahrnehmen, was sie sind. Wir reagieren auf die aktuelle Situation und nicht auf eine längst vergangene, die nur aktuell reaktiviert wird. Wir können also emotional auf Gegenwärtiges reagieren und sind gefühlsmäßig nicht in der Vergangenheit gefangen. Die Folge ist, dass wir mit beängstigenden Situationen jetzt als Erwachsene umgehen können und nicht mehr mit der Hilflosigkeit eines Kindes. Auch schwierige Situationen verlieren dadurch viel von ihrem Schrecken und schrumpfen quasi auf Normalgröße zusammen, sodass uns die meisten unangenehmen Erlebnisse und negativen Erfahrungen nicht in Krisen stürzen. Ich spreche jetzt nicht von traumatischen Erfahrungen, vor denen kaum ein Mensch gewappnet ist, sondern von alltäglichen Missverständnissen, Stresssituationen und Gemeinheiten. Die werfen eine Person mit starkem erwachsenem Ich nicht gleich um. Jeder hat mal bessere, mal schlechtere Tage, aber im Allgemeinen können wir dann den alltäglichen Müll wegstecken und uns im Anschluss wieder auf die schönen und angenehmen Seiten des Lebens konzentrieren.

Das erwachsene Ich sorgt dafür, dass wir von unseren Gefühlen nicht überwältigt werden; mit ihm gelingt es uns, die Bedürfnisse unseres Gegenübers wahrzunehmen, einzuschätzen und gegen die eigenen abzuwägen. Dabei geht es weder darum, sich den Bedürfnissen anderer zu unterwerfen (emotional fordernder Elternmodus), noch darum, auf die einseitige Durchsetzung der eigenen Interessen zu pochen (verzogenes Kind). Das erwachsene Ich versetzt uns in die Lage, einen Kompromiss zu finden, eine Lösung, mit der beide Seiten möglichst gut leben können.

Außerdem sind wir in diesem Zustand in der Lage, zu erkennen, was jetzt getan und erledigt werden muss, und es dann auch zu tun, statt es aufzuschieben. So erspart man sich unnötigen Stress und Ärger.

Und schließlich haben Menschen mit einem starken erwachsenen Ich auch erwachsene Interessen und Vergnügungen. Du weißt nicht, was du dir darunter vorzustellen hast? Erwachsene Interessen und Vergnügen zielen auf eine Erfüllung eigener Bedürfnisse, ohne die Bedürfnisse anderer zu sehr zu verletzen, also auf eine vernünftige Balance von eigenen und fremden Bedürfnissen. Es geht darum, Spaß zu haben, ohne völlig über die Stränge zu schlagen, sich etwas zu gönnen, ohne sich finanziell oder sonst wie zu übernehmen. Also: Lass es dir in gesundem Maß gut gehen!

Und bedenke, niemand verhält sich immer erwachsen und vernünftig. Aber fast jeder ist immer mal wieder oder sogar die meiste Zeit in diesem Zustand. Wie Sasha:

Sasha ist eine in vielen Bereichen erfolgreiche erwachsene Frau. Sie hat eine Agentur für Eventmanagement aufgezogen, die sie super im Griff hat. Mit ihren Mitarbeitern versteht sie sich blendend. Es gibt viele

Dinge, die sie problemlos und entspannt erledigt. Sie verfügt über eine Menge Strategien, mit denen sie ihren Alltag meistert. Nur mit der Liebe, da klappt es nicht. Immer wieder landet sie bei Männern, die sie ausnutzen. Die Krönung war vielleicht der letzte: Philippe, ein leidenschaftlicher Südamerikaner. Ein großartiger Fotograf mit Blick fürs Detail, und so sensibel, zumindest am Anfang. Doch dann: schmerzhafte Griffe in ihre Fettpolster, boshafte Bemerkungen über ihre Lachfältchen, Desinteresse an ihrer Person und vor allem an ihren Gefühlen. Bösartige Persönlichkeitsanalysen, sadistische Vergleiche mit anderen Frauen … Und sie? Statt sich von ihm zu trennen, fing sie an, mehr Sport zu machen, noch teurere Kosmetik zu kaufen, ihm hinterherzuräumen und sich klein und unattraktiv zu fühlen. Sie tat alles, um ihn zu halten. Dabei wusste sie eigentlich, dass es ihr schlecht ging mit ihm. Und dann ließ er sie sitzen, per SMS: »Komm erst mal mit dir selbst klar. Das ist zu viel für mich.« – Was für ein Mistkerl!

Sasha hat Verhaltensweisen, die in unterschiedlichen Lebensbereichen und -phasen zuverlässig zum Vorschein kommen – ihr aber nicht guttun. Meist ist sie mit einem starken erwachsenen Ich unterwegs. Sie kann sowohl ihr berufliches als auch ihr privates Leben weitgehend realistisch einschätzen. Sie ist erfolgreich in ihrem Job und vermutlich auch im Umgang mit ihren Freunden. Erst wenn es zu Liebesbeziehungen kommt, werden die schädlichen Gefühle und Verhaltensweisen plötzlich dominant.

In solch einem Fall bietet es sich an, den gesunden Erwachsenen in sich zu stärken und zu überlegen, was einem hilft, ihn zu aktivieren, und zu versuchen, schädliche Denk- und Verhaltensmuster nach und nach durch erwachsenes Denken und Verhalten zu ersetzen.

Menschen mit einem starken erwachsenen Ich sind im Allgemeinen angenehme Zeitgenossen, deren Nähe man sucht. Und so setzt sich ein positiver Kreislauf in Gang: Je gelassener und umsichtiger ein Mensch auftritt, desto beliebter ist er, je beliebter er ist, desto sicherer fühlt er sich, je sicherer er sich fühlt, desto mehr Menschen suchen seine Nähe … Das erwachsene Ich verstärkt sich also selbst. Dasselbe gilt leider, wie wir gesehen haben, für viele schädliche Verhaltensweisen aus Kindertagen, die von anderen als eher anstrengend wahrgenommen werden und oft zu einer zunehmenden Vereinsamung führen.

Ein aktives erwachsenes Ich ist also erstrebenswert, macht Probleme kleiner, negative Gefühle weniger mächtig und führt zu einem Seelenzustand, in dem wir unsere Bedürfnisse und die unserer Umwelt weitgehend befriedigen können. Was sind also die Voraussetzungen dafür, dass wir überhaupt ein starkes gesundes Ich entwickeln können?

Zentral für diese Entwicklung ist zunächst einmal, dass in unserer Kindheit und Jugend elementare Bedürfnisse erfüllt wurden, die emotionalen Grundbedürfnisse, die jeder Mensch hat: das Bedürfnis nach Verbundenheit, nach Autonomie und Kompetenz, danach, seine Gefühle und Bedürfnisse frei äußern zu dürfen, nach Spaß und Spiel und danach, realistische Grenzen kennenzulernen. Wenn Kinder erfahren haben, dass ihre Bedürfnisse nicht wichtig oder sogar schlecht sind, werden sie es schwer haben, einen starken gesunden Erwachsenen in sich zu entwickeln. Dafür werden Kinder, die eine weitgehende Befriedigung dieser Bedürfnisse erlebt haben – die aus einem stabilen und liebevollen Elternhaus kommen, die Wertschätzung erfahren haben, denen aber auch Grenzen gesetzt wurden und die albern sein und spielen durften –, später vermutlich auf ein gut ausgeprägtes erwachsenes Ich zurückgreifen können. Zuspitzen lässt es sich auf diese Ungerechtigkeit: Wer eine glückliche Kindheit hatte, wird es auch als Erwachsener leichter haben; wer als Kind schon nicht das große Los gezogen hat, wird auch später mit sich selbst und im zwischenmenschlichen Miteinander, im Privaten und/oder im Beruf Probleme haben.

Dasselbe gilt für den anderen positiven Anteil in uns, den des glücklichen Kindes. Wer als Kind schon Spiel und Spaß erlebt hat, wird aller Wahrscheinlichkeit nach auch als Erwachsener einen leichteren Zugriff darauf haben. Und Menschen mit einem ausgeprägten erwachsenen Ich haben oft auch ein starkes glückliches Kind in sich, während Menschen mit stark verletztem inneren Kind zum Beispiel meist sowohl ein wenig aktives glückliches Kind als auch ein schlecht entwickeltes Ich als Erwachsene haben. Das heißt: Wenn du über ein gut ausgeprägtes erwachsenes Ich verfügst, hast du in der Regel einen guten Zugriff auf das glückliche Kind in dir und aller Wahrscheinlichkeit nach kaum nennenswerte Probleme im Zwischenmenschlichen und mit dir selbst.

Denk zum Beispiel an Hanna, die alleinerziehende Mutter, die in einer Sprachenschule arbeitet: Ihr hilft ein starkes glückliches inneres Kind dabei, ihren eigentlich stressigen und aufreibenden Alltag zu meistern. Aber Hanna verfügt zudem über ein gut ausgeprägtes erwachsenes Ich.

Hanna arbeitet viel und hat zudem einen Haushalt zu führen und sich um zwei kleine Kinder zu kümmern. Ihr Job macht ihr Spaß, ist aber aufgrund der Freiberuflichkeit unsicher. Wenn die Kinder mal krank sind und nicht zur Kita können, haben die Schulen zwar Verständnis, aber das ist begrenzt. Selbst krank zu werden, kann Hanna sich nicht erlauben. Daher achtet sie darauf, ihre Abwehrkräfte durch eine gute Ernährung und regelmäßigen Sport zu stärken. Zweimal die Woche gehen die Kinder zu einer Freundin, und Hanna geht zum Yoga. Außerdem hat sie gelernt, zusätzlichen Stress zu vermeiden: Sie kann Prioritäten setzen und im Zweifel geht Erholung vor.

Auch Inge, die Sozialarbeiterin, hat außer einem gut aktiven glücklichen inneren Kind, das ihr den nötigen Ausgleich zu ihrem stressigen Berufsalltag gewährt, auch ein starkes gesundes Ich. Sie plant ganz bewusst Erholungsphasen ein, die verhindern, dass ihr Job sie aufreibt. Sie treibt regelmäßig Sport: Sie und ihre beste Freundin sind seit einigen Jahren Mitglied bei den Freizeitschwimmern, die zweimal in der Woche trai-

nieren. Danach gehen sie in die Sauna. Das muss sein, finden beide. Und schließlich hat sie den Kontakt zu zwei Freunden abgebrochen, die einfach zu viel von ihr verlangt und wenig zurückgegeben haben.

▶ *Und bei dir?*

Woran erkennst du den gesunden Erwachsenen in dir? Vielleicht kann man es so sagen: daran, dass du dich insgesamt gut fühlst. Damit sind wir nicht übermäßig glücklich, aber wir haben das Gefühl, alles einigermaßen im Griff zu haben. Wir leben in der Gewissheit, mit unseren Gefühlen und Bedürfnissen in Kontakt zu sein. Wir sind weitgehend entspannt. Mit einem starken erwachsenen Ich haben schädliche Vermeidung, übermäßige Unterwerfung und übertriebene Selbstüberschätzung keine große Chance. Konflikte scheinen auch anders lösbar. Wir entscheiden bewusst und rational, sehen uns und unser Umfeld und können zwischen unseren und den Interessen der anderen weitgehend objektiv vermitteln.

Hier noch einmal zusammenfassend die wichtigsten Merkmale des erwachsenen Ichs. Wenn du dich im Großen und Ganzen damit identifizierst, kannst du dich glücklich schätzen.

- »Läuft!« – Ich finde, dass ich genügend Stabilität und Sicherheit in meinem Leben habe.
- »Das ist machbar.« – Ich kann Situationen, Konflikte, Beziehungen und Ähnliches realistisch einschätzen.
- »Davon geht die Welt nicht unter.« – Ich werde bei kleinen Problemen nicht von negativen Gefühlen überwältigt.
- »Du hast mich verletzt.« – Ich kann aktuelle Gefühle spüren.
- »Das ist deine Sache, das ist meine.« – Ich kann eigene und fremde Bedürfnisse wahrnehmen und eine Balance finden.
- »Wird gemacht, Boss.« – Ich übernehme Verantwortung, erledige Pflichten und Aufgaben.
- »Alles zu seiner Zeit, an seinem Ort.« – Ich weiß, wann ich meine Gefühle äußern sollte und wann nicht.

- »Entschuldigung, aber das sehe ich anders.« – Ich kann für mich selbst einstehen, wenn ich das Gefühl habe, zu Unrecht kritisiert zu werden.
- »Candle-Light-Dinner, Pilates oder Ikebana?« – Ich gehe erwachsenen Vergnügungen und Interessen nach.

Vielleicht hast du jetzt das Gefühl, dass dein erwachsenes Ich noch ein bisschen Stärkung gebrauchen könnte – das kann eigentlich nie schaden. Dann denk darüber nach, wie du normalerweise diesen Anteil in dir aktivieren kannst und wie du dich dann fühlst. Stell dir folgende Fragen:

- Bei welchen Aktivitäten, in welchen Situationen steuert mich mein erwachsenes Ich meist?
- Gibt es bestimmte Personen, mit denen es mir leichter fällt, meinem erwachsenen Ich das Steuer zu überlassen?
- Wie kann ich die Stimmung, das »Grundgefühl« beschreiben, das zum erwachsenen Ich gehört?

Wenn du dich dazu entschlossen hast, dein erwachsenes Ich zu stärken, dann sei bitte realistisch. Niemand ist nur vernünftig und dabei entspannt. Es geht lediglich darum, deine schädlichen Verhaltensweisen aus Kindertagen zugunsten eines Zustandes zurückzudrängen, in dem du dich im Großen und Ganzen gut fühlst.

▶ *Und bei anderen?*

Wenn uns Menschen mit einem aktiven erwachsenen Ich begegnen, erscheinen sie uns tatsächlich »erwachsen«, das bedeutet, sie reagieren angemessen auf Situationen, Kommentare und Konflikte. Ihr Handeln und Fühlen wirken vorhersehbar und moderat. Sie beurteilen Dinge weitgehend objektiv und unverzerrt und neigen weder zu übermäßiger Selbstkritik (strafender Elternmodus) noch zu extremer Verletzlichkeit (verletztes inneres Kind). Es ist möglich, auch emotional Kontakt zu diesen Personen aufzunehmen oder Kritik anzubringen, ohne damit rechnen zu müssen, dass der andere entweder gar nicht reagiert, sich komplett unterwirft oder aggressiv wird.

Während kindliche Verhaltensweisen Beziehungen belasten und sogar zerstören können, gewährleisten das glückliche innere Kind und das erwachsene Ich gute, belastbare Beziehungen sowie kooperative und produktive Zusammenarbeit. Sind sie aktiv, ist es auch möglich, Konflikte so zu lösen, dass der Beziehung kein Abbruch droht.

Menschen mit einem starken erwachsenen Ich sind außerdem resilienter. Sie können Schicksalsschläge und Stresssituationen oft besser meistern und haben außerdem einen größeren sozialen Rückhalt, der ihnen hilft, kritische Situationen abzufedern. In der Regel sind sie sehr beliebt, und es fällt ihnen leicht, ein selbstbestimmtes soziales Leben zu führen. Das führt zu einer positiven Rückkopplung: Aktives erwachsenes Ich und Beliebtheit bzw. selbstbestimmtes soziales Leben verstärken sich gegenseitig.

Was unterscheidet das erwachsene Verhalten von kindlichen Verhaltensmustern?

Wahrscheinlich ist es dir schon aufgefallen: Manchmal ist es gar nicht leicht, die verschiedenen inneren Anteile auseinanderzuhalten. Das gilt in besonderem Maße für das erwachsene Ich. Viele seiner typischen Verhaltensweisen kennzeichnen auch schädliche Verhaltensmuster: Woran erkennt man beispielsweise, ob jemand erwachsen diszipliniert seine Aufgaben erledigt oder sich aufgrund des fordernden inneren Richters überfordert? Ob der Ehrgeiz gesund oder ungesund ist? Was unterscheidet berechtigte Selbstkritik von einer Selbstkritik, die auf den strafenden inneren Richter zurückgeht? Wer entscheidet, ob ich gerade chic und teuer essen gehe, weil es wichtig ist zu genießen oder weil ich undiszipliniert und verwöhnt bin? Das ist oft gar nicht so einfach zu trennen, vor allem, weil die verschiedenen Persönlichkeitsanteile häufig ineinanderwirken. So fühle ich mich vielleicht verletzt und zurückgewiesen (verletztes inneres Kind), obwohl ich »vom Kopf her« weiß, dass der andere mich mag und nicht zurückweisen möchte (erwachsenes Ich).

Wenn ich meine eigenen Bedürfnisse und die des anderen wahrnehmen und befriedigen kann, ist mit großer Wahrscheinlichkeit das erwachsene Ich beteiligt. Dazu muss ich sowohl meine Gefühle als auch die des anderen spüren können. Es braucht also eine gute Gefühlswahrnehmung! Wenn hingegen die Bedürfnisbefriedigung einseitig ausfällt, also entweder nur die eigenen oder nur die Bedürfnisse des anderen berücksichtigt werden, sind eher die schädlichen kindlichen Anteile in uns aktiv: Dann werden nur bestimmte Gefühle wahrgenommen oder gar keine.

Die folgende Tabelle gibt eine Zusammenfassung der wichtigsten Unterscheidungsmerkmale zwischen dem erwachsenen Ich und den kindlichen inneren Anteilen.

	erwachsenes Ich	**ungünstige Anteile in uns**
Pflichterfüllung, Disziplin	erfüllt Aufgaben und ist diszipliniert, aber beachtet die eigenen Grenzen und Bedürfnisse	fordernder innerer Richter: überfordert und verlangt zu viel Disziplin und Pflichterfüllung
Selbstkritik	kann Selbstkritik üben, ohne sich deshalb zu hassen	strafender innerer Richter: übertreibt Selbstkritik, hasst sich selbst, legt sich durch Verbote selbst lahm
Genuss, über die Stränge schlagen	weiß, dass es auch wichtig ist, zu genießen und nicht immer diszipliniert zu sein, bleibt aber im sozial verträglichen Rahmen	verzogenes inneres Kind: erfüllt eigene Bedürfnisse ohne Rücksicht auf andere oder langfristige negative Konsequenzen

	erwachsenes Ich	ungünstige Anteile in uns
Ausdruck von Ärger	drückt Ärger aus, allerdings auf sozial verträgliche Weise, nimmt beispielsweise eine Freundin zur Seite, um ihr möglichst sachlich mitzuteilen, was es stört	verzogenes inneres Kind: explodiert unkontrolliert und produziert dabei u. U. »teure Scherben«
Vermeidung von Gefühlen	kann Vermeidung als Strategie einsetzen, wird aber nicht durch extreme Vermeidung an wichtigen Dingen gehindert	Vermeidung als Bewältigungsform: vermeidet jede Art von Emotion und verhindert damit wichtige Beziehungen, Erfahrungen und Entwicklungen
Übernahme von Kontrolle	schreckt nicht vor Kontrolle zurück, bleibt aber flexibel und berücksichtigt auch die Interessen der anderen	Überkompensation als Bewältigungsform: beharrt auf Kontrolle, bevormundet andere, ist unflexibel
Selbstbewusstsein	kennt eigene Stärken, kann stolz auf sich sein, sieht aber auch Schwächen	narzisstische Überkompensation als Bewältigungsform: findet sich grandios und wichtiger als andere
Fürsorge für andere	kümmert sich um andere, verliert aber eigene Bedürfnisse und Grenzen nicht aus dem Blick	Unterwerfung als Bewältigungsform: fokussiert nur auf das Kümmern um andere, nimmt eigene Bedürfnisse nicht mehr wahr

»GANZ ALLEIN AUF DER WELT …«
verletztes inneres Kind

»ALLES IDIOTEN AUSSER ICH!«
Überkompensation

»LÄUFT!«
erwachsenes Ich

»ZWEIMAL DREI MACHT VIER …«
glückliches inneres Kind

»ERST DIE ARBEIT,
DANN DAS VERGNÜGEN!«
leistungsfordernder innerer Richter

»JETZT NIMM DOCH MAL RÜCKSICHT!«
emotional fordernder innerer Richter

»MUSS ICH
ERST WIEDER BÖSE
WERDEN?!«
strafender innerer Richter

»HAUPTSACHE,
DIR GEHT ES GUT …«
Unterwerfung

»DAFÜR RÄCHE ICH MICH!«
impulsives Kind

»VIELLEICHT LIEBER DOCH NICHT …«
Vermeidung

Meine persönliche Landkarte der Seele

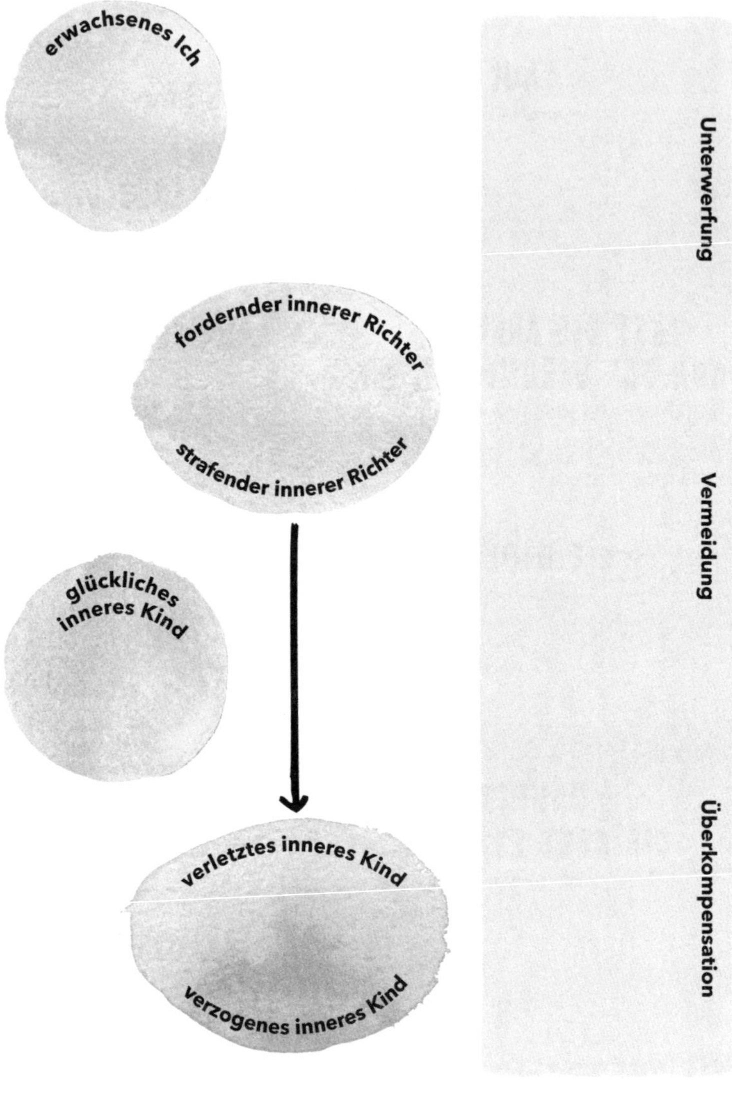

TEIL 2

Schillernde Figuren und extreme Typen

Wenn sich das Verhalten eines Menschen zuspitzt

Liebst du es auch, ins Kino zu gehen? Oder verschlingst nicht nur im Urlaub Romane? In Filmen und Büchern treffen wir zuhauf auf schillernde Figuren und extreme Persönlichkeiten – und so zurückgelehnt im Kinosessel oder auf der Couch ist es einfach nur spannend und lustvoll, diese Extremtypen ein Stück ihres Weges zu begleiten. Ganz anders im wahren Leben – treffen wir an unserem Arbeitsplatz auf einen Kontrollfreak oder in der S-Bahn auf eine hysterische Mitfahrerin, dann finden wir das einfach nur unangenehm.

In diesem Kapitel möchte ich dir anhand von Beispielen aus Filmen oder Romanen einige Extremtypen vorstellen, für die es in der Psychologie dann auch Diagnosen gibt, wenn man danach sucht. Vielleicht interessiert es dich ja, was eigentlich ein »Borderliner« oder ein »Hysteriker« ist und wie es sich bei diesen Typen mit der Landkarte der Seele verhält. Oder vielleicht hast du schon das ein oder andere Mal bei Menschen in deinem Umfeld an solche Begriffe gedacht und wüsstest gerne, ob da etwas dran ist. Oder du fragst dich, ob du womöglich selbst in eine dieser Schubladen gehörst? Die Beispiele können dir helfen, solche Fragezeichen im Kopf aufzulösen.

Sich selbst erniedrigen

Erika Kohut ist eine begabte Pianistin, die mit dreißig noch immer mit ihrer herrischen Mutter zusammenlebt. Die Mutter hat Erika von klein auf zur Pianistin gedrillt. Erika ist die Hauptfigur in Elfriede Jelineks Roman *Die Klavierspielerin.*

Zu Hause kann Erika in der engen Umklammerung der Mutter kaum atmen. Das selbstbestimmte Leben einer Erwachsenen bleibt ihr versagt: Ihr Zimmer lässt sich nicht abschließen. Die

leistungsfordernder innerer Richter

- fordernde, dominante Mutter: »Du musst die Beste sein«

strafender innerer Richter

- prüde, snobistische Mutter: »Du bist primitiv«
- gegen Hübschmachen und Sexualität
- lässt keine geschlossenen Türen zu
- bestraft sich durch Selbstverletzung
- fordert Demütigung von Sexualpartnern

↓

verletztes inneres Kind

- fühlt sich minderwertig, verlassen, eingeengt, ist unselbstständig
- Schuldgefühle wegen ihrer Bedürfnisse

verzogenes inneres Kind

- verhält sich grausam und unbeherrscht
- steckt Glasscherben in die Manteltasche einer »Konkurrentin«

Unterwerfung

- lebt bei der Mutter und unterwirft sich ihren Forderungen

Vermeidung

- betäubt eigene Gefühle und Empfindungen
- spürt sich selbst nicht mehr
- vermeidet zwischenmenschliche Nähe

Überkompensation

- empfindet Lust an Demütigung und Strafe
- verstößt bewusst gegen Regeln und Tabus, um sich zu spüren und zu rebellieren

Erika Kohut (Borderlinerin)

Mutter kontrolliert, was Erika tut, isst und welche Kleidung sie anzieht. So bleibt Erika nicht nur innerlich infantil, sie ist auch zu großen Grausamkeiten anderen Menschen gegenüber fähig und handelt dabei impulsiv wie ein Kind.

Außerdem erzieht die Mutter sie zu weitgehendem sozialem Rückzug und Leibfeindlichkeit. Jedes normale Bedürfnis nach Sexualität oder Hübschmachen zeichnet sie als primitiv und schlecht. Das führt dazu, dass Erika sich für diese Bedürfnisse sowohl bestraft als auch Lust an der Übertretung findet. Zu ihren eigenen Gefühlen und ihrem Körper hat sie jeden Kontakt verloren: »Ihr Körper ist ein einziger großer Kühlschrank«, schreibt Jelinek. Um diese Dissoziation zu durchbrechen, verletzt und erniedrigt sie sich immer wieder selbst und verlangt von ihrem Sexualpartner, sie zu demütigen. Diese Handlungen dienen vor allem dem Bedürfnis, sich zu spüren. Elfriede Jelineks Figur Erika zeigt die Gefühle und Verhaltensweisen eines typischen Borderliners.

Typisch für einen Borderliner

Borderliner werden von extrem negativen Gefühlen beherrscht. Sie erleben kaum Augenblicke der Unbeschwertheit und des Glücks. Die Welt ist für sie nur selten auch nur ansatzweise »in Ordnung«. Sie könnten dies von sich denken oder sagen:

- »Ich finde mich schrecklich.« – Die meiste Zeit kann ich mich nicht leiden. Ich mag kaum etwas an mir. Manchmal empfinde ich mir gegenüber regelrecht Ekel.
- »Ich spür mich nicht!« – Ich habe oft gar keinen Kontakt zu meinen Gefühlen oder meinem Körper.
- »Ohne ertrage ich mich einfach nicht.« – Ich brauche regelmäßig Alkohol oder Beruhigungsmittel, um mich selbst und mein Leben einigermaßen auszuhalten.
- »Gib mir die Peitsche. Ich mach das selbst.« – Ich habe das Bedürfnis, mich selbst zu bestrafen, wenn ich mir bestimmte Dinge (gutes Essen, Sex, Wärme …) gegönnt habe.

Wenn nur Erfolg und Macht zählen

Kaum ein Gangsterfilm kommt ohne einen Narzissten aus. Auch die Börse scheint von koksenden Größenwahnsinnigen beherrscht zu sein und in den Krankenhäusern tummeln sich die »Götter in Weiß«.

Der wahrscheinlich berühmteste Leinwand-Narzisst ist eine Schöpfung von Orson Welles. In seinem legendären Film *Citizen Kane* von 1941 rekonstruiert er das Leben von Charles Foster Kane, der völlig vereinsamt auf seinem gigantischen Anwesen stirbt. Im Laufe des Films setzt sich seine Geschichte zusammen: Kanes Eltern kommen durch eine Goldmine zu großem Reichtum, der vor allem der Ausbildung des Sohnes zugutekommt. Kane wächst bei einem Vormund auf – die Trennung von den Eltern verarbeitet er bis zu seinem Tode nicht. Vater und Mutter scheinen die einzige emotionale Beziehung gewesen zu sein, die er in seinem Leben hatte. Allen anderen Menschen gegenüber blieb Kane distanziert und letztlich kalt. Er glaubt an nichts als an sich selbst. Seine Energie verwendet er vor allem auf immer mehr Erfolg, Einfluss und Macht. Kane baut ein regelrechtes Imperium auf, das aus siebenunddreißig Zeitungen sowie zahlreichen Verlagen, Firmen und Immobilien besteht. Auch in der Politik versucht er sich.

Kanes Verhalten ist typisch für einen Narzissten. Er hat den Kontakt zu sich, zum eigenen Innenleben und zu anderen Menschen komplett verloren und lebt in einem Paralleluniversum, in dem es nur noch darum geht, dem eigenen größenwahnsinnigen Anspruch hinterherzulaufen.

Typisch für einen Narzissten

Narzissten könnten dies von sich denken oder sagen:

- »Wer ist nur dieser lächerliche Gockel?« – Ich neige manchmal dazu, mich aufzuspielen, und bin dabei manchmal auch nicht authentisch.

- »Wer ist das da überhaupt?« – Ich bin von meinen Freunden schon darauf hingewiesen worden, dass ich andere Menschen nur selten gelten lasse.
- »Ach, Sie wollten auch was?« – Ich wirke auf meine Umwelt mitunter übermäßig dominant und fühle mich nur wohl, wenn ich die völlige Kontrolle über eine Situation habe.
- »Du sollst keine Götter haben neben mir.« – Ich reagiere auf Kritik herablassend und verletzend.

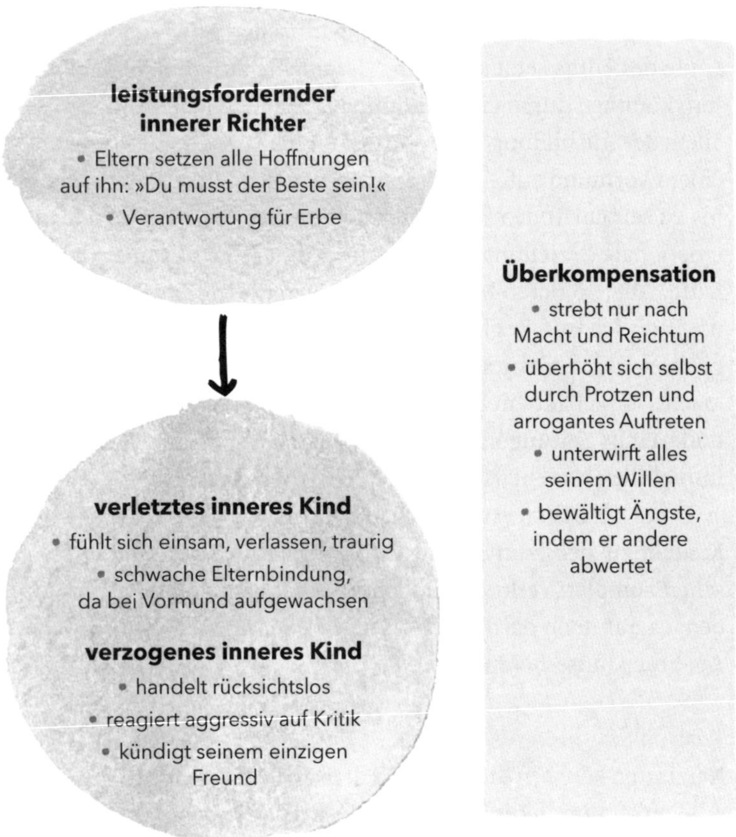

Charles Foster Kane (Narzisst)

Große Träume, große Dramen und keine Hoffnung

Blanche DuBois ist eine Frau mit extrem wackliger Existenz. Erfunden hat sie der amerikanische Schriftsteller Tennessee Williams. Wer jemals sein Drama *Endstation Sehnsucht* gelesen oder gesehen hat, wird diese Figur nicht mehr vergessen können. Die Gefühle, die man ihr entgegenbringt, sind gemischt: Blanche geht einem unglaublich auf die Nerven, zugleich tut sie einem schrecklich leid.

Auf ihre Umgebung wirkt Blanche unbegreiflich. Mal scheint sie extrem verletzlich, dann plötzlich aggressiv, mal gibt sie sich übermäßig kultiviert, um im nächsten Moment unangemessen kokett zu sein. Blanche lebt in einer Fantasiewelt und erfindet immer wieder neue Leidensgeschichten, die Selbstmitleid bei ihr auslösen. Immer weniger gelingt es ihr, Wirklichkeit und Fantasie auseinanderzuhalten.

Selbst wenn man ihre Übertreibungen weglässt, bleibt noch eine schwere Lebensgeschichte stehen: Blanche heiratete einen homosexuellen Mann, der sich das Leben nahm. Dieser Selbstmord scheint sie in eine Krise gestürzt zu haben, die sie immer noch nicht überwunden hat. Anschließend suchte sie Trost, indem sie sich mit verschiedenen Männern in zwielichtigen Hotels traf. Ihren Job als Lehrerin verlor sie wegen einer Affäre mit einem minderjährigen Schüler.

Das Verhalten von Blanche ist typisch für Hysteriker. Sie brauchen unglaublich viel Anerkennung und Aufmerksamkeit. Sie flirten schamlos mit jedem, setzen sich ständig in Szene, sind laut und aufmerksamkeitsheischend, dramatisch und sentimental. Ihre Affekte haben häufig etwas Unechtes. Doch dieses zum Teil penetrante und peinliche Verhalten dient vor allem dazu, Gefühle der Wertlosigkeit und Einsamkeit zu vertreiben. Tennessee Williams hat mit Blanche allen Hysterikern ein Denkmal gesetzt.

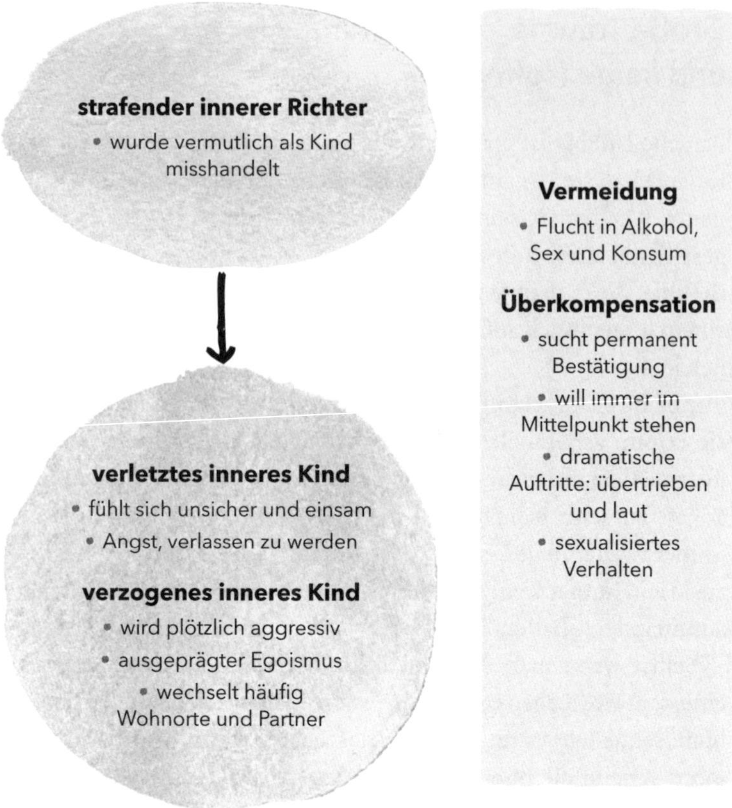

Blanche DuBois (Hysterikerin)

Typisch für einen Hysteriker

Es ist gar nicht so einfach, zuzugeben, dass man zu hysterischem Verhalten neigt. Anderen gegenüber, aber auch schon sich selbst gegenüber. Hysteriker könnten dies von sich denken oder sagen:

- »Hört mich denn keiner?« – Ich fühle mich schlecht, wenn ich nicht im Mittelpunkt stehe.
- »Münchhausen und ich« – Ich schmücke Dinge, die mir passiert sind, aus, um mehr Aufmerksamkeit zu bekommen.

- »Ich werde nie wieder hungern!« – Ich neige dazu, Gefühle dramatischer darzustellen, als ich sie empfinde.
- »Ich bin dumm.« – Ich halte mich ganz im Inneren für minderwertig und weniger begabt als andere.

Wer sich selbst nichts wert ist

Selbstunsichere Personen sind wenig glamourös. Trotzdem haben sie in der Kunst ihren Platz. Viele Figuren bei Franz Kafka kann man als selbstunsichere Persönlichkeiten bezeichnen.

Ein typisches Beispiel ist seine Erzählung *Der Fahrgast*, in der uns Kafka in den Kopf eines Mannes blicken lässt, der mit der Straßenbahn unterwegs ist. In dieser eigentlich harmlosen Situation drängt sich einem die Einsicht auf, dass sich dieser Fahrgast in keiner Hinsicht sicher ist. Er beschreibt selbst seine Lage so: »Vollständig unsicher in Rücksicht meiner Stellung in dieser Welt, in dieser Stadt, in meiner Familie.« Er hat das Gefühl, keinerlei legitime Bedürfnisse zu haben: »Auch nicht beiläufig könnte ich angeben, welche Ansprüche ich in irgendeine Richtung mit Recht vorbringen könnte.« Das geht so weit, dass sich der Fahrgast fragt, ob er eigentlich das Recht hat, hier zu stehen, und wie er diese Tatsache anderen gegenüber verteidigen könnte. – Obwohl: »Niemand verlangt es ja von mir, aber das ist gleichgültig.«

Dann fällt sein Blick auf ein Mädchen. Es steht direkt vor ihm: »Sie erscheint mir so deutlich, als ob ich sie betastet hätte«, und es scheint ihm ebenso lebendig und menschlich wie er zu sein: »Ihr kleines Ohr liegt eng an, doch sehe ich, da ich nahe stehe, den ganzen Rücken der rechten Ohrmuschel und den Schatten an der Wurzel.« Warum aber, fragt er sich, hat sie nicht die gleichen Zweifel: »Wieso kommt es, dass sie nicht über sich verwundert ist, dass sie den Mund geschlossen hält und nichts dergleichen sagt?«

Die scheinbare Nähe zu dem Mädchen, die Suche nach einer Seelenverwandten; am Ende bleibt der Fahrgast einsam und unsicher in seinen Gefühlen und seinem (Nicht-)Tun.

Menschen mit einer selbstunsicheren Persönlichkeit kennen vor allem zwei Bewältigungsformen: Sie vermeiden die Artikulation der eigenen Bedürfnisse und Gefühle und unterwerfen sich den Vorstellungen anderer. Das tun sie, weil sie an den eigenen Fähigkeiten und der Berechtigung der eigenen Gedanken und Gefühle zweifeln. Doch diese Verhaltensweise verstärkt leider noch ihr Gefühl der Ausgeschlossenheit.

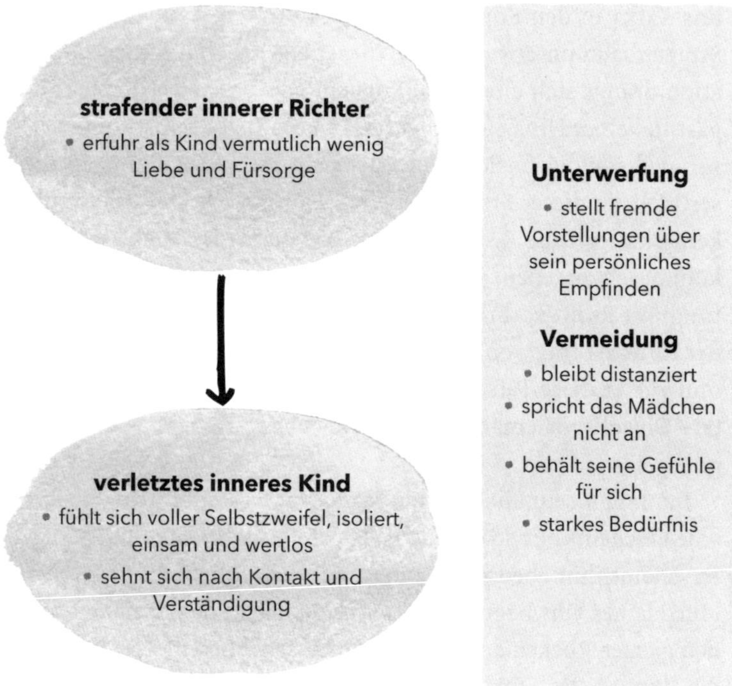

Kafkas »Fahrgast« (selbstunsichere Persönlichkeit)

Typisch für eine selbstunsichere Persönlichkeit
Verspürst du selbstunsichere Anteile in dir? Selbstunsichere Personen könnten dies von sich denken oder sagen:

- »Das kannst du gern haben.« – Ich überlasse anderen Dinge, die ich eigentlich behalten möchte, und stelle meine Bedürfnisse hinter die anderer, weil ich das Gefühl habe, dass meine Wünsche eigentlich keine Berechtigung haben.
- »Da hast du bestimmt recht.« – Ich zweifle schnell an meinen Vorstellungen und Gedanken, wenn man mir widerspricht.
- »Der mag mich bestimmt nicht.« – Ich ziehe mich schnell zurück und meide auch den Kontakt zu Menschen, weil ich überzeugt bin, dass ich uninteressant und nicht beliebt bin.

Ohne den anderen nicht leben können

Menschen, die sich vor allem in Partnerschaften, aber auch in Freundschaften und im Verhältnis zu »Helfern«, also zum Beispiel Ärzten, Therapeuten, Kollegen, völlig abhängig machen, zeigen ein sogenanntes dependentes Verhalten: Für ihr eigenes Leben übernehmen sie kaum Verantwortung. Um Entscheidungen zu treffen, brauchen sie unbedingt andere. Dependente Menschen haben oft das Gefühl, nicht allein leben zu können, und nehmen dafür auch Dinge auf sich, die ihnen eigentlich nicht recht sind.

In dem Roman *Das böse Mädchen* des peruanischen Literatur-Nobelpreisträgers Mario Vargas Llosa verliebt sich Ricardo Somocurcio als Jugendlicher in ein Mädchen, das sich als Schwindlerin entpuppt und verschwindet. Im Laufe seines Lebens trifft er sie mehrere Male, und jedes Mal legt er ihr alles zu Füßen, aber immer belügt sie ihn und verschwindet wieder. Seine Abhängigkeit von ihr, seine Bereitschaft, ihre Lügen nicht zu hinterfragen, und sein Festhalten an dieser Beziehung, die ihm gar nicht das bietet, was er eigentlich braucht, nämlich Sicherheit, Verlässlichkeit und Gegenseitigkeit, sind typisch für die dependente Persönlichkeit.

Typisch für eine dependente Persönlichkeit
Menschen mit solch einem Verhalten könnten dies von sich denken oder sagen:

- »Was meinst du denn dazu?« – Ich brauche auch bei alltäglichen Entscheidungen häufig Ratschläge oder Bestätigung von anderen.

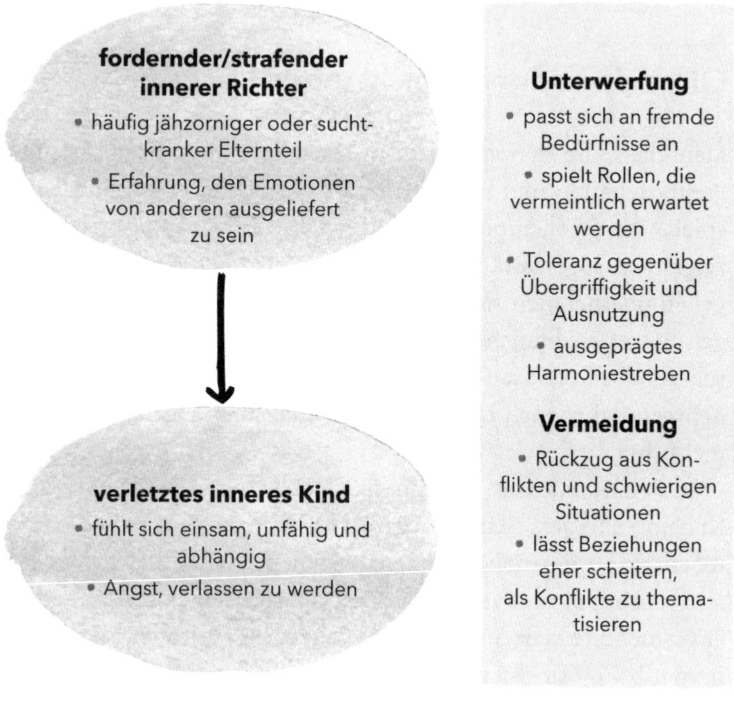

Ricardo Somocurcio (dependente Persönlichkeit)

- »Kannst du mir mal helfen?« – Ich bin bei der Organisation wichtiger Lebensbereiche wie Geldangelegenheiten, Kindererziehung oder der Planung des Alltags von anderen Personen abhängig.
- »Du hast ja recht.« – Es fällt mir schwer, anderen zu widersprechen, auch wenn ich eine andere Meinung habe und glaube, der andere sei im Unrecht.
- »Allein schaff ich das nicht.« – Ich habe Probleme, Aufgaben anzugehen und weiterzuverfolgen, wenn mir niemand hilft.
- »Das kann ich doch machen.« – Ich übernehme oft freiwillig unangenehme Aufgaben, um die Versorgung und Zuwendung anderer Personen aufrechtzuerhalten.
- »Ich bin so ungern allein.« – Ich fühle mich im Allgemeinen unwohl, wenn ich allein bin.
- »An der nächsten Ecke steht ja schon ein anderer.« – Wenn eine Beziehung endet, brauche ich schnell einen neuen Menschen, auf den ich mich verlassen kann.
- »Verlass mich nicht!« – Ich denke oft darüber nach, alleingelassen zu werden und niemanden zu haben, der sich um mich kümmert.

Wenn Kontrolle und Misstrauen das Leben bestimmen

»It's a jungle out there!« – heißt es im Eingangssong der US-Serie *Monk*. Monk ist ein Privatdetektiv mit starkem Waschzwang – seine Argumentation ist klassisch für einen Zwangsneurotiker. Auf einen meist paranoiden Gedanken (»Das Wasser ist verseucht«) folgt eine Bewertung (»Das ist gefährlich«), dann ein negatives Gefühl (»Ich habe Angst, mich zu vergiften«) und schließlich die zwanghafte Handlung (»Ich trinke nur noch Mineralwasser«).

Ein anderer Fall ist Melvin, der misanthropische Schriftsteller

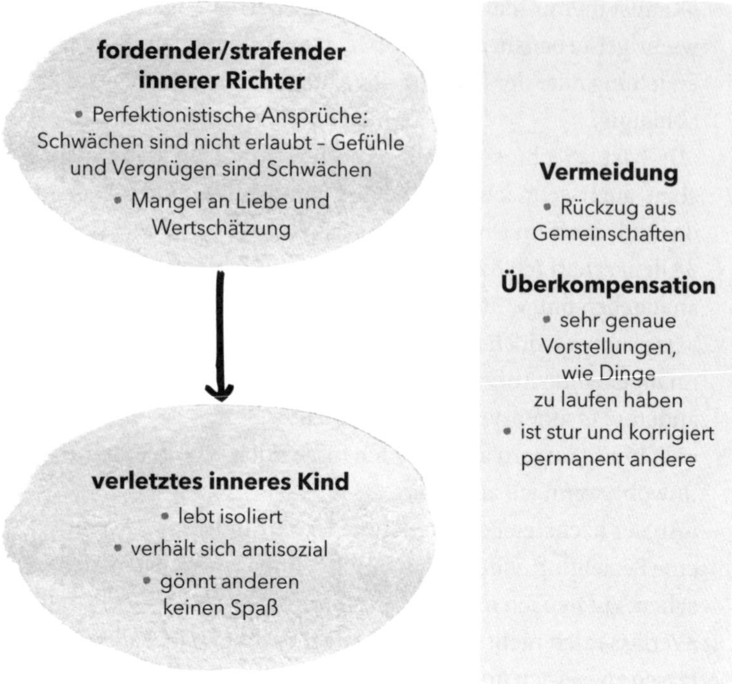

Melvin (Zwangsneurotiker)

aus dem Film *Besser geht's nicht*, gespielt von Jack Nicholson. Es gibt eine Vielzahl von Dingen, die Melvin unmöglich sind: Er bringt sein eigenes Plastikbesteck ins Restaurant mit, benutzt beim Händewaschen jedes Mal ein neues Stück Seife und betritt partout keine Pflasterfugen.

Kein Wunder, dass er nicht der verträglichste Zeitgenosse ist. Auch ohne soziale Ansprüche, die andere Menschen an ihn stellen könnten, fällt es ihm schwer genug, durch den Tag zu kommen. Und wie alle Menschen mit einer zwanghaften Persönlichkeitsstörung ist sich Melvin der Unsinnigkeit und Peinlichkeit seiner

Handlungen sehr wohl bewusst. Auch aus Selbstschutz behandelt er seine Mitmenschen arrogant, verletzend und herablassend.

Zwanghafte Menschen zeichnen sich vor allem durch ein extremes Kontrollverhalten und ein großes Misstrauen gegenüber der Zuverlässigkeit und den Fähigkeiten anderer aus. Dabei müssen keine Zwangssymptome wie dauerndes Händewaschen oder Kontrollieren vorliegen, meist jedoch übermäßige Gründlichkeit und Penibilität, hohe Sparsamkeit und rigide Vorstellungen darüber, wie die Dinge zu laufen haben.

Typisch für eine zwanghafte Persönlichkeit

Menschen mit der Tendenz zu einer zwanghaften Persönlichkeitsstörung könnten dies von sich denken oder sagen:

- »So geht das nicht.« – Ich habe sehr genaue Vorstellungen, wie alltägliche Dinge erledigt werden müssen. Wenn jemand das falsch macht, werde ich sauer.
- »Ich und stur?!« – Von anderen habe ich schon oft gehört, dass ich für ausgesprochen eigensinnig gehalten werde.
- »Das kann man noch brauchen.« – Es fällt mir schwer, mich von wertlosen Dingen zu trennen. Schließlich bin ich sparsam und sorge für alle Eventualitäten vor.

Alles Verschwörung, alles Feinde

Wusstest du, dass der berühmte Schauspieler Michael Caine seinen Nachnamen nicht von seinen Eltern hat? Als junger Mann hatte ihn *Die Caine war ihr Schicksal*, die Verfilmung des gleichnamigen Romans von Herman Wouk, so sehr begeistert, dass er den Namen des Schiffes zu seinem eigenen Künstlernamen machte.

In dem Film geht es um folgende Geschichte: 1943 übernimmt Lieutenant Commander Philip F. Queeg das Kommando des amerikanischen Minensuchzerstörers *U. S. S. Caine*. Queegs Regiment ist nicht nur hart, sondern auch inkompetent und bringt nach und nach die gesamte Mannschaft gegen sich auf. Selbst der Erste Offizier, Lt. Steve Maryk, der das irrationale Verhalten des Kommandanten anfangs verteidigt, stellt bald fest, dass Queeg in paranoider Weise auf Vorschriften herumreitet und die Offiziere ebenso wie die Mannschaft drangsaliert. Queeg vermutet überall Verschwörungen. Wegen Kleinigkeiten verhängt er drakonische

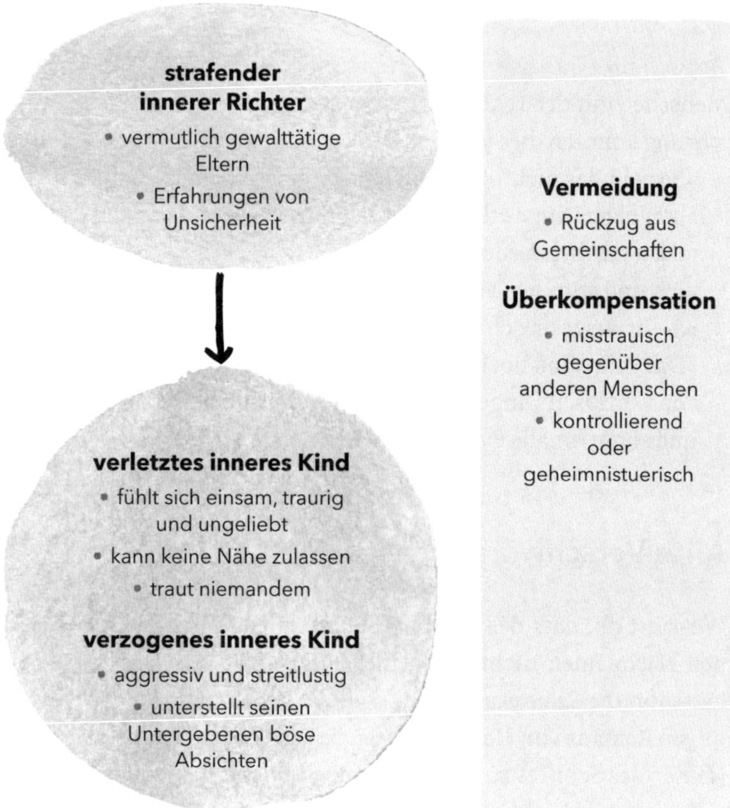

Philip F. Queeg (Paranoiker)

Strafen und wird zunehmend unkontrollierbar. Als er die Caine schließlich in einen Taifun steuert und das Leben der ganzen Mannschaft gefährdet, weil er um jeden Preis seine Befehle ausgeführt sehen will, entheben ihn die Offiziere des Kommandos und bringen das Schiff in Sicherheit.

Nach der Rückkehr in die USA erwartet die Offiziere ein Verfahren vor dem Kriegsgericht – die Anklage lautet Meuterei. Allerdings zeigt Queeg auch vor Gericht sein paranoides Verhalten und legitimiert somit den Ungehorsam seiner Offiziere.

Im Sinne der modernen Psychologie leidet Queeg unter einer paranoiden Persönlichkeitsstörung: Neutrale und freundliche Haltungen anderer interpretiert er als feindselig und verdächtigt seine Mitmenschen stets, etwas Gemeines im Schilde zu führen. Wie viele Paranoide hat er oft das Gefühl, von anderen hintergangen und ausgenutzt zu werden. Aus diesem Grund ist er auch einsam und verschlossen.

Typisch für eine paranoide Persönlichkeit

Menschen mit paranoiden Zügen könnten dies von sich denken oder sagen:

- »Was führt der nur im Schilde?« – Ich habe ständig die Befürchtung, die anderen hätten sich gegen mich verschworen.
- »Traue nichts und niemandem.« – Mir fällt es sehr schwer, anderen Menschen zu vertrauen.
- »Mit dem bin ich durch!« – Wenn man es sich einmal mit mir verscherzt hat, dann ist der Ofen aus. Ich bin sehr nachtragend und unversöhnlich.

TEIL 3

Raus aus den alten Kleidern – rein in ein erfüllteres Leben

Endlich ausmisten

Du hast den Kleiderschrank deiner Seele geöffnet und jedes Kleidungsstück genau inspiziert. Du weißt inzwischen, woher es stammt, wann du es trägst und ob du dich darin wirklich wohlfühlst. Nun soll es darum gehen, die Sammlung der Lieblingsstücke aufzustocken und öfter zu tragen, die ganz schrecklichen, unkleidsamen und unbequemen Stücke dem Müll zu überantworten und dabei zu retten, was noch zu retten ist: Einige Sachen wirken vielleicht auf den ersten Blick scheußlich, wollen aber eigentlich nur zum Änderungsschneider und sind dann gut tragbar. Jetzt gehst du deine Veränderungswünsche also tatsächlich an. Die Frage ist nur: wie? Leider können wir nicht einen großen blauen Müllsack nehmen, das ganze missliebige Zeug reinstopfen und zur Altkleidersammlung bringen. Denk- und Verhaltensmuster abzulegen, die uns nicht gefallen, braucht Zeit und Energie. Ohne diese Investition von dir geht es leider nicht. Das heißt aber nicht, dass es unmöglich ist, und mit ein bisschen Anleitung und Unterstützung gelingt es dir ganz sicher!

Wenn du einen Einblick in dein Inneres, in die Gefühle und Verhaltensweisen, gewonnen hast, dann hat die Veränderung längst eingesetzt. Denn du reflektierst bereits dein inneres Erleben und äußeres Handeln und spürst nun sicherer, ob du dich als stark und authentisch empfindest oder nicht.

Wenn du an bestimmten Punkten gezielt ansetzen möchtest, liegt jetzt ein neuer Weg vor dir. Die Hauptarbeit hast du zu leisten. Ich kann dir nur beratend zur Seite stehen und dir ein paar Tipps geben. Lass mich dein Guide sein, ein Coach, der dir zeigt, wie du das Ausmisten und die Neubestückung deines inneren Kleiderschrankes angehen kannst.

Allgemeine Zielsetzung

Wenn man etwas verändern will, ist es wichtig, zunächst ein Ziel zu formulieren. Das ist gar nicht so einfach. Jeder Mensch ist anders und braucht etwas anderes. Aber es gibt ein paar Leitlinien, ein paar Prinzipien, die generell gelten. Man sollte …

- das verletzte innere Kind heilen bzw. trösten, damit es in Zukunft weniger verletzlich ist.
- dem verzogenen inneren Kind Gelegenheit geben, Gefühle angemessen zu äußern und gleichzeitig etwas disziplinierter zu werden.
- schädliche Stimmen der inneren Richter verringern.
- schädliche Formen der Bewältigung so weit lockern, dass man auch Alternativen wählen kann.
- das glückliche Kind und das erwachsene Ich so weit stärken, dass du nach und nach die negativen kindlichen Gefühle und Verhaltensweisen weitgehend ersetzen kannst.

Auf den nächsten Seiten zeige ich dir, wie du dein verletztes inneres Kind trösten und heilen kannst, die herrischen und abwertenden Stimmen der inneren Richter drosseln und deine gesunden und glücklichen Anteile stärken kannst. Nur Mut! Ich habe vollstes Vertrauen in diese Methode, aber vor allem in dich. Gemeinsam wird es uns gelingen. Dabei musst du selbstverständlich nicht alle Übungen machen. Wenn du bei dir kein verletztes inneres Kind feststellen konntest, dann überspringe die entsprechenden Übungen. Das Gute an diesem Vorgehen ist, dass du ganz gezielt an deinen Problemen arbeiten kannst.

Für die meisten Übungen brauchst du nur einen ruhigen Ort, einen bequemen Platz und etwa zwanzig Minuten ungestörte Zeit. Am besten nimm dir aber so viel Zeit, wie du brauchst – das Tempo bestimmst du. Lies immer zuerst die ganze Übungsanleitung durch, bevor du beginnst.

Deine persönliche Zielsetzung

Eine erste Bestandsaufnahme liegt bereits hinter dir: Du weißt, welche kindlichen Gefühle wann in dir hochkommen und wo ihr Ursprung liegt. Du hast dir Gedanken darüber gemacht, welche Verhaltensmuster besonders schädlich sind und daher verändert werden sollen. Du bist also schon einen großen Schritt vorangekommen. Alle Achtung!

Jetzt geht es darum, Nägel mit Köpfen zu machen: Ich werde dir Schritt für Schritt zeigen, wie du die Dinge in die Hand nehmen kannst und einem Handeln näher kommst, mit dem du dich wohlfühlst und deine Ziele erreichst.

Dafür ist es zentral, dass du weißt, was deine Ziele sind. Was ist dir besonders, was weniger wichtig? Was möchtest du in den nächsten Jahren erreichen, worauf könntest du verzichten? Manche Menschen wünschen sich vor allem beruflichen Erfolg, andere legen großen Wert auf ein intensives Familienleben. Um herauszufinden, was dir besonders am Herzen liegt, was du von deinem Leben tatsächlich erwartest, gibt es eine Übung namens »80. Geburtstag«. Dabei handelt es sich um eine Imaginationsübung, wie du sie in Teil 1 schon kennengelernt hast. Dieser Übungstyp ist eine Art Gedankenspiel, nur sehr viel intensiver: Du stellst dir Situationen ganz bildlich vor und spürst vor allem den Emotionen und Gedanken nach, die währenddessen in dir aufkommen. Das Besondere ist, dass du den Verlauf dieser Vorstellungen selbst steuerst und in der Regel entscheiden kannst, wie weit du dich in eine Situation hineinversetzt.

Dein 80. Geburtstag

Geburtstage, Neujahr ... es gibt bestimmte Tage, an denen wir Bilanz über unser Leben ziehen, an denen wir stolz auf das sind, was wir erreicht haben, und bedauern, was wir verpasst haben. Das Problem solcher Bestandsaufnahmen ist, dass wir nichts mehr ändern können: All die »hätte« und »wäre«, die sie begleiten, sind unumkehrbar. Das ist bei diesem achtzigsten Geburtstag anders, denn die »Vergangenheit« liegt noch vor dir. Sie kann noch gestaltet werden, und zwar am besten so, dass du, wenn du tatsächlich achtzig wirst, möglichst wenig bedauerst.

Mach es dir bequem. Schließ die Augen und nimm einige tiefe Atemzüge. Achte nur darauf, wie dein Atem durch die Nase ein- und ausströmt. Komm langsam zur Ruhe.

Wenn du ganz entspannt bist, begib dich in deiner Vorstellung auf die Reise in die Zukunft bis zu deinem achtzigsten Geburtstag. Du kannst diesen Tag so gestalten, wie du möchtest. Wo findet der Geburtstag statt? In einem Haus? Im Freien? In einem anderen Land? Gibt es ein Fest? Mit wem möchtest du diesen Tag verbringen? Ist ein Partner, sind Kinder, Freunde, Kollegen oder andere Wegbegleiter anwesend? Welche Menschen sollen in deinem Leben bis dahin eine wichtige Rolle gespielt haben?

Schließlich steht einer der Anwesenden auf, ergreift das Wort und hält eine kleine Rede. Was soll er an diesem Tag über dich sagen? Welche Aspekte deines Lebens sollen besonders gewürdigt werden? Warst du besonders mutig, liebevoll, lustig, erfolgreich oder aufmerksam? Möchtest du selbst auch etwas sagen? Was war dir wichtig in deinem Leben? Gibt es etwas, was du bereust, oder Ziele, die du nicht erreicht hast? Wie möchtest du dein Leben gelebt haben, sodass du an deinem achtzigsten Geburtstag zufrieden zurückblicken kannst?

Wenn alles, was dir wichtig ist, gesagt ist, beende die Übung mit einem schönen Bild: Sitze mit den Menschen zusammen, die in deinem Leben besonders wichtig waren und sind, oder tanze mit deinem besten Freund, tu in Gedanken, was auch immer du möchtest. Konzentrier dich noch einige Momente lang ganz auf deinen Atem und komme dann zurück ins Hier und Jetzt.

Wie ist es dir mit dieser Übung ergangen? Bist du ein wenig traurig geworden, weil dir bewusst wurde, dass unser Leben endlich ist? Diese Traurigkeit sollte ihren Platz bekommen. Es ist wichtig, um Verluste oder verpasste Chancen zu trauern, vor allem, weil es dir dabei hilft, ein positives Ziel zu entwickeln: herauszufinden, was du mit deiner verbleibenden Lebenszeit anstellen möchtest.

Mit dieser Übung konntest du eine Idee davon bekommen, was du wirklich willst und was dir wichtig ist. Wir haben heute oft das Gefühl, in sämtlichen Lebensbereichen alles geben zu müssen. Aber das ist unrealistisch. Es ist entscheidend, dass wir wissen, wo unsere Prioritäten liegen. Vielleicht ist es für dich am wichtigsten, eine Familie zu haben, vielleicht definierst du dich aber auch in erster Linie über beruflichen Erfolg, vielleicht suchst du Erfüllung in einem sinnvollen Job oder bist besonders glücklich, wenn du einen großen, quasifamiliären Freundeskreis hast. Gleichgültig, was es ist: Wenn du dir über deine Prioritäten im Klaren bist, wird es dir leichter fallen, deine Energie und deine Zeit für dich optimal einzuteilen und dir Ziele zu setzen, deren Erreichen dich tatsächlich glücklich macht und zufriedenstellt.

Dem verletzten inneren Kind helfen

In vielen von uns lebt ein verletztes und verängstigtes Kind, das nie bekommen hat, was es braucht. Vielleicht hat es nicht genug

Wertschätzung erfahren, vielleicht nicht genug Zuneigung, vielleicht hat man sich über seine Gefühle und Bedürfnisse lustig gemacht oder ihm nicht genug Gelegenheit gegeben, Vertrauen in die eigenen Fähigkeiten zu entwickeln. Noch heute plagen unser inneres Kind Einsamkeit, Verlassenheit, Traurigkeit, Minderwertigkeit oder Misstrauen.

Manchmal scheint das Kind sich verabschiedet zu haben. Tagelang, ja monatelang meldet es sich nicht. Wir haben fast vergessen, dass es in uns schlummert, bis eine eigentlich harmlose Situation es wachrüttelt und es sich laut und spürbar zurückmeldet: Hier bin ich und es geht mir nicht gut!

Die negativen Gefühle, die in diesen Momenten über uns kommen, sind so schmerzhaft und so stark, dass wir uns von unserem verletzten Kind am liebsten distanzieren würden. Manchmal schämen wir uns seiner regelrecht. Wie gern würden wir es verleugnen! Aber das ist der falsche Weg. Dieses verletzte Wesen ist ein Teil von uns, dessen Fürsorge jetzt bei uns liegt. Wir sind dafür verantwortlich, unserem inneren Kind endlich die Liebe angedeihen zu lassen, die es so lange entbehren musste. Das, was in unserer Kindheit versäumt wurde, können wir jetzt nachholen. Also: Kümmre dich um dein inneres Kind! Tröste es, zeig ihm Achtung und Zuneigung, verjage die Einsamkeit und Minderwertigkeitsgefühle, die es quälen! Sei, was schon Freud forderte, »dir selbst Mutter und Vater«!

Gib deinen inneren Kindern Namen

Wenn du das Gefühl hast, dass manchmal das verletzte oder das verzogene Kind in dir dein Verhalten bestimmt, ist es wichtig, dass du es besser kennenlernst. Wissen ist die Voraussetzung für jede sinnvolle und nachhaltige Veränderung. Im Folgenden geht es darum, wie du deine aus Kindertagen übernommenen Verhaltensweisen erkennen kannst, warum und wann sie schädlich sind und inwiefern sich deine kindlichen Denkweisen von anderen »normalen« Gefühlen unterscheiden. Am Ende der Beschreibung der verschiedenen inneren Anteile hast du immer die Gelegenheit, deine neu gewonnenen Selbsterkenntnisse, die Dinge, die du zu deinen ganz persönlichen Verhaltensmustern herausgefunden hast, zu notieren.

Bedenke bitte stets: Erst wenn du deine inneren Anteile wirklich kennst, kann es ans Verändern gehen. Dabei ist der erste Schritt die Kontaktaufnahme mit den inneren Kindern, dafür gibt es unterschiedliche Techniken. Hilfreich ist, dem jeweils aktiven inneren Kind einen Namen zu geben, zum Beispiel »die einsame Lara« oder »der verzweifelte Jakob« für das verletzte innere Kind, »der bockige Leopold« oder »das Trotzköpfchen« für das verzogene innere Kind und für das glückliche innere Kind vielleicht »Sonja im Glück« oder »stolz wie Oskar«. Auf diese Weise kannst du in Situationen, in denen das jeweilige innere Kind auftaucht, einfacher Kontakt zu ihm aufnehmen.

das verletzte innere Kind	**das verzogene innere Kind**	**das glückliche innere Kind**
eigener Name: ………………	eigener Name: ………………	eigener Name: ………………
• Traurigkeit • Einsamkeit • Verzweiflung • Hilflosigkeit • Scham • Verlassenheit	• Wut, Ärger, Zorn • Impulsivität • Trotz, »Bockigkeit« • Mangel an Disziplin	• Leichtigkeit, Beschwingtheit • Neugierde • Spaß, Unbeschwertheit • Sicherheit

Schritt 1: Kontakt aufnehmen

Viele von uns erinnern sich nur schlecht, manche auch nur sehr ungern an ihre Kindheit. Sie schämen sich, hassen sich vielleicht sogar für die Gefühle, die sie damit verbinden. Letztere ignorieren ihr inneres Kind. Das ist verständlich. Wer fühlt sich schon gern verletzt und hilflos? Das Problem ist nur, dass so die negativen Gefühle ihren Einfluss auf uns behalten. Um das zu ändern, müssen wir Kontakt zu unserem verletzten inneren Kind aufnehmen und es heilen.

Ich treffe mein verletztes inneres Kind

Wie komme ich an mein »kleines Ich« heran? Wie kann ich zu ihm sprechen? Wie kann ich ihm helfen und es trösten? Der einfachste Weg ist eine Imaginationsübung, die dir eine Reise in die Vergangenheit ermöglicht, auf der du dir selbst als Kind begegnest. Versuche, dir alles so plastisch wie möglich vorzustellen. Dann werden unwillkürlich Gefühle ausgelöst: die Gefühle des Kindes, das du damals warst, und die Gefühle, die du heute gegenüber dem Kind verspürst. Wenn du ein verletztes Kind in dir hast, lass dich auf diese imaginäre Reise ein. Wenn du diese Übung schon in Teil 1 gemacht hast, kannst du sie hier überspringen.

Erinnere dich an eine Situation, in der du dich neulich wieder einsam und verlassen gefühlt hast. Lass dir Zeit, sie dir vorzustellen, dich hineinzubegeben. Über diese Situation werden wir jetzt versuchen, Kontakt zu deinem verletzten inneren Kind aufzunehmen.

Also: Schließ die Augen, entspann dich, und stell dir die Situation vor, in der das negative Gefühl auftrat. Versuch, die Situation innerlich nachzuerleben und das Gefühl möglichst deutlich zu spüren. Bist du so weit? Spürst du die Einsamkeit, die Traurigkeit, die Verletztheit? Ich weiß, dass das nicht angenehm ist, aber du schaffst das. Wenn du diese unangenehmen Gefühle ganz deutlich spürst, lösche bitte die aktuelle Situation vor deinem inneren Auge. Was bleibt, ist erst mal nur das Gefühl.

Jetzt geh in deine Vergangenheit zurück. Warte ab. Lass die Bilder und Gedanken auf dich zukommen. Welche Erinnerungen kommen hoch? Und welche kindlichen Gefühle begleiten sie? Fühlst du die Emotionen von damals? Sind es die gleichen, die du in der aktuellen Situation erlebt hast, oder andere?

Denk noch einmal an Nora (S. 8). Sie trägt ein stark verletztes Kind in sich, das sich vor allem durch jahrelanges Mobbing gebildet hat. Geblieben sind aus dieser Zeit Gefühle der Einsamkeit und Isolation, die heute noch schnell und durch eigentlich harmlose Situationen ausgelöst werden.

Deshalb legt sie sich zu Hause aufs Sofa und macht es sich gemütlich. Warum reagiere ich immer wieder so merkwürdig und übertrieben?, fragt sie sich. Sie schließt die Augen und spürt den Gefühlen nach, die sie heute im Büro beherrscht haben. Dann geht sie in Gedanken zurück in ihre Kindheit. Bald landet sie in einer Szene, die sie schon längst vergessen hatte. Sie erinnert sich an eine Situation aus der Grundschule. Jeden Montagmorgen mussten die Kinder einen Stuhlkreis bilden und sollten von ihrem Wochenende erzählen. Wie sie das hasste! Niemand wollte neben ihr sitzen. Alle stellten ihre Stühle so eng aneinander, dass sie gar nicht durchkommen konnte. Als die Lehrerin eingriff und die Kinder aufforderte, Platz zu machen, hielt der Junge neben ihr sich die Nase zu und flüsterte: »Nora stinkt.« Alle lachten und hielten sich auch die Nase zu. Nora erinnert sich noch genau, welche Ausgeschlossenheit, Traurigkeit und Scham sie in diesem Moment gefühlt hat, die gleiche Ausgeschlossenheit, Traurigkeit und Scham, die sie auch heute im Büro verspürt hat.

Du kannst dir vielleicht vorstellen, dass es unangenehm ist, sich so eindringlich mit den eigenen negativen Gefühlen auseinanderzusetzen und die Einsamkeit und Verlassenheit zu spüren, die einen ohnehin immer wieder überwältigen. Aber nur auf diesem Weg kannst du solche Emotionen langfristig in ihre Schranken weisen und ihren Einflussbereich eingrenzen.

Ich treffe mein kleines Ich

Wenn es dir schwerfällt, dich deinem kleinen Ich zu nähern, dann hilft dir vielleicht folgende Übung. Dabei musst du den Kontakt zu Beginn nicht über eine belastende Situation aufbauen. Wenn du dir die vorige Übung also nicht sofort zutraust, kann diese Übung ein guter Einstieg sein, eine erste vorsichtige Annäherung, ein »Beschnuppern« deines verletzten inneren Kindes und seiner Gefühle.

Schließ die Augen. Entspann dich. Stell dir vor, wie du einen Feldweg entlanggehst. Links und rechts liegen grüne Wiesen, die Sonne scheint, wirft ein goldenes Licht auf alles und wärmt dich sanft. Ein milder, warmer Wind weht. Du hörst das Rascheln in den Bäumen, die den Weg säumen. Du gehst den gewundenen Weg entlang, der in einigen Hundert Metern hinter einem Berg verschwindet. Stell dir alles genau vor. Spür die Sonne auf deiner Haut, den Wind in deinem Haar, sieh die intensiven Farben der Natur, hör das leise Rascheln des Laubes … Genieß deinen federnden Gang auf dem weichen Sandboden. Verweile bei diesem Bild. Komm zur Ruhe. Entspann dich vollständig.

Bist du so weit? Nach einiger Zeit siehst du ein kleines Kind hinter dem Berg hervorkommen. Es ist vielleicht fünf oder sechs Jahre alt und es kommt dir entgegen. Du läufst langsam weiter und siehst das kleine Kind immer näher kommen. Nach einiger Zeit erkennst du, dass es sich um dich selbst handelt. Das kleine Ich kommt näher und näher. Nimm dir die Zeit, es ganz in Ruhe zu betrachten, während du ihm langsam entgegengehst. Wenn ihr euch schließlich auf dem Weg begegnet, nimm dir Zeit, es freundlich zu begrüßen. Vielleicht möchtest du ihm über den Kopf streichen. Vielleicht magst du es in den Arm nehmen. Vielleicht möchtest du aber auch noch Abstand halten.

Versuch, dir die Szene möglichst lebhaft und detailliert vorzustellen: Wie sieht dein kleines Ich aus? Wie fühlt sich die Begegnung an? Gibt es etwas, was du deinem kleinen Ich gerne sagen würdest? Möchtest du gern mehr Zeit mit ihm verbringen? Mit ihm auf der Wiese sitzen und spielen? Dann tu das.

Wenn du das Gefühl hast, dass es für dich in Ordnung ist, verabschiede dich. Möchtest du deinem kleinen Ich noch etwas mit auf den Weg geben? Sieh dabei zu, wie das Kind den Weg zurückgeht.

Erst jetzt komm langsam zurück in die reale Welt, indem du zunächst spürst, wie dein Körper sich beim Sitzen anfühlt, wie deine Füße mit dem Boden Kontakt haben. Dann öffne wieder die Augen.

Diese Übung kannst du ganz individuell gestalten. Wenn du möchtest, kannst du dein kleines Ich auch in deinem früheren Kinderzimmer oder an einem anderen wichtigen oder beruhigenden Ort besuchen. Und du kannst gemeinsam mit ihm etwas unternehmen: Vielleicht hast du Lust auf einen Rundgang durch das Haus, in dem du als Kind gelebt hast. Vielleicht gehst du an Orte, die dir als Kind wichtig waren, und vielleicht begegnest du dort anderen Menschen von damals: deinen Geschwistern, deinen Eltern, deinen Freunden, Lehrern usw.

Hilfsmittel für die Kontaktaufnahme

Manchen Menschen helfen bestimmte Gegenstände bei der Kontaktaufnahme mit ihrer Vergangenheit: Fotos, Briefe, Kuscheltiere, eine bestimmte Musik, Gerüche, Geschmäcker ... Das liegt daran, dass Sinneswahrnehmungen eng an unsere Erinnerungen und Gefühle gekoppelt sind. Das berühmteste Beispiel aus der Literatur ist Marcel Prousts Madeleine, jenes wunderbare Gebäck, das im Helden von *Auf der Suche nach der verlorenen Zeit* die lebendigsten Kindheitserinnerungen auslöst. Wir alle haben solche Madeleines, und die Erinnerungen, die sie heraufbeschwören, sind nicht immer angenehm. Manche Gerüche erinnern uns intensiv an Personen, die wir nicht mochten, oder Orte, an denen uns weniger schöne Dinge passiert sind.

Du kannst diesen Madeleine-Effekt aber auch ganz bewusst einsetzen, um in Kontakt mit deinem kleinen Ich und seinen Gefühlen zu kommen. Versuch, diese möglichst genau wahrzunehmen. Sie werden dir helfen, die aktuellen problematischen Gefühle aus deiner Biografie heraus zu erklären.

Schritt 2: Bedürfnisse erkennen

Was tun, wenn sich das verletzte innere Kind meldet? Da gibt es glücklicherweise ein Patentrezept, drei Regeln, die dich auf deiner Mission »Heilung des inneren Kindes« weiterbringen:

- Lass die negativen Gefühle zu! Spür genau nach, was in dir vorgeht.
- Frag dich, was du jetzt brauchst oder willst, welche Bedürfnisse gerade nicht befriedigt sind und an welche Situation aus der Kindheit dich das erinnert.
- Frag dich, welche Bedürfnisse du dir heute besser erfüllen kannst, als das in deiner Kindheit möglich war.

Entscheidend für den richtigen Umgang mit deinem verletzten inneren Kind sind zunächst das Akzeptieren und Zulassen der negativen Gefühle, die es auslöst. Damit hast du im Rahmen der vorangehenden Übungen schon begonnen. Nun kannst du überlegen, was dieses kleine Ich in dir braucht, um sich besser zu fühlen.

Was braucht das verletzte innere Kind in mir?

Mein Name für dieses kleine Ich: ....

Wie hat sich die Begegnung mit dem kleinen Ich angefühlt? Welche Gedanken sind mir dabei gekommen?

....

....

Was hat das kleine Ich sich von mir gewünscht? Was hat es gebraucht?

....

....

Was möchte ich dem kleinen Ich gern mit auf den Weg geben? Welche Worte, Dinge (z. B. Schmusedecke), welchen Rat und welchen Trost?

....

....

Schritt 3: Fürsorge ausüben

Du weißt jetzt, wie du mit deinem verletzten inneren Kind in Kontakt treten kannst und was es braucht, um sich besser zu fühlen. Damit bist du bei der letzten und abschließenden Frage angekommen: Wie kannst du deinem inneren Kind geben, was es braucht? Wie kannst du dich liebevoll um es kümmern? Wie seine Verletzungen heilen und seine Ängste beruhigen?

Auch hier sind Imaginationsübungen eine gute Lösung, denn es geht darum, heilende Bilder zu finden, in denen du oder andere Menschen, die du liebst und denen du vertraust, sich um das kleine Ich kümmern.

Du weißt bereits, wie du in der Fantasie deinem verletzten inneren Kind begegnen kannst. Du kannst dich in es hineinversetzen und seine Einsamkeit und Traurigkeit spüren. Trotzdem besteht ein unüberwindbarer Unterschied zwischen dir und deinem kindlichen Ego: Du bist eine erwachsene Person. Du bist stärker und stabiler, als du es damals warst. Erfahrungen, die dich als Kind tief erschüttert haben, erschüttern dich weit weniger. Daher bist du auch in der Lage, dein kleines Ich zu trösten, zu stützen und zu beschützen. Es kann sehr hilfreich sein, wenn du deinem verletzten kleinen Ich dein starkes erwachsenes Ich an die Seite stellst, wenn du es tröstest und deinen Arm schützend um seine Schultern legst.

Dabei können Bilder, Symbole und Gesten hilfreich sein. Sie haben in der Regel eine sehr wohltuende Wirkung auf das verletzte innere Kind. Wie Schätze tragen wir sie mit uns herum. Sie helfen uns, uns daran zu erinnern, dass wir immer mal wieder bei unserem kleinen Ich vorbeischauen und uns liebevoll und zugewandt mit ihm beschäftigen. Achte darauf, dass dein kleines Ich nicht länger zu kurz kommt. Gib ihm die Aufmerksamkeit und Wertschätzung, die es verdient.

Für die folgende Übung brauchst du einen Gegenstand, der dich mit deiner Kindheit in Verbindung bringt.

Imaginäres Trösten

Sieh den Gegenstand an, befühle ihn, oder rieche an ihm. Welche Bilder, Gedanken und Gefühle kommen auf dich zu? Welche Situationen erinnerst du? In welcher Situation siehst du dein kleines Ich? Wie fühlt es sich? Was braucht es jetzt? Ist es allein, fühlt es sich traurig, ausgeschlossen oder verletzt? Geh zu ihm hin, und gib ihm, was es braucht. Vielleicht legst du deinen Arm um seine Schultern und sprichst tröstende und aufmunternde Worte zu ihm. Oder du verteidigst dein kleines Ich gegen gemeine und ungerechte Übergriffe.

Denk noch einmal an Nora. Sie hat ein altes Klassenfoto herausgesucht. Das Foto ist schon ein bisschen zerknittert und vergilbt, trotzdem kann man noch deutlich erkennen, dass Nora sich damals nicht wohlgefühlt hat. Ihre Schultern sind hochgezogen und ihr Blick weicht der Kamera aus. Unwillkürlich erinnert sie sich an eine Situation, in der sie auf dem Nachhauseweg von drei Mitschülerinnen gehänselt wurde. Daraufhin stellt sie sich vor, als große Nora zur kleinen Nora zu treten und sie vor den Hänseleien zu schützen. Sie wird richtig laut und hält den Mädchen ihr unfaires Verhalten vor, bis die sich entschuldigen und geknickt das Feld räumen.

Mein Brief an mich 1

Wenn du schon etwas mehr über dein verletztes inneres Kind herausgefunden hast, ist es an der Zeit, einen Brief an dein kleines Ich zu schreiben. Was du brauchst: einen Briefbogen, Schmierpapier und einen Stift.

Mach dir zunächst ein paar Notizen auf dem Schmierpapier. Denk darüber nach, was du heute tun kannst, damit es deinem inneren Kind besser geht. Sammle, was ihm gefehlt hat und was du ihm heute gerne geben bzw. sagen möchtest. Wenn du damit abgeschlossen hast, kannst du loslegen. Wähle eine respektvolle und zugeneigte Anrede wie »Liebe kleine Nora«, und fahre dann fort, indem du Empathie für das Leid zum Ausdruck bringst, das dein inneres Kind erleben musste. Es ist ganz wichtig, dass du Verständnis und Mitgefühl für seine Situation und sein Verhalten äußerst. Dann solltest du schreiben, was du gerne für dein inneres Kind tun würdest: es beschützen, unterstützen, ihm Mut machen, es trösten … Und schließlich solltest du ihm versprechen, dich in Zukunft liebevoll um es zu kümmern.

Liebe kleine Nora,

deine Kindheit war hart. Ich wünschte, es gäbe eine Zeitmaschine und du und ich könnten die Uhr zurückdrehen und noch mal neu anfangen. Diesmal würde ich aufpassen, dass man dich nicht so schlecht behandelt. Ich würde dich beschützen und unterstützen. Leider geht das nicht.

Ich kann auch gut verstehen, dass du damals nicht für dich einstehen konntest. Das schaffe auch ich nicht immer, und ich bin schon groß und stark.

Ich möchte dir eigentlich nur sagen, dass du mir sehr wichtig bist und dass du dich in Zukunft auf mich verlassen kannst. Ich werde da sein, wenn es wieder mal brenzlig wird. Versprochen.

Nicht weniger wichtig als die Sorge um dein kleines Ich ist die um dein erwachsenes Ich. Pass gut auf dich auf! Achte darauf, dass du in deinem heutigen Leben ebenfalls bekommst, was du brauchst: Kontakt, Zuwendung, Spaß – diese Bedürfnisse haben nicht nur Kinder. Sie begleiten uns bis zum letzten Atemzug. Es ist unmöglich, dein verletztes inneres Kind nachhaltig zu heilen, wenn du in deinem aktuellen Leben nicht täglich erfährst, dass du geliebt wirst und deine Bedürfnisse erfüllen kannst.

Du solltest also etwas für deine Selbstfürsorge und Selbstzuwendung tun. Du hast dich wahrscheinlich über Jahre hinweg sträflich selbst vernachlässigt und warst übermäßig kritisch, streng und hart gegen dich. Das tut niemandem gut. Warum solltest du dir nicht mit genauso viel Liebe und Respekt begegnen wie geliebten Menschen – guten Freunden oder deinem Partner?

Verzeih diese Frage. Sie soll dir vermitteln, dass es einfach ist, gut zu sich selbst zu sein. Dabei fällt das vielen Menschen ganz schön schwer. Die folgenden Fragen erleichtern eine liebevolle und fürsorgliche Haltung dir selbst und deinem verletzten inneren Kind gegenüber:

- Warum fühle ich mich gerade traurig und verletzt?
  Was bräuchte ich jetzt, um diese Gefühle zu lindern?
- Wenn ein inneres Kind häufiger auftritt als sonst:
  Was stimmt gerade nicht in meinem Leben?
  Habe ich Stress auf der Arbeit oder mit meinem Partner?
  Bin ich traurig, weil ich einen wichtigen Menschen verloren habe? Mache ich mir Sorgen um etwas oder jemanden?
  Was kann ich tun, um Ausgleich und Trost zu finden?
- Was brauche ich, um Freude statt Traurigkeit und Verbundenheit statt Einsamkeit zu spüren?

Nora weiß mittlerweile, worauf ihre völlige Verunsicherung und die sie unverhofft überwältigenden Gefühle von Einsamkeit und Ausgeschlossenheit zurückzuführen sind: ihre fürchterliche Schulzeit. Das Mobbing, das sie jahrelang über sich ergehen lassen musste, ist noch heute verantwortlich dafür, dass sie sich oft und scheinbar grundlos ausgegrenzt und allein fühlt. Sie hat aber auch herausgefunden, was ihr in solchen Augenblicken guttut. Nora hat sich eine Gruppentherapie gesucht. Das ist eine ganz lockere Angelegenheit. Menschen, die ab und zu mal jemanden brauchen, mit dem sie besprechen können, was sie bewegt, die zuhören und einem das Gefühl geben, nicht der Einzige zu sein, der Probleme hat.

Diese Gruppe gibt Nora viel Kraft. Hier kann sie anderen Menschen von den unangenehmen Momenten im Büro erzählen, ohne sich doof dabei vorzukommen. Allein das Wissen darum, dass sie verstanden wird, sowie der respektvolle und nette Umgang sind Balsam für ihre Seele.

Das verzogene innere Kind besänftigen

Hast du dich entschlossen, an deinem verzogenen inneren Kind zu arbeiten? Das ist eine tolle Nachricht. Denn dann kannst du dich Schritt für Schritt bereit machen für eine schönere und stärker selbstbestimmte Zukunft. Dazu musst du lernen, deine Bedürfnisse so zu äußern, dass du eine Chance auf Erfüllung hast.

Ärger und Wut fühlen wir alle manchmal. Das ist menschlich und auch gut so. Wenn du dich in bestimmten Situationen, in denen man sich dir gegenüber unsensibel und unfair verhält, nicht ärgern würdest, wäre das problematisch. Entscheidend bei der Wut sind Ausmaß und Verhältnismäßigkeit. Wenn du zum Beispiel die Fassung verlierst und verletzend reagierst, bloß weil eine Freundin dich nicht gefragt hat, ob du auch mit ins Kino gehen willst, oder du laut motzt, weil sich während einer Präsentation jemand neben dir leise unterhält, solltest du dich fragen, ob du dich angemessen über die aktuelle Situation aufregst oder ob vielleicht ein verzogenes inneres Kind im Spiel ist.

Dasselbe gilt für impulsive Reaktionen. Das Leben ist grau genug, und jeder Tag bringt neue, zum Großteil wenig spannende oder gar lästige Aufgaben und Pflichten mit sich. Da ist es ganz wichtig, dass wir uns ab und zu mal was gönnen. Wenn du nach einer anstrengenden Woche keine Lust hast, den Rasen zu mähen oder deinen Körper in Topform zu bringen, sondern lieber liegen bleibst und den Vögeln lauschst: herzlichen Glückwunsch! Tu das! Wenn du nämlich nur noch von einer Verpflichtung zur nächsten hechtest, verlierst du irgendwann den Kontakt zu dir, zu deinen Gefühlen und Bedürfnissen.

»Sitting on the dock of the bay, wasting time!«, sang ein fröhlicher Otis Redding 1967 und pfiff sich einen. Wenn du die Freuden eines ruhig dahingehenden goldenen Sonntagmorgens nicht kennst, dann wird es höchste Zeit, dies zu ändern! Wenn du aber nicht nur deinen Sonntagmorgen, sondern mehr oder weniger jeden

Tag der Woche so verbringst und wenn du merkst, dass die Freuden dieser Ruhe immer geringer werden und du deine Ziele nicht mehr erreichst, auch dann ist bei dir vermutlich das verzogene Kind im Spiel, und es ist nötig, an deiner Disziplin zu arbeiten.

Das verzogene innere Kind mit seinem Ärger und/oder seiner Wut braucht unsere Hilfe. Das sagt sich so einfach: Denn wie können wir ihm helfen? Wie können wir so für es sorgen, dass wir unsere langfristigen Ziele wieder erreichen, statt immer wieder in Zwangslagen zu geraten?

Schritt 1: Ursachen erkennen

Im ersten Teil des Buches hast du dein verzogenes inneres Kind bereits besser kennengelernt. Du weißt, wann es auftaucht und wo es seinen Ursprung hat. Jetzt musst du nur noch herausfinden, welche Bedürfnisse hinter deiner Wut stehen, und lernen, wie du diese Bedürfnisse anders ausdrücken und vor allem auch befriedigen kannst. Unsere Wut hilft uns dabei meist nicht weiter, sondern steht dem Erkennen unserer eigentlichen Bedürfnisse und deren Erfüllung im Weg. Manchmal ist es aber auch wichtig zu verstehen, dass du nicht alles bekommen kannst, was das verzogene Kind gerne hätte.

Die Bedürfnisse und Gefühle, die hinter unserer Wut stehen, sind sehr unterschiedlich. Es ist wichtig zu verstehen, woher die Wut genau kommt, ob das verzogene innere Kind allein die Ursache dafür ist oder ob nicht auch das verletzte innere Kind mit seinen Gefühlen mitmischt.

Wut und Ärger – die »heißen« Gefühle des verzogenen inneren Kindes

Einige Menschen handeln ärgerlich oder impulsiv, weil sie nie gelernt haben, Grenzen zu akzeptieren. Sie sind als Kind zu sehr verwöhnt worden und haben keine Disziplin gelernt. Auch in diesen Fällen liegt Vernachlässigung vor: Manche Eltern haben nicht die

Geduld, sich mit ihren Kindern auseinanderzusetzen, keine Kraft oder Lust, ihnen etwas zu verweigern und zu einem Nein zu stehen. Wer selbst Kinder hat, weiß, wie anstrengend es sein kann, dem sich auf dem Supermarktboden wälzenden und brüllenden kleinen Schätzchen den Schokoriegel nicht zu kaufen. Aber auch das gehört zu den Aufgaben von Eltern, und wenn sie die nicht erfüllen, schaden sie ihren Kindern. Wer als Kind für sein Leben lernt, dass er mit ausreichend Wut seine Ziele erreicht, wird damit als Erwachsener nicht gut fahren. Denn man kann nicht immer alles bekommen, was man sich wünscht – so würde unser soziales Zusammenleben überhaupt nicht mehr funktionieren!

Wenn du selbst das Gefühl hast, in dir wütet noch immer ein verzogenes Kind, lohnt es sich zu fragen: Was steht mir wirklich zu? Und: Brauche ich vielleicht mehr Disziplin?

Das heißt nicht, dass du auf Spaß und Spontaneität verzichten sollst. Im Gegenteil: Mach dir das Leben so schön wie möglich! Genieße alles in vollen Zügen! Nichts ist trauriger als Menschen, die sich nie etwas gönnen und alles aufsparen mit Blick auf eine Zukunft, die vermutlich nie kommt. Verwehr dir nicht mehr als nötig.

Wenn du aber das Gefühl hast, dass dein impulsives kindliches Verhalten deine Beziehungen schädigt, weil du manchmal zu viel verlangst, dann versuch, eine Balance zu finden zwischen Disziplin und Ausgelassenheit. Ich weiß, das ist leichter gesagt als getan. Am Anfang wirst du vermutlich ziemlich frustriert sein, denn es ist ein harter Weg. Erwarte keine Wunder. Schon die Tatsache, dass du dir eingestanden hast, hier ein Problem zu haben, sollte dich stolz machen. Und dann: Bleib realistisch. Minischritte sind besser als gar keine. Wenn du ernsthaft versuchst, deinem Impuls, die Dinge aufzuschieben oder Vorrechte für dich einzuklagen, nicht nachgibst und stattdessen unangenehme und lästige Aufgaben in Angriff nimmst und dich den gegebenen Umständen auch einfach mal anpasst, dann verdienst du alle Achtung!

Erinnere dich an Uwe, der im Auto immer wieder ausrastet. Uwes Vater war auch »cholerisch«, wie Uwes Mutter erzählt. Immer wieder verlor er die Fassung, und die ganze Familie hat Rücksicht genommen. Uwe hat sich dieses Verhalten abgeschaut. Zwar galten bei ihm zu Hause strikte Regeln, aber es war klar, dass insbesondere für die Männer dieser Familie andere Regeln galten als für den Rest. Bis heute glaubt Uwe, dass es eine Zumutung ist, wenn er wie alle anderen auch in einer Behörde, an der Grenzkontrolle oder an der Supermarktkasse warten soll. Er wird dann wütend und verlangt, mit dem Verantwortlichen zu sprechen. Das Problem ist, dass Uwe damit immer gut gefahren ist. Er strahlt eine Autorität aus, der sich die meisten Menschen unterwerfen.

Trotzdem wäre es für ihn und vor allem seine Frau einfacher, wenn er lernen würde, dass für ihn eben doch dieselben Regeln gelten wie für andere, dass es nicht selbstverständlich ist, dass jeder auf seine Wutanfälle Rücksicht nimmt. Schließlich sind viele Freundschaften in die Brüche gegangen, weil nicht alle seine Eskapaden so klaglos ertragen wollten wie Uwes Frau.

Wenn sich Wut und Traurigkeit mischen – »heiße« und »kalte« kindliche Gefühle in uns

Viele Menschen werden wütend, wenn sie eigentlich das Gefühl haben, ungerecht behandelt zu werden. Hinter ihrer Wut stehen, wenn man genau hinschaut, Traurigkeit und Einsamkeit. Weil sie in ihrer Kindheit zu oft das Gefühl hatten, nicht akzeptiert zu sein, fühlen sie sich heute schnell ausgegrenzt. In eigentlich harmlosen Situationen und aus Anlass von im Grunde unverfänglichen Bemerkungen werden sie wütend.

Wenn deine Wut fast immer in Verbindung mit Gefühlen der Traurigkeit und Verletztheit auftritt, dann liegt die Ursache für deine Wut nicht in einer Verwöhnung, sondern sie ist als eine Reaktion zu verstehen. Wer in sich hineinhorcht und hinter der »heißen« Wut »schwache« Gefühle wie Traurigkeit oder Einsamkeit entdeckt, der hat es in erster Linie mit einem verletzten inneren Kind zu tun. In diesem Fall ist es sinnvoll, das verletzte innere Kind zunächst zu trösten und zu heilen. Die meisten Betroffenen berichten, dass sie, nachdem sie angefangen hatten, sich besser um ihr verletztes inneres Kind zu kümmern, kaum noch wütend wurden.

Ein typisches Beispiel für die Wut des verzogenen inneren Kindes, die eigentlich nur lautstark die Traurigkeit des verletzten inneren Kindes zu überdecken versucht, ist Sarah, die junge Frau, deren Kindheit von Verlassenheitserfahrungen durchzogen war und die heute schnell verletzt und aggressiv reagiert. Das Bedürfnis, das sie mit der Wut verspürt, ist eines nach Verbundenheit und Anerkennung, danach, sich auf einen Menschen verlassen zu können. Sie sucht eigentlich nach der bedingungslosen Liebe und zuverlässigen Fürsorge, die ihre Eltern ihr vorenthalten haben.

Leider hat ihr misstrauisches und oft aggressives Verhalten den gegenteiligen Effekt. Sie stößt Freunde von sich, weil sie sie ständig verdächtigt, sie verlassen zu wollen.

Für Sarah ist es wichtig zu lernen, dass sie liebenswert ist, dass andere Menschen überhaupt nicht die Absicht haben, sich von ihr abzuwenden, weil sie ihre Gesellschaft und Freundschaft schätzen, und dass sie sich auf andere verlassen kann. Sarah muss sich also in erster Linie um ihr verletztes inneres Kind kümmern. Wenn das geheilt ist, wird vermutlich auch ihre Wut abnehmen.

Hast du schon eine Ahnung, ob deine Wut und Impulsivität rein daherkommen oder sie mit Traurigkeit gepaart sind? Die nächste Imaginationsübung soll dir helfen, in diesem Punkt Klarheit zu schaffen. Vielleicht fühlst du dich bei solchen Übungen etwas merkwürdig und findest das Ganze ein bisschen lächerlich, aber lass dich nicht abschrecken oder verunsichern. Du wirst erstaunt sein, wie effektiv solche Übungen sind.

Nichts als Wut – oder kommt mit der Wut auch Traurigkeit?
Mach es dir bequem und schließ die Augen. Versetz dich jetzt in eine Situation, in der du kürzlich von negativen Gefühlen überwältigt wurdest. Spür deinen Gefühlen nach. Versuch, diese ganz genau und intensiv zu empfinden. War es Wut? Ärger? Disziplinlosigkeit? Lustlosigkeit? Traurigkeit? Einsamkeit? Zurückweisung? Hast du dich ungerecht behandelt gefühlt? Stell dir folgende Fragen: Wer oder was hat diese Gefühle in dir ausgelöst? War die Situation objektiv ungerecht? Hättest du die Situation auch für ungerecht gehalten, wenn sie jemand anderem passiert wäre?

Ich hoffe, dass die Übung dir geholfen hat herauszufinden, in welchen Situationen dein verzogenes inneres Kind auftaucht, welche Gefühle es auslöst und welche Bedürfnisse dahinterstehen. Wenn sich hinter deinem Ärger und deiner Wut Gefühle von Traurigkeit und Einsamkeit verstecken, dann hilft es dir sicher, das verletzte Kind in dir aufzusuchen und es zu trösten, dafür findest du auf S. 185–194 Übungen. In den meisten Fällen verliert sich durch die Heilung des verletzten inneren Kindes auch die Wut.

Die Wut des verzogenen inneren Kindes einordnen und verstehen

Das verzogene innere Kind verleitet die Betroffenen zu unüberlegten Handlungen. Dabei können ganz unterschiedliche Bedürfnisse hinter dem wütenden oder impulsiven Handeln stehen. Das Ziel sollte daher sein, dass man sich in die Lage versetzt, diese Bedürfnisse endlich so zu artikulieren, dass sie erfüllt werden können. Finde also zunächst heraus, welche Bedürfnisse sich überhaupt hinter deiner Wut verstecken. Folgende Ursachen und biografische Hintergründe sind häufig verantwortlich dafür, dass sich ein verzogenes inneres Kind in uns verwurzelt hat:

Mangel an Autonomie. Viele Teenager kämpfen, manchmal vergeblich, um ihre Freiräume: »Komm nicht in mein Zimmer«, »Es geht dich gar nichts an, mit wem ich telefoniere!«, »Halt dich aus meinem Leben raus!« Eltern reagieren darauf oft panisch. Sie haben furchtbare Angst vor dem Kontroll- und Autoritätsverlust und trauen ihren Kindern oft nicht genug zu. Diese Kämpfe sind ganz normal und haben auch eine Funktion: Sie helfen beim Ablösungsprozess, der auf beiden Seiten stattfinden muss. Die Schuld suchen Eltern gern bei den pubertierenden Kindern und deren Hormonen. Dabei sind sie selbst oft nicht weniger schwierig, unfähig, loszulassen und ihren Kindern die Autonomie zuzugestehen, die sie gerade brauchen.

Es gibt sogar Eltern, die sich der Idee, ihre Kinder altersgemäß zu behandeln, völlig verschließen. Sie bevormunden sie in Bereichen, in denen das wirklich nicht mehr sein muss, bestimmen, was der sechzehnjährige Sohn trägt, mischen sich in die Freundschaften ihrer fünfzehnjährigen Tochter ein oder machen vor den Freunden der halbwüchsigen Söhne und Töchter Bemerkungen, durch die diese sich wie Kinder behandelt fühlen. Die Reaktion auf solche elterlichen Übergriffe ist in der Regel Trotz – und der setzt sich fest. Als Erwachsene haben die Betroffenen schnell das Gefühl, dass jemand ihre Autonomie infrage stellt, und reagieren bockig und verstockt.

Lernen am Modell. Denk an Uwe, den Mann, der stets absolute Rücksichtnahme und eine Spezialbehandlung einfordert. Uwe ist dieses Verhalten nicht zugeflogen, er hat es von seinem Vater gelernt. Beim Lernen am Modell, wie man diesen Umstand auch nennt, übernehmen wir ein von anderen Menschen vorgelebtes Verhalten. Weil Uwes Vater impulsiv und ärgerlich war und rücksichtslos die eigenen Bedürfnisse zum Ausdruck gebracht hat, hält Uwe das für normal und macht es auch. Es wäre auch erstaunlich, wenn er sich anders verhielte, woher sollte er das auch können?

Mangel an Grenzen. Leider sind Kinder nicht wie Blumen, die mit viel Wasser, gutem Boden, Sonne und Liebe auf jeden Fall gedeihen. Kinder brauchen auch Grenzen. Die Kämpfe, die so lächerlich und kräftezehrend sind – um den zweiten Lolli, das frühe Zubettgehen, das Zimmeraufräumen –, sind für die Entwicklung von Kindern absolut wichtig. Wenn wir ihnen nicht die Chance geben, die Frustration auszuhalten, die die Erledigung langweiliger, aber notwendiger Aufgaben bedeutet, wenn wir sie nie zu Disziplin und Ausdauer anhalten, werden sie das später nachholen müssen. Ganz ohne Disziplin und Grenzen ist ein erfolgreiches Erwachsenenleben nicht möglich. Es mag komisch klingen, aber möglicherweise hattest du das Pech, als Kind zu sehr verwöhnt worden zu sein. Dann musst du nachträglich lernen, die eigenen Bedürfnisse hin und wieder zurückzustecken und auch lästige Aufgaben zu erledigen.

Überleg: Welche Bedürfnisse und Ursachen stehen hinter der Wut und Impulsivität meines verzogenen inneren Kindes?

Schritt 2: Ziele eingrenzen

Wie viel ist zu viel?

Keine Frage, die Bedürfnisse und Gefühle, die das verzogene innere Kind mit sich bringt, sind völlig legitim. Nichts, aber auch gar nichts spricht dagegen, dass du dir ab und zu mal etwas gönnst oder deinen Frust ausdrückst. Das gehört zu einem lebendigen Leben ebenso wie der Schaum aufs Bier. Es geht auch hier um das Maß.

Bloß: Wie viel ist zu viel? Gute Freunde zu fragen, ist ein sinnvoller Weg, um herauszufinden, ob du übermäßig zu aggressivem oder egoistischem Verhalten neigst. Dabei solltest du bedenken, dass es den meisten Leuten schwerfällt, Kritik am Verhalten anderer zu äußern. Wenn gute Freunde sich schon über deinen Egoismus oder deine Unzuverlässigkeit beschwert haben, kannst du davon ausgehen, dass an den Vorwürfen mit großer Wahrscheinlichkeit etwas dran ist und dass diesen Menschen viel an dir liegt. Wenn also Kritik an dir geäußert wurde, solltest du dies ernst nehmen, in dich gehen und dich fragen, ob du vielleicht manchmal zu übermäßig aggressivem oder impulsivem Handeln neigst. Du kannst aber auch stolz auf dich sein: Anscheinend bist du so liebenswert und trotz allem ein so guter Freund, dass deine Umwelt lieber den Konflikt mit dir als den Verlust deiner Gesellschaft und Freundschaft in Kauf nimmt.

Kritik an deinem Verhalten kann sich natürlich auch aus einer bestimmten Situation heraus ergeben und gar nichts über deine Persönlichkeit aussagen. Aber das solltest du zumindest abklären. Nimm solche Auskünfte also ruhig ernst, und überprüfe, ob sie rein situativ zu verstehen sind oder vielleicht doch etwas mit deinem generellen Verhalten zu tun haben.

Ziele und Bedürfnisse

Die zentrale Frage in jedem Leben ist: Was sind meine tatsächlichen Bedürfnisse? Und hilft mein aktuelles Verhalten mir, diese zu befriedigen? Solltest du auf beide Fragen eine mehr oder weniger zufriedenstellende, also positive Antwort haben, dann leg das Buch weg, dann brauchst du es nicht. Du hast bereits die besten Voraussetzungen für ein glückliches Leben. Sollte dem aber nicht so sein, dann können dir die folgenden Übungen vielleicht helfen.

Wenn mein verzogenes Kind mich lenkt: Vor- und Nachteile

Die Änderung des wütenden oder impulsiven Verhaltens kann mit großem Frust einhergehen. Daher ist es sinnvoll, vorab zu prüfen, ob sich die Mühe lohnt. Du kannst mit einer Strichliste herausfinden, ob dir das kindliche Verhalten mehr Vorteile oder mehr Nachteile bringt. Danach fällt es dir sicher leichter zu entscheiden, ob du die Veränderung wagen möchtest oder lieber nicht.

Vielleicht hilft es dir beim Ausfüllen zu sehen, was der verwöhnte Linus in die Tabelle eintragen würde. Auf S. 16 findest du die Geschichte von Linus, dem Mann, dem seine Mutter auch mit vierzig noch alles abnimmt und der dadurch immer wieder in Konflikte gerät.

	Vorteile	**Nachteile**
kurzfristig	• Ich muss mich nicht um lästige Dinge kümmern • Ich weiß, dass ich weich falle, weil meine Mutter mir im Zweifel aus der Patsche hilft • Ich muss keine Konflikte austragen und mich nicht für meine Interessen einsetzen	• Ich finde es oft peinlich, dass ich mich nicht selbst um meinen Kram kümmere
langfristig	• Bisher habe ich ganz vieles vermieden. Das wird auch noch eine Weile so bleiben	• Ich gerate immer wieder in schwierige und brenzlige Situationen • Ich verliere ständig meine Arbeit • Ich verliere die wenigen Freunde, die ich habe • Meine engste Vertraute ist immer noch meine Mutter • Ich erlebe mich nicht als autonom und erwachsen • Wie soll es weitergehen, wenn meine Mutter alt wird?

Vielleicht sieht deine Tabelle ähnlich aus: Relativ viele kurzfristige Vorteile stehen langfristigen Nachteilen gegenüber. Linus muss sich entscheiden: Was ist ihm wichtiger? Kurzfristige Bequemlichkeit oder eine langfristige Befriedigung seiner Bedürfnisse nach Autonomie, Verbundenheit, weniger Stress sowie mehr Erfolg in Beziehungen und bei der Arbeit? Die Entscheidung kann ihm keiner abnehmen. Dir ebenso wenig.

Stuhldialog

Wenn du dich noch nicht entscheiden konntest, dann schafft vielleicht eine andere Übungsform Klarheit: der Stuhldialog. Mit dieser Psychotechnik kann man innere Konflikte anschaulicher und greifbarer machen. In einer Beratungssituation stellt man dazu zwei Stühle auf. Zu Hause kannst du aber genauso gut zwei Kuscheltiere, Puppen oder Playmobilfiguren aufstellen.

Egal, was du gewählt hast, ob zwei Stofftiere oder Kochtöpfe - wichtig ist, dass du den einen, vielleicht den kleinen roten Kochtopf, mit deinem verzogenen Kind identifizierst und den anderen, vielleicht einen großen Edelstahltopf, mit deinem erwachsenen Ich. Als Nächstes wechselst du von dem einen Symbol zum anderen, nimm mal die Perspektive des verzogenen inneren Kindes ein, mal die des erwachsenen Ichs, und lass sie sich so miteinander unterhalten. Was für ein albernes Theater, denkst du jetzt vielleicht. Aber dieses Puppen- oder Topftheater hilft dir, den inneren Konflikt, der sich immer wieder zwischen deinem erwachsenen Ich und deinem verzogenen inneren Kind abspielt, zu klären und herauszufinden, was du eigentlich willst: kurzfristige Bedürfnisbefriedigung oder langfristiges Erreichen von Zielen.

Schritt 3: Kontrolle erlangen

Jetzt wird es ernst! Wenn du fest entschlossen bist, kommt jetzt der nächste Schritt: die Veränderung deiner Verhaltensmuster. Schließlich willst du ja dein Handeln in Zukunft besser kontrollieren und dir nicht mehr von unbewussten Mustern das Ruder aus der Hand nehmen lassen. Du kannst dich selbst befähigen, bewusst zu handeln und das zu machen, was dir langfristig guttut.

Sich anders zu entscheiden als gewohnt, ist eine große Herausforderung. Unterschätz das nicht. Aber unterschätz auch dich selbst nicht. Du hast wahrscheinlich mehr Kraft und Willensstärke, als du denkst.

Trotzdem ist es wichtig, dass du realistisch bleibst. Setz dir Ziele, die du auch erreichen kannst – sonst ist die Frustration vorprogrammiert, und du wirst mit großer Wahrscheinlichkeit schnell das Handtuch werfen. Also, wähle sportliche Ziele, aber keine unrealistischen!

Unerfüllte Bedürfnisse

Doch welche Ziele sind realistisch? Das ist individuell ganz unterschiedlich, lässt sich aber leicht feststellen. Finde zunächst heraus, welche Ziele und Bedürfnisse dir wichtig sind, denn du kannst nicht gleich dein gesamtes Verhalten ändern. Du kannst es aber erst mal dort angehen, wo es die wichtigsten Bedürfnisse behindert. Es ist sinnvoll, dass du zuallererst überlegst, in welchen Situationen dein verzogenes inneres Kind aktiv ist und welche Bedürfnisse dadurch nicht befriedigt werden können.

Situation, in der mein verzogenes inneres Kind auftritt:	Welches meiner Bedürfnisse wurde nicht befriedigt?

Vielleicht hilft es dir beim Ausfüllen zu sehen, was Julia, die du auf S. 60 kennengelernt hast, notiert hat. Ihr verzogenes inneres Kind meldet sich leicht und recht oft, weil sie andauernd das Gefühl hat, ausgenutzt zu werden und keine Anerkennung zu bekommen. Durch ihr häufiges Gemotze geht sie dann anderen auch tatsächlich auf die Nerven, und die Anerkennung und Empathie werden wirklich rar.

Situation, in der mein verzogenes inneres Kind auftritt:	**Welches meiner Bedürfnisse wurde nicht befriedigt?**
• Ich bin chronisch frustriert vom Job und schimpfe dann bei meinen Freundinnen nur herum. Deren Ratschläge nehme ich aber nicht an. • Manchmal gehe ich auch gegenüber meiner Chefin »an die Decke«. Leider passiert das eher bei Kleinigkeiten, bei denen die Aufregung lächerlich ist.	• Ich kann die Zuwendung meiner Freundin nicht spüren, weil ich sie zurückweise. • Ich kann mein Anliegen gegenüber der Chefin nicht durchsetzen, weil ich es nicht angemessen ausdrücke. • Meine Gesprächspartner nehmen mich womöglich gar nicht mehr richtig ernst – dabei ist mir mein Anliegen, nicht so ausgenutzt zu werden, wirklich wichtig.

Bei Julia sind es immer ähnliche Situationen, die eine große kindliche Verärgerung in ihr auslösen, und ebenso sind es immer ähnliche Bedürfnisse, die nicht befriedigt werden. Ist das bei dir auch so? Kannst du die Ähnlichkeiten benennen?

Wenn du das getan hast, ist das die perfekte Grundlage für den nächsten Schritt: Setz dir realistische Ziele. Überleg, in welchen Situationen du besonders unter deinem verzogenen inneren Kind leidest und in welchen Situationen es besonders schlimm ist, dass deine Bedürfnisse nicht befriedigt werden. Es ist wichtig, dass du dich zunächst konkret auf wenige Situationen konzentrierst und einzuschätzen lernst, wie schwierig die Veränderung in diesem Bereich sein wird. Solche Entwicklungen können anstrengend und frustrierend sein. Mute dir nicht zu viel zu! Aber es wird sich lohnen, neue Schritte zu wagen, auch wenn sie zunächst klein erscheinen.

Gute Ziele, schlechte Ziele

Du weißt also, was du verändern möchtest. Jetzt geht es um die Umsetzung dieser Ziele. Dafür brauchst du eine möglichst positive und konkrete Vorstellung davon, wie du in Zukunft gerne handeln und sein möchtest. Klare Ziele zu formulieren, ist gar nicht so einfach. Sie sollten möglichst realistisch und konkret sein. Du musst also überlegen, was du mit deinen Voraussetzungen (Zeit, Belastbarkeit usw.) in einem eng begrenzten Zeitraum (nicht mehr als eine Woche) schaffen kannst, und dies dann ganz genau ausformulieren – nicht: »Ich will mich in Gruppen wohlfühlen«, sondern: »Ich will am Dienstag zur Weihnachtsfeier gehen und dort eine Person ansprechen und einige Minuten mit ihr reden.« Nicht: »Ich will selbstsicherer sein«, sondern: »Das nächste Mal, wenn im Tennisverein alle zusammensitzen, will ich jemanden fragen, ob er Lust hat auf ein Match mit mir.« Ziele sind nur dann umsetzbar, wenn sie konkret, positiv und realistisch formuliert sind. Sie sollten auf jeden Fall ein bestimmtes Verhalten festschreiben und eigenverantwortlich formuliert sein – also nicht: »Meine Kollegen sollen mich auch mal fragen, ob ich mitkommen will«, sondern: »Ich will meine Kollegen fragen, ob ich beim nächsten Mal mitkommen kann.«

Ich hoffe, du hast jetzt eine ungefähre Vorstellung davon, was gute und was schlecht umsetzbare Ziele sind. Trotzdem fällt es anfangs schwer zu wissen, was man sich realistisch zumuten kann. Die folgenden Fragen sollen dir helfen, das herauszufinden.

Was ich mir zumuten kann

In welchen Situationen möchte ich mein verzogenes inneres Kind einschränken (z. B. in meiner Beziehung, bei der Arbeit, beim Sport)?

....

....

Welche Situationen sind mir besonders wichtig?

....

....

Welche Veränderung fällt mir wahrscheinlich leichter?

....

....

Welche Veränderung fällt mir wahrscheinlich schwerer?

....

....

Was ist realistisch? Mach dir einen Plan, und schreib dir ganz konkret auf, was du verändern willst (z. B.: »Ich gehe einmal die Woche mit meinem Freund zum Yoga«).

....

....

Wie willst du dich belohnen (z. B.: »Wenn ich mein Verhalten zwei Wochen lang durchhalte, dann gönne ich mir einen Saunatag«)?

....

....

Wie würde Linus diesen Fragebogen ausfüllen? Wahrscheinlich hat er es satt, immer wieder in Konflikte mit seinen Freunden, seinen Kollegen und auch seinen Arbeitgebern zu geraten. Vermutlich möchte er sich auch endlich aus der mütterlichen Umklammerung lösen, sich männlicher, autonomer und erwachsener erleben. Alles auf einmal anzugehen, wäre unrealistisch. Linus muss sich also überlegen, in welchen Situationen ihn sein Verhalten besonders stört.

Hat er besondere Angst davor, dass seine Freundschaft mit Juri endgültig in die Brüche gehen könnte, dann könnte er sich vornehmen, Juri nicht mehr alles Mögliche für sich erledigen zu lassen und ihm besser zuzuhören. Ganz konkret hieße das also: Linus meldet sich endlich unter seiner tatsächlichen Adresse an und stellt beim nächsten Treffen gleich am Anfang eine Frage nach Juris Befinden. Wahrscheinlich würde er schnell merken, wie sehr Juri das freut. Um sich zu belohnen, gönnt er sich zusätzlich ein nettes Essen mit Juri beim Vietnamesen um die Ecke.

Das ist allerdings erst der Anfang. Linus muss noch einige Hürden nehmen, um sein Ziel zu erreichen. Trotzdem kann er schon mal stolz auf sich sein.

Tipps: So bekommst du deine Wut besser in den Griff

Anschließend noch ein paar Tipps, die dir dabei helfen, die Kontrolle über dein Handeln gegen sture Denk- und Verhaltensmuster zu verteidigen und deine Bedürfnisse endlich besser zu befriedigen.

Das kenn ich doch! – Lern die Zeichen lesen

Wenn du genau darauf achtest, wirst du feststellen, dass dich in den Situationen, in denen dein verzogenes inneres Kind dein Handeln kontrolliert, immer dasselbe Körpergefühl und dieselben Gedanken überkommen – die Schulterpartie verkrampft sich, du beißt dir auf die Lippe, du stampfst laut mit dem Fuß auf, du ballst die Fäuste ... und dazu vielleicht Gedanken wie: »Natürlich, das war ja klar!«, »Das sind doch alles Idioten!« oder »Ihr könnt mich alle mal!« Solche Gedanken und Körperreaktionen sind Frühwarnzeichen. Wenn du auf diese achtest, kannst du den Tornado, der sich in dir zusammenbraut, vielleicht noch aufhalten. Dann ist es noch möglich, einen kühlen Kopf zu behalten, auch wenn der Rest schon kocht! Es ist übrigens besser, wenn du deinen Ärger ausdrückst, bevor er übermäßig wird. Sei also wachsam, und warte nicht, bis dein Ärger dich überwältigt!

Little by little - Dein wohldosierter Ärger

Am besten kommt dein Ärger bei deinem Gegenüber an, wenn du ihm gerade genug Nachdruck verleihst. Bleib vorerst ruhig, und erkläre ganz sachlich, was dir nicht passt. Erst wenn du merkst, dass der andere dir nicht zuhört, leg ein bisschen nach. Aber nicht zu viel.

Wenn du spürst, wie der Sturm sich ankündigt, wie sich etwas zusammenbraut und der Wind langsam Orkanstärke annimmt, dann – mach erst mal gar nichts! Leg eine Pause ein, nimm ein bis zwei tiefe Atemzüge, geh auf die Toilette, streck dich, öffne ein Fenster – egal, aber gönn dir eine Auszeit, und entferne dich ein wenig aus der Situation. Das kann dir helfen, Klarheit darüber zu gewinnen, was du in dieser Lage eigentlich erreichen willst.

Jetzt brauch ich erst mal … meinen Glücksstein!

Sicher kennst du amerikanische Filme, in denen sich unrasierte Privatdetektive, Geschäftsmänner oder Cops nach einem schweren Tag erst mal einen Drink genehmigen. Meist sehen sie auch so aus: auf eine irgendwie attraktive Art verwahrlost, so richtig schön schlampig. Dir würde ich aber ans Herz legen, nicht hinterher, sondern vorher etwas zu tun, was den Druck ein bisschen herausnimmt. Und sicher ist Alkohol keine Lösung. Ebenso wirksam und weniger verwahrlosend wirken Symbole, die man zur Entspannung immer dabeihat: ein glatter Stein, den man in der Hosentasche hat und in kritischen Momenten befühlt, ein beruhigendes Bild, das du dir immer dann vorstellen kannst, wenn's wieder mal brennt, oder auch ein Lied, das der Situation den Stachel nimmt. Bei mir funktioniert die Titelmelodie von *The Sound of Music*. Wenn ich mir diese superkitschige Hymne vorsinge, wird mir sofort die Absurdität der Situation bewusst, und ich muss schmunzeln, egal, wie sauer ich wenige Augenblicke vorher noch war.

Es geht auch anders 1

Geh ab und zu in den mentalen Raubtierkäfig und trainier in der Vorstellung alternative Verhaltensweisen. Wenn du das oft genug machst, wirst du vermutlich auch in der Realität von deinen schädlichen Mustern abweichen. Dieses mentale Training ist quasi die Vorbereitung auf den Ernstfall.

Stell dir eine Situation vor, in der du normalerweise wütend wirst. Versetze dich in deine Emotionen. Spüre ihnen nach. Und jetzt überleg, was du brauchst, um weniger wütend zu sein. Brauchst du einen Freund, der dir versichert, dass nicht alle Menschen es schlecht mit dir meinen und dich ablehnen? Brauchst du jemanden, der dich unterstützt und dich in den Arm nimmt? Was immer du brauchst – in deiner Vorstellung bekommst du es! Ändere also die Situation entsprechend, und stell dir vor, wie es weitergeht, ohne dass du einen Wutausbruch bekommst. Ganz sachlich äußerst du deine Bedürfnisse und markierst die Grenzen, die verletzt wurden.

Julia, die schlecht Nein sagen kann und Ärger immer nur runterschluckt, hat sich vorgenommen, endlich einmal ruhig mit ihrer Vorgesetzten zu sprechen, um ihr zu sagen, dass ihr die Überstunden zu viel werden. Sie möchte nicht mehr ständig bei ihren

Freundinnen darüber klagen und dort die Stimmung verderben, aber nichts am eigentlichen Problem ändern. Sie übt das Gespräch mit ihrer Vorgesetzten in ihrer Fantasie. Dabei stellt sie fest, dass sie sich viel besser fühlt, wenn ihre Freundin Charlotte in Gedanken neben ihr steht. Das gibt ihr ein gutes, sicheres Gefühl. Bevor sie tatsächlich das Gespräch mit ihrer Vorgesetzten sucht, wird sie sich vorstellen, dass Charlotte hinter ihr steht und ihr den Rücken stärkt!

Verhaltensexperiment: Es geht auch anders 2

Verhaltensexperimente sind etwas ganz Besonderes: Sie machen Spaß! Sie fordern deine Kreativität, deinen Humor, deine ganz individuelle spielerische und schöpferische Ader heraus.

Begib dich bewusst in eine Situation, in der du dich normalerweise unangemessen verhältst. Uwe sollte den Straßenverkehr aufsuchen, Julia ist im Büro am passenden Ort, Linus sollte vielleicht seine Post öffnen. Und statt mit den Türen zu knallen, deinen Partner anzubrüllen oder einen anderen Autofahrer zu bedrohen, mach diesmal etwas ganz anderes. Was? Lass deiner Fantasie freien Lauf. Die Alternative kann witzig und überspitzt sein, Hauptsache, sie hilft dir raus aus den alten Kleidern. So erlebst du, dass auch andere Verhaltensweisen möglich sind und diese deine Bedürfnisse meist eher erfüllen.

Das glückliche innere Kind stärken

Das Leben läuft nicht immer rund. Gar nicht so selten geraten wir in Situationen, in denen wir uns hilflos und traurig fühlen. Es gibt oft so viel zu tun und so wenig Zeit, so viele Sorgen und so wenig

Unbeschwertheit und Spaß. Manchmal lässt sich das nicht ändern: wenn Eltern oder Kinder krank sind oder wenn Abgabetermine eingehalten werden müssen.

Gerade weil unser Alltag oft so stressig ist, ist es wichtig, dass wir uns selbst Freiräume schaffen und ein bisschen Sonne ins Grau, ein bisschen Spaß in den Trübsinn bringen. Solche Momente der Unbeschwertheit und Albernheit, in denen unser glückliches Kind uns ganz erfüllt und Freude schenkt, sind die beste Prophylaxe gegen Depression und das Gefühl der Überlastung. Also: Hilf deinem glücklichen inneren Kind auf die Sprünge, stärk deine alberne und spontane Seite. Diese Zeit, die du mit Nonsens scheinbar verplemperst, ist in Wirklichkeit bestens angelegt!

Du denkst jetzt vermutlich: Das klingt gut und richtig, aber wie stellt man das an? Den meisten von uns fällt es gar nicht so leicht, ihr glückliches inneres Kind zu aktivieren. Über all der Arbeit und den Sorgen haben wir den Kontakt zu ihm verloren. Dabei braucht es unsere liebevolle Zuwendung.

Die Kontaktaufnahme gelingt am besten, indem man Aktivitäten nachgeht, die das glückliche innere Kind normalerweise aktivieren. Leider funktioniert es nicht, ganz laut »Stimmung!« zu rufen, und schon läuft die Party. Der Zustand des glücklichen Kindes lässt sich nicht erzwingen. Zum einen wissen viele von uns gar nicht so genau, was ihnen Spaß macht, und wenn man sie direkt fragt, kann das Hilflosigkeit und Frustration auslösen. Zum anderen haben einige Menschen einen so stark ausgeprägten strafenden inneren Richter, dass sie lieber keinen Spaß haben, weil sie sich dafür schuldig fühlen und bestrafen müssten.

Die Suche nach unserem glücklichen Kind kann also länger dauern – und nicht selten verläuft sie mit Hindernissen und über Umwege. Das sollte dich aber nicht entmutigen. Diese Momente des Glücks, in denen wir ganz bei uns und bei den von uns geliebten Menschen sind, in denen wir uns verbunden und unbeschwert fühlen, die Welt umarmen wollen und alles in den schönsten Farben leuchtet, sind doch der Grund, weshalb wir überhaupt Ja zum Leben sagen.

Schritt 1: Kontakt aufnehmen

Wie die anderen inneren Kinder auch meldet sich das glückliche Kind bei den meisten von uns in ganz bestimmten Situationen. Nur wenige Menschen haben das Glück, sich spontan und weitgehend situationsunabhängig in diesen Zustand begeben zu können. Um dein glückliches inneres Kind zu stärken, überleg zunächst, in welchen Situationen und durch welche Aktivitäten du es am besten wecken kannst.

Wenn es dir schwerfällt, zum glücklichen Kind in dir zurückzufinden, versuch, eine sogenannte Affektbrücke zu schlagen: Hierbei helfen uns Gefühle, eine Verbindung zwischen Vergangenheit und Gegenwart herzustellen, um den problemlosen Zugang zu unserer verspielten, neugierigen Seite wiederherzustellen. Am besten baut man eine solche Affektbrücke über eine Imaginationsübung: Man erinnert sich an eine vergangene Situation, spürt den Gefühlen und sinnlichen Eindrücken von damals nach und versucht eine Situation zu finden, in der man heute ähnliche Gefühle hat.

Affektbrücke

Setz dich so hin, dass du mit beiden Beinen fest auf dem Boden stehst. Dann schließ die Augen und konzentrier dich auf deinen Atem. Atme ganz bewusst ein und aus ... ein und aus. Warte, bis du dich völlig entspannt hast.

Und jetzt frag dich: Wann habe ich mich das letzte Mal unbeschwert und glücklich gefühlt? Vielleicht war das letzten Mittwoch, als du mit Freunden auf dem Flohmarkt warst, oder im Sommer beim Baden und Picknicken mit deinen Kindern. Vielleicht ist es aber auch schon länger her: War es ein besonders schönes Weihnachtsfest, ein berufliches Erfolgserlebnis oder ein Tag mit deiner Schwester im Zoo?

Versetz dich in diese Situation. Stell dir alles möglichst bildlich und detailliert vor. Was war das für ein Tag? Schien die Sonne? Wer war dabei? Was hast du gemacht? Aber auch: Wie hast du dich gefühlt? Hat die Sonne deinen Rücken gewärmt? Ist das süße, klebrige Zitroneneis dir die Mundwinkel hinuntergelaufen? Hattest du Sand zwischen den Zehen? Hat der Wind sanft mit deinem Haar gespielt?

Ziel dieser Übung ist, mithilfe möglichst bildhafter Vorstellungen den Kontakt zu Gefühlen des glücklichen inneren Kindes herzustellen. Du denkst vielleicht, dass du den Zugang zu diesem glücklichen Anteil völlig verloren hast, aber dem ist nicht so. Diese Gefühle sind nur ein wenig verstaubt, vielleicht sogar verschüttet. Doch während dieser Übung merkst du, dass sie noch da sind. Man muss sie nur wieder freilegen.

Außerdem helfen dir die intensiven emotionalen und sinnlichen Erinnerungen dabei, eine Brücke zur Gegenwart zu schlagen. Über diese Gefühle kann es dir gelingen, vergleichbare Aktivitäten für dein heutiges Leben zu entwickeln. Aus dem Stand fällt uns manchmal nicht ein, was wir machen können, um unser glückliches Kind in uns zu animieren. Nach dieser Übung hast du vielleicht die eine oder andere Idee.

Vor dieser Aufgabe steht auch Andrea, die junge Frau, die bei den Nonnen aufgewachsen ist und sich heute selbst alle Genüsse verbietet. Andrea wird es wahrscheinlich schwerfallen, ein starkes glückliches inneres Kind zu entwickeln. Alle lustvollen Aktivitäten gehen bei ihr mit starken Schuldgefühlen und Ekel vor sich selbst einher. Hinzu kommt, dass in ihrer Kindheit auch kaum Raum für Spaß und Spiel vorhanden war. Aufgrund ihrer schlimmen Kindheitsgeschichte ist sie chronisch depressiv und instabil.

Gerade Menschen wie Andrea profitieren von einer Stärkung des glücklichen inneren Kindes ungemein. Ihre Therapeutin konnte sie mittlerweile davon überzeugen, dass es wichtig für sie ist, den Kontakt aufzunehmen. Ob Sie eine Ahnung habe, welche Aktivitäten ihr dabei helfen könnten? Andrea weiß es nicht. Spontan fällt ihr überhaupt nichts ein. Sie versetzt sich deshalb zurück in ihre Kindheit. Das fällt ihr schwer. Andreas Kindheit war beherrscht von Freudlosigkeit, Schuldgefühlen und brachialen Strafen. Doch schließlich gelangt sie zu einer schönen Erinnerung: Sie erinnert sich an eine junge Nonne. Schwester Kathi war lustig und herzlich, hatte aber nur einige Monate in der Klosterschule verbracht. Andrea hatte sie schon fast vergessen. Jetzt erinnert sie sich an einen Fahrradausflug. Es war ein schon richtig warmer Maitag gewesen, ein Samstag. Ganz früh hatte Schwester Kathi sie geweckt und sie mit ihren Ausflugsplänen überrascht. Andrea erinnert sich noch genau an die langen Kastanienalleen zwischen den noch kahlen nackten Feldern, das erste Grün der Bäume, den Wind an ihren Beinen und in ihrem Haar, an das Lachen und die Sommersprossen von Schwester Kathi und an das wunderbare Mandeleis, das sie beide an einem Kiosk gekauft hatten.

Am nächsten warmen Tag gönnt sich Andrea ein Mandeleis und setzt sich auf eine Wiese. Sie genießt ganz bewusst den Wind an ihren Beinen und knabbert die Mandelschokolade ab. Sie fühlt sich immer noch ein bisschen schuldig, aber auch irgendwie glücklich, selbstständig und zufrieden.

Wenn du noch weitere Inspirationen brauchst, hilft dir vielleicht die folgende Liste. Allerdings sind die Dinge und Aktivitäten, die unser glückliches Kind aktivieren, ganz individuell. Für manche ist es die Carrerabahn, für andere ein Tag am See oder ein nächtlicher Besuch im Schwimmbad. Was den einen glücklich macht, geht dem anderen mitunter gehörig auf die Nerven. Vielleicht ist auf der Liste ja auch etwas für dich dabei, oder der eine oder andere Punkt bringt dich auf eine neue Idee, was bei dir funktionieren könnte.

Das glückliche Kind kann ich hervorlocken, indem ich …

- einen Schlager mitgröle, der im Radio läuft
- mit meinen Kindern um die Wette laufe
- mir die Sonne auf den Bauch scheinen lasse
- barfuß im Regen spazieren gehe
- mich in einen Haufen Herbstlaub fallen lasse
- auf meinem Bett herumspringe
- mit meinem Freund in der Küche zu Frank Sinatra tanze
- eine Kissenschlacht mit meiner Mutter veranstalte
- meine Freundinnen zur Pyjamaparty einlade
- Vogelstimmen imitiere
- meinen besten Freund beim Badminton ärgere
- mit meinen Nichten einen Lastwagen aus dem Tisch, einer Decke und Unmengen von Klebeband baue
- dieses Buch in den Fluss werfe

Ich hoffe, du hast jetzt zumindest ein paar Ideen, wie du dein glückliches Kind mal wieder zu einem Besuch anregen könntest. Auch wenn du meinst, dass für dich nichts dabei war: Probier einfach mal was Neues aus.

Schritt 2: Raum geben

Ich hoffe, du weißt jetzt genauer, wie dein glückliches inneres Kind sich anfühlt und wie du es aktivieren kannst. Die Aufgabe ist jetzt, diesen Aktivitäten mehr Raum in deinem Leben zu geben. Plan konkrete Unternehmungen fest im Terminkalender ein. Halt zum Beispiel den Montagabend für die Skatrunde mit deinem Kumpel Lukas frei oder den Sonntagmorgen für den kleinen Waldlauf mit deiner Tante Klara – was immer dir Spaß macht. Achte darauf, dass dir nicht zu oft etwas dazwischenkommt. Diese Zeit ist wichtig, weil sie dir guttut!

Schritt 3: In den Alltag integrieren

Jetzt, da du den Kontakt zu deinem glücklichen inneren Kind hergestellt hast, stellt sich die Frage, wie du diesen Zustand am besten in den Alltag integrierst: Da gehört er schließlich hin. Er soll kein Ausnahmezustand sein, den man wie den Weihnachtspullover nur einmal im Jahr aus dem Schrank holt. Sich wie das glückliche Kind damals zu fühlen, sollte ein fester Bestandteil deines Lebens werden und dich wenigstens einmal am Tag mit guten Gefühlen verwöhnen!

Allerdings gibt es ein paar Dinge, die du beachten solltest:

Nimm dir ausreichend Zeit! Es funktioniert nicht, das glückliche innere Kind unter Zeitdruck noch irgendwo zwischen zwei Termine zu quetschen. Denn es braucht eine entspannte Atmosphäre, sonst kannst du es lange bitten. Du musst ihm schon die nötige Aufmerksamkeit schenken, aber diese Zeit ist sehr gut investiert!

Nichts gegen Minischritte! Wie jede Veränderung geschieht auch diese nicht von heute auf morgen. Also setz dich nicht unter Druck. Vor allem wenn die glücklichen und unbeschwerten Momente in deinem Leben bisher eher spärlich gesät waren, gib ihnen Zeit, sich langsam zu vermehren. Ganz vorsichtig wird dein glückliches inneres Kind sich trauen, mehr und mehr Raum in deinem Leben zu besetzen.

Bitte keine Luftschlösser bauen! Bedenk auf jeden Fall, dass du für dein glückliches inneres Kind keine unbegrenzten zeitlichen Kapazitäten zur Verfügung hast. Wahrscheinlich ist dein Terminkalender wie der der meisten Menschen ohnehin schon ziemlich voll. Häufige und lange Phasen einzuplanen, die du nur deinem glücklichen Kind widmest, ist unrealistisch. Sei also pragmatisch und flexibel. Es gilt, Kompromisse zu machen. Besser, du gehst einmal alle zwei Wochen ins Schwimmbad als gar nicht.

Geteilte Freude ist doppelte Freude! Selbst wenn man nur die halbe Packung Eiscreme abkriegt, es schmeckt doch viel besser, wenn man sie gemeinsam genießt. Und natürlich ist es auch besser für die Figur, wenn man sich mit einer halben Portion begnügt … Es hat also nur Vorteile, Schönes mit Menschen zu teilen, die man mag. Außerdem lässt sich so auch Zeit sparen: Hanna zum Beispiel, die alleinerziehende, berufstätige Mutter, kann es sich überhaupt nicht erlauben, für ihr glückliches inneres Kind stundenlang Auszeiten von Beruf und Familie zu nehmen. Ihr ist es aber gelungen, sowohl ihre Schüler als auch ihre Kinder darin einzubeziehen. Sie machen ihre Glückliches-Kind-Aktivitäten gemeinsam: Kissenschlachten, Zauberküche, auf Tröten spielen. Das spart nicht nur Zeit und macht mehr Spaß – es tut in aller Regel auch deiner ganzen Familie gut, wenn du gemeinsam schöne Dinge unternimmst.

Nichts erzwingen! Der Zustand des glücklichen Kindes entsteht nicht unter Druck. Du musst dafür in der Stimmung sein. Selbst wenn du im Alltag eine »Insel« für dein glückliches inneres Kind eingeplant hast – manchmal passt es einfach nicht. Vielleicht bist du von der Arbeit total genervt, deine Kinder sind krank, oder du gehst gerade durch eine schwere Trennungsphase. Dann ist jetzt nicht die Zeit für das glückliche Kind. Es wird auf dich warten. Erfahrungsgemäß geht es dir in solchen Fällen besser, wenn du dich mit deinem erwachsenen Ich beschäftigst. Entschädige dein glückliches inneres Kind, indem du ihm Zeit schenkst, sobald es besser passt.

Emanzipation von den inneren Richtern

Wenn du ein verletztes inneres Kind hast, wirst du mit hoher Wahrscheinlichkeit auch einen oder mehrere schädliche innere Richter in dir tragen. Die beiden erscheinen gern im Team! Deshalb muss man auch beide gleichzeitig bearbeiten. Möchtest du dein verletztes inneres Kind heilen, musst du auch an die inneren Richter ran, die dich daran hindern möchten, und sie in die Schranken weisen. Lass nicht zu, dass diese schrillen Stimmen dein inneres Kind immer wieder verunsichern und verletzen. Sonst wird es sich nie erholen und stark und glücklich werden.

Nora beispielsweise wird in Situationen, in denen das verletzte Kind in ihr aktiv ist, auch die abwertenden Stimmen ihrer ehemaligen Klassenkameraden hören: »Du bist doof«, »Du stinkst«, »Du bist nicht cool genug, um mit uns zu spielen.« All diese abwertenden Sätze schwirren dann in ihrem Kopf herum und verletzen die kleine Nora erneut. Es ist ganz wichtig, gegen solche Botschaften vorzugehen. In diesem Kapitel werde ich dir das Handwerkszeug dazu geben.

Noras glückliches inneres Kind hilft ihr übrigens auch. In diesem Zustand sammelt sie die Kraft, die es ihr erlaubt, die abwertenden Stimmen nicht so ernst zu nehmen. Durch glückliche und unbeschwerte Momente weiß Nora, dass es auch anders und vor allem besser geht.

Notier zunächst die Botschaften, die von deinen inneren Richtern ausgehen. Verspürst du beide inneren Richter in dir, den fordernden *und* den strafenden, schreibe dir zu jedem etwas auf. Es ist sicher nicht ganz leicht, all das schließlich schwarz auf weiß geschrieben zu sehen. Allerdings ist es wichtig, den Feind genau zu beobachten. Je genauer du ihn kennst, desto leichter ist es, ihn zu bekämpfen.

Schritt 1: Inventur machen

Der erste Schritt ist auch diesmal wieder eine Bestandsaufnahme. Mittlerweile hast du eine Ahnung, woher die Botschaften kommen, die dich immer wieder unter Druck setzen oder niedermachen. Du weißt, welche Situationen und Personen in deiner Kind-

Mein innerer Richter

Die Botschaften meines inneren Richters:

Woran erkenne ich, dass mein innerer Richter aktiv ist?

- Was sind die typischen Auslöser?

- Welche Gefühle habe ich dann?

- Welche Gedanken kommen mir dann?

- An welche Person in meiner Biografie erinnern mich die Botschaften? Welche Erinnerungen sind beteiligt/werden ausgelöst?

....

....

- Wie verhalte ich mich in diesem Zustand?

....

....

- Welcher andere Anteil meiner Persönlichkeit (z. B. verletztes inneres Kind) hat damit zu tun?

....

....

- Was brauche ich, wenn mein innerer Richter aktiv ist? Welche Bedürfnisse habe ich?

....

....

- Wird mein Bedürfnis durch mein Verhalten befriedigt?

....

....

....

- Welchen Einfluss hat mein innerer Richter auf mein Gefühl von Sicherheit?

....

....

heit und Jugend dafür verantwortlich waren, dass du dich heute abwertest, schämst oder sogar hasst. Doch bevor wir dazu übergehen, diese Stimmen der Vergangenheit auf ein erträgliches Maß zu drosseln oder ganz zum Schweigen zu bringen, wollen wir eine Generalinventur machen.

Dafür ist es auch hier wichtig, dass du mithilfe einer Imaginationsübung erst einmal Kontakt zu deinen inneren Richtern aufnimmst. Allerdings Vorsicht! Es ist zwar wichtig, dass du diese Stimmen wahrnimmst, pass aber gut auf dich auf. Bleib auf einer rational-reflektierenden Ebene und versetz dich nicht allzu intensiv in die dazugehörigen Gefühle. Wenn du dir mit geschlossenen Augen etwas bildlich vorstellst, kann ein stark strafender innerer Richter schnell das Gefühlskommando an sich reißen, was sehr schmerzhafte Gefühle zur Folge hat, die du vielleicht allein nicht so leicht wieder loswirst. Pass also gut auf dich auf und geh ganz langsam vor. Folge der Anleitung, und frage dich nach jedem Schritt, wie du dich fühlst und ob du bereit bist, weiterzugehen. Wenn du glaubst, dass diese Übung überwältigende bedrückende Gefühle hervorrufen kann, sorge dafür, dass ein lieber Mensch in deiner Nähe ist, mit dem du anschließend darüber sprechen kannst. Das wird dich vermutlich entlasten und beruhigen.

Strafend oder fordernd?

Mach es dir bequem und entspann dich. Konzentrier dich auf deinen Atem. Atme ganz bewusst ein und aus … ein und aus …

Überleg jetzt, ob es in den letzten Tagen eine Situation gab, in der sich dein innerer Richter gemeldet hat: Hast du dich grundlos stark unter Druck gesetzt gefühlt? Hast du dich extrem abgelehnt gefühlt, obwohl die Situation völlig harmlos war? Hast du dich zu einem Verhalten gezwungen gefühlt, das deinen Interessen und Bedürfnissen zuwiderlief?

Als Nächstes solltest du herausfinden, welcher innere Richter bei dir wirksam ist. Dafür musst du über die Situation nachdenken: Worum ging es? Wie hättest du dich gefühlt, wenn du gemacht hättest, wonach dir eigentlich war? Wärst du dir wie ein Versager vorgekommen? Wie ein Verräter? Hättest du dich schuldig oder im Unrecht gefühlt? Wenn Scham, Selbsthass und Angst vorherrschend waren, dann neigst du vermutlich eher zum strafenden inneren Richter, bei Versagen und Schuld möglicherweise zum fordernden.

Wenn du dir nicht sicher bist, spür der schädlichen Stimme in dir nach: In welchem Tonfall spricht sie? Kommt dir dieser Tonfall bekannt vor? Hast du eine Idee, welche Person für diesen Elternmodus verantwortlich ist? Mach dich gut mit dieser Stimme bekannt. Umso besser wird es dir in den anschließenden Übungen gelingen, sie leiser werden und vielleicht ganz verstummen zu lassen.

Woher kommen die Botschaften der inneren Richter?

Erziehung ist eine schwierige Sache. Das meiste ist gut gemeint, und doch gelingt es eigentlich allen Eltern, ihren Kindern den einen oder anderen Knacks zu verpassen. Goldene Regeln haben oft eine produktive Botschaft, sie können aber auch viel Schaden anrichten. Es kommt auf den Kontext und die Interpretation an. »Erst die Arbeit, dann das Vergnügen« kann bedeuten, dass Arbeit viel wichtiger ist als Vergnügen, es kann aber auch heißen: Mach erst mal das Unangenehme, dann kannst du den angenehmen Teil des Tages besser genießen. Genauso: »Der Esel nennt sich selbst zuerst« – in einem liebevollen oder albernen Kontext muss dieser Satz nichts Verletzendes haben und wird sich vermutlich auch nicht einfräsen. In einem Familienverbund aber, in dem jede Äußerung von Bedürfnissen untersagt ist, gewinnt der Satz eine ganz andere Bedeutung und Tragweite. Vielleicht kennst du solche

Sätze, die sich in dir eingebrannt haben und sich in Momenten großer Verletzlichkeit zu Wort melden. Und vielleicht erinnerst du dich auch an die Person, die diese Worte immer wieder zu dir gesagt hat. Manche dieser Sätze klingen ziemlich harmlos und lassen einen großen Interpretationsspielraum. Andere vergreifen sich klar im Ton. Manchmal bestehen sie nur aus einem einzelnen abwertenden und beleidigenden Wort wie »Schwachkopf«, »Softie« oder »Schlampe«, mit dem Eltern ihr Kind abgewertet haben.

Deine nächste Aufgabe ist, die Botschaften deines inneren Richters zu sammeln. Gerade wenn bei dir ein stark strafender innerer Richter aktiv ist, denk bitte daran, dich mit den folgenden Fragen eher gedanklich als emotional zu beschäftigen! Sammle zunächst alle Aussagen, mit denen die überkritischen und fordernden Stimmen dich normalerweise überfallen, und überleg dann, wer sie dir wann ins Ohr gesetzt hat, in welchen Situationen sie sich heute bemerkbar machen und wie stark auf einer Skala von 1 bis 10 dein Leben von ihnen beeinflusst wird.

Botschaft des inneren Richters	**Ursprung**	**Wann aktiv?**	**Einfluss von 1 bis 10**
Z. B.: »Wer etwas nur für sich tut, ist egoistisch.«	Meine Mutter hat sich immer für alle aufgeopfert (Lernen am Modell).	Sobald ich mir etwas gönnen möchte.	Bedeutung heute: 7

Schritt 2: Veränderungen vornehmen

In einem zweiten Schritt wollen wir versuchen, den Einfluss der schädlichen Denkmuster, die dein innerer Richter mit sich bringt, zurückzudrängen oder sie ganz verstummen zu lassen – insbesondere wenn du einen starken strafenden inneren Richter hast.

Allerdings sind nicht alle Stimmen, die uns unter Druck setzen und Dinge tun lassen, die erst mal unangenehm sind, auch schädlich. Einige sind sogar sehr gesund! Ansonsten würdest du das Kind mit dem Bade ausschütten und dich auch jener Botschaften entledigen, die dir eigentlich guttun. Selbst bei den schädlichen ist sicher so einiges dabei, das man noch gebrauchen kann. Oft muss man es nur ein wenig abwandeln.

Um auf das Bild des Kleiderschranks zurückzukommen: Neben der Kleidung, in der du dich nur schlecht fühlst, weil sie kratzt oder die Haut nicht atmen lässt, gibt es auch solche Teile, die vielleicht nicht so bequem sind wie unsere Jogginghose, die aber ihre Funktion haben. Das elegante, wenn auch steife Jackett und die schwarzen Lederschuhe kann man zum Vorstellungsgespräch tragen, die hässliche, aber atmungsaktive Outdoor-Jacke taugt hervorragend zum Wandern. Außerdem gibt es Sachen, die nach ein paar kleinen Änderungen gut zu gebrauchen sind: Die kratzige Winterjacke unserer Mutter ist mit einem neuen weichen Futter wunderbar warm und eigentlich auch ganz chic. Der schwarze Rollkragenpullover, in dem wir immer das Gefühl hatten zu ersticken, gewinnt ungemein durch die Entfernung des Kragens … Es ist also Zeit auszumisten. Aber mit Bedacht! Es muss nicht alles in den Müll. Es gibt viele tolle Sachen in deinen Beständen.

Das kann weg!

Zu den Botschaften, die wegkönnen, zählen alle, die dich erniedrigen und dir das Recht absprechen, Bedürfnisse und Gefühle zu haben. Erinnere dich an Andrea, die jahrelang von den Nonnen malträtiert wurde und sich heute nichts Gutes tun kann, ohne sich dafür zu hassen. Die Botschaften, die Andrea mitgegeben wurden, müssen allesamt weg. Sie sind hochgiftig, gehören in einen großen Container für Sondermüll und müssen dann von Spezialisten so behandelt werden, dass sie keine weiteren Schäden verursachen.

Fallbeispiel: Andrea

Botschaften aus der Kindheit	**biografischer Ursprung**	**Welcher innere Anteil?**
»Du darfst nichts Leckeres essen!«	Nonnen	strafender innerer Richter
»Deine Bedürfnisse nach Genuss sind schlecht. Genuss ist etwas Böses.«	Nonnen	strafender innerer Richter
»Wenn du einen Fehler machst, bist du eine Versagerin!«	Nonnen	strafender innerer Richter

Andrea hat keine einzige Botschaft, die es lohnte, auf Wahrheitsgehalt oder Brauchbarkeit abgeklopft zu werden. Mit diesen Aussagen lässt sich produktiv nichts anfangen. Sie entziehen Andrea das Recht, sich um sich selbst zu kümmern und nett zu Leib und Seele zu sein. Andrea sollte sich vornehmen, diese Stimmen mit der Zeit vollständig verstummen zu lassen, um endlich ein zufriedeneres Leben führen zu können.

»Moment mal, das ist doch total chic!« – Kennst du das? Dein Kleiderschrank quillt über, und du machst dich zusammen mit einer Freundin daran auszumisten. Du siehst ein Kleidungsstück und stopfst es direkt in den blauen Sack. »Was? Das willst du nicht mehr haben? Das ist doch wunderschön!« Deine Freundin holt das Teil wieder aus dem Sack. »Hm, was für eine tolle Farbe! Das ist doch Kaschmir! Und der Rock hat genau die richtige Länge für dich.« Sie hat recht. Wie bist du nur auf die Idee gekommen, das wegzuwerfen? Es ist vielleicht nicht dein Lieblingsstück, aber es gibt viele Gelegenheiten, bei denen du genau darin umwerfend aussehen wirst.

Auch unter den Botschaften, die dich manchmal nerven und frustrieren, weil sie dich von der unmittelbaren Befriedigung deiner Bedürfnisse abhalten, sind solche, die dir nicht schaden, sondern langfristig guttun. Es ist gar nicht so leicht, diese Botschaften, die uns helfen, als gesunde Erwachsene zu handeln, von den schädlichen zu unterscheiden. Letztlich ist auch dies eine Frage der Form und des Maßes: Selbstkritik ist wichtig, aber permanente Selbstzweifel, Selbstabwertung oder gar Selbsthass sind extrem schädlich. Dasselbe gilt für Disziplin: Ganz ohne sie werden wir nie unsere Ziele erreichen können, während übermäßiger Leistungsdruck uns oft an unsere Grenzen bringt und dazu führt, dass wir andere wichtige Bereiche unseres Lebens vernachlässigen.

Ein Beispiel für eine Botschaft, die in ihrer ursprünglichen Form heikel ist, die sich aber so abwandeln lässt, dass wir von ihr profitieren können, ist diese: »Erst die Arbeit, dann das Vergnügen!« Daraus lässt sich vielleicht machen: »Wichtig ist, die richtige Balance von Arbeit und Vergnügen zu finden. Es ist gut, sich anzustrengen, weil man nur so Dinge erreicht. Achte aber auch darauf, dass der Rest nicht zu kurz kommt.« Die Botschaft ist dann zwar weniger griffig, dafür aber der Komplexität unserer Bedürfnisse und Lebensverhältnisse viel angemessener.

Fallbeispiel: Jonas

Jonas ist ein ganz anderer Fall als Andrea: Er ist bei sehr liebevollen Eltern aufgewachsen, die ihn jedoch übermäßig unter Druck gesetzt haben.

Botschaften aus der Kindheit	Ursprung	Welcher innere Anteil?
»Erst die Arbeit, dann das Vergnügen.«	Vater	leistungsfordernder innerer Richter
»Du bist schlau und liebenswert.«	Eltern	erwachsenes Ich

Im Gegensatz zu Andrea hat Jonas eigentlich nichts, was man einfach so ausmisten müsste. Mit seinen Botschaften kann man etwas anfangen. Das Lob seiner Eltern gibt ihm Selbstbewusstsein und stärkt sein erwachsenes Ich, solange er auf dem Boden bleibt und keinen Größenwahn entwickelt. Der andere Satz lässt sich leicht so interpretieren, dass er nicht nur unschädlich, sondern sogar hilfreich wird: »Die Arbeit ist wichtig, und es ist gut, wenn du erfolgreich bist. Aber Ausgleich muss sein. Arbeit ist nicht alles im Leben.«

Schritt 3: Widersprechen lernen

Diese abgewandelte Botschaft wird Jonas helfen, und auf lange Zeit wird sie hoffentlich jene ersetzen, die ihn immer so unter Druck gesetzt hat. Das Formulieren solcher alternativen Lebensregeln ist wesentlich, wenn wir unseren schädlichen inneren Stimmen etwas entgegensetzen wollen.

Neue Lebensregeln

Wir können versuchen, schädliche Botschaften so zu verändern, dass sie uns nützen. Eine andere Möglichkeit ist, den Botschaften zu widersprechen und uns alternative Lebensregeln auszudenken. Andrea könnte als Lebensregel formulieren: »Es ist wichtig, dass ich gut zu mir bin und auf meine Gefühle und Bedürfnisse achte.« Versuch es selbst! Schreib eine Liste mit den Regeln, die du so wichtig und schön findest, dass du sie gerne befolgen möchtest.

Wahrheitsgehalt überprüfen
Die Botschaften des inneren Richters sind laut und mächtig? Wer am lautesten schreit, hat aber nicht unbedingt recht. Überleg: Gab es nie eine Situation, in der diese Botschaften widerlegt wurden? In denen jemand diesen fordernden und abwertenden Stimmen direkt widersprach? Oder eine geliebte Person dir zeigte, dass diese Botschaften nur bedingt gelten? Fallen dir vielleicht selbst Einwände gegen den Druck und die Erniedrigung ein, denen die Stimmen deines inneren Richters dich aussetzen?

Wirf noch mal einen Blick auf S. 226, wo du die schädlichen Botschaften deines inneren Richters zusammengetragen hast, und überprüf dann jede mithilfe des folgenden Fragenkatalogs auf ihren Wahrheitsgehalt.

Botschaften des inneren Richters hinterfragen
- Was spricht für, was gegen diese Botschaft?
- Welche Beweise gibt es wirklich dafür?
- Wie hilfreich ist diese Botschaft für die Erfüllung deiner Pflichten und deiner Bedürfnisse?
- Wie sehr folgen Menschen, die ein Vorbild für dich sind, dieser Botschaft?
- Welche Erlebnisse, die du gemacht hast, widersprechen der Botschaft?
- Was würde dir dein bester Freund/deine beste Freundin in dieser Situation raten?

Ist es dir gelungen, die Botschaften deines inneren Richters zu hinterfragen? Das ist gar nicht so einfach. Zu lange begleiten sie uns schon. Aber wenn du es geschafft hast, auch nur einen ganz kleinen Zweifel zu säen, bringt das schon viel. Denn diese Zweifel können wachsen und gedeihen – am besten übrigens, wenn du dir diese Fragen regelmäßig stellst. Meldet eine deiner negativen Stimmen sich, begegne ihr von nun an mit diesem Fragenkatalog.

Dein Blick für Gegenbeweise wird sich mit der Zeit schärfen. Du darfst nur nicht aufgeben.

Die folgende Tabelle soll dir den Raum geben, deine Zweifel und Einwände gegen die negativen Richterstimmen festzuhalten. Fakten und Argumente zu finden, die diese Botschaften infrage stellen, ist mitunter recht schwierig. Es kann gut sein, dass es dir schwerfällt, an ihnen zu zweifeln. Kein Wunder, diese Botschaften haben deinen Blick auf dich selbst und auf die Welt schon so lange bestimmt. Deshalb hilft es dir vielleicht, die folgende Überprüfung der Botschaften deines inneren Richters gemeinsam mit einer vertrauten Person durchzuführen.

Botschaft des fordernden oder strafenden inneren Richters	**Erfahrungen aus verschiedenen Phasen meines Lebens, die beweisen, dass der innere Richter nicht recht hat**
Z. B.: »Wenn du dich nicht um andere kümmerst, bist du ein schlechter Mensch!«	Für andere da zu sein, ist mir wichtig. Um dafür genug Kraft zu haben, ist es aber nötig, dass ich mich auch um mich selbst kümmere.

Menschen mit einem starken fordernden und/oder strafenden inneren Richter fällt es schwer, den eigenen Ansprüchen zu genügen und überhaupt irgendetwas an der eigenen Person zu schätzen. Für uns alle, aber für sie ganz besonders, ist positive Rückmeldung von außen von entscheidender Bedeutung. Wir alle brauchen das Gefühl, gemocht und geschätzt zu werden. Nur wenn andere uns gut finden, finden wir selbst uns auch gut. Auch wenn wir gerne vom Urteil anderer Menschen unabhängig wären: Das sind wir einfach nicht.

Leider gelingt es gerade solchen Menschen, die Bestätigung und Lob dringend brauchen, nur selten, es wahr- und anzunehmen. Menschen mit einem geringen Selbstwertgefühl, die stark an sich und den eigenen Fähigkeiten zweifeln, fällt es besonders schwer zu bemerken, wenn andere ihnen Anerkennung entgegenbringen. Sie neigen dazu, positive Botschaften zu übersehen oder schnell zu widerlegen. Mit kritischen Rückmeldungen und Misserfolgen setzen sie sich damit ausgiebig auseinander. Das tut nicht gut, und es darf auf keinen Fall so bleiben: Entdecke deine eigene Liebenswürdigkeit und deine ganz besonderen Fähigkeiten – deine Umgebung tut das schon längst!

Deshalb ist dein Umfeld auch die Ressource, auf die du in der nächsten Übung »Das positive Tagebuch« zurückgreifen kannst. Hierdurch sollst du merken, was eigentlich alles in dir steckt, und zwar über die Rückmeldungen, die du schon jetzt jeden Tag erhältst, aber womöglich gar nicht richtig wahrnimmst. Die Übung soll dich also darin schulen, aufmerksamer gegenüber Komplimenten, Lob und Anerkennung zu sein.

Das positive Tagebuch

Für diese Übung brauchst du ein schönes Tagebuch. Such dir etwas aus, was dir wirklich gefällt, nicht irgendein Schulheft, sondern etwas Edles, Elegantes, Besonderes. Diese Vorbereitung ist ein erstes Zeichen der Wertschätzung, die du dir selbst entgegenbringst.

Überleg zuerst, welches Lob in der Vergangenheit bedeutsam für dich war, und notier die wichtigsten Erfahrungen, die dir dazu einfallen. Anschließend solltest du dir jeden Abend Zeit nehmen, den Tag noch einmal Revue passieren zu lassen und mindestens drei positive Rückmeldungen oder Erlebnisse aufzuschreiben. Bitte notiere in dein hübsches Büchlein wirklich jedes Lob, jede Wertschätzung und Aufmerksamkeit, die dir zuteilgeworden ist. Dinge wie »Mona hat mir zugelächelt«, »Mein Bericht kam ohne Korrekturen zurück« oder »Sonja hat mich um Rat gefragt« sind solche Zeichen des Respekts und der Wertschätzung. Unterschlage also auch solche »Kleinigkeiten« nicht. Du wirst dich wundern, wie viel da an einem einzigen Tag zusammenkommt, und mit der Zeit wirst du deine Wahrnehmung für Situationen schärfen, in denen du positive Rückmeldung erhältst.

Jetzt nimmst du Lob zwar wahr, das hilft dir aber herzlich wenig, wenn du es danach widerlegst und nicht annehmen kannst. Es fällt vielen, vielleicht sogar den meisten Menschen schwer, Komplimente anzunehmen. Natürlich freuen wir uns, wenn uns jemand etwas Nettes sagt, aber gleichzeitig ist es uns oft peinlich und unangenehm. Die nächste Übung soll dir zeigen, wie du dich am besten verhältst, wenn du Lob erhältst, und wie gut sich das anfühlt.

Lob annehmen

Setz dich bequem hin, entspann dich, und achte auf deinen Atem. Schließ die Augen. Wenn du ganz entspannt bist, versetz dich in eine Situation zurück, in der du kürzlich ein Kompliment erhalten hast, gelobt wurdest oder irgendeine andere Form der positiven Rückmeldung bekommen hast. Jetzt kommt das Schwierigste:

Stell dir bitte vor, dass du das Kompliment oder Lob mit einem lächelnden »Danke« annimmst. »Danke« – das ist alles. Kein Erröten, kein Abwinken. Wie fühlst du dich jetzt? Wenn du eine starke Anspannung spürst, stell dir nun vor, dass eine gute Freundin die Szene betritt. Diese Person kannst nur du sehen. Für alle anderen ist sie unsichtbar. Sie kommt auf dich zu, legt dir die Hand auf die Schulter und sagt: »Du schaffst das« und: »Du hast dieses Lob verdient!« Fühle, wie die Hand auf deiner Schulter dir die Kraft gibt, das Lob stehen zu lassen und dich darüber zu freuen. Wenn du dazu bereit bist, kannst du die Augen öffnen und die Übung beenden.

Es ist keine gute Idee, die schweren alten Winterstiefel wegzuwerfen, ehe man Ersatz beschafft hat. Am Ende läuft man mit kalten und nassen Füßen in Turnschuhen durch den Schnee. Das Gleiche gilt für die negativen Botschaften: Finde schnell positiven Ersatz!

Wahrscheinlich denkst du jetzt: Ich will mir aber auch nichts vormachen. – Das ist ein natürlicher Gedanke. Doch bedenk bitte: Auch die negativen Botschaften »machen dir etwas vor« und beschreiben eine Person, die du gar nicht bist. Außerdem sind Menschen in der Regel glücklicher, wenn sie die Wirklichkeit ein wenig positiv verzerrt wahrnehmen. Wissenschaftliche Studien zeigen, dass gesunde Menschen im Vergleich zu depressiven alles ein bisschen schöner sehen, als es ist. Es ist also gesund und damit auch zulässig, die Dinge so positiv zu betrachten wie möglich. Also: Her mit der rosaroten Brille!

Liste mit positiven Botschaften

Deine Aufgabe lautet deshalb jetzt: Finde positive Botschaften, die die negativen ersetzen können. Diese Botschaften sollen dazu führen, dass du dich in problematischen Situationen besser fühlst.

Gedanken entscheiden darüber, wie wir uns fühlen. Wenn du also in eine Situation gehst und dabei denkst: Ich kann nichts und weiß nichts, wirst du dich vermutlich inkompetent und schwach fühlen. Wenn du hingegen mit breiter Brust antrittst und denkst: Ich bin kompetent, und meine Meinung ist wichtig, wirst du dich viel sicherer fühlen und vermutlich auch so verhalten.

Beispiele für positive, hilfreiche Gedanken

- Meine Meinung ist wichtig und ich bin es auch!
- Jeder Mensch hat Fehler und alle Menschen sind gleich viel wert!
- Sich selbst infrage zu stellen, ist kein Zeichen von Schwäche, sondern eine große Stärke!
- Ich habe viele Dinge erreicht und muss mich nicht verstecken oder rechtfertigen!
- Ich habe das Recht, mein Leben entsprechend meiner Bedürfnisse zu gestalten!
- Die Meinung anderer Menschen entscheidet nicht darüber, wer oder wie ich bin!

Such dir aus deinen positiven Botschaften einen oder mehrere persönliche Mutmachsätze heraus und räume ihnen einen festen Platz in deinem Alltag ein. Du kannst einen solchen Satz auf eine Karteikarte schreiben und sie in deinen Geldbeutel stecken oder einen Mutmacher abfotografieren und als Handyhintergrund verwenden. Dann hast du ihn immer dabei!

»Ich kann mich auch anders sehen!«

Wir alle haben Eigenschaften, die wir nicht schätzen, Dinge, für die wir uns schämen und die wir an uns selbst hässlich und minderwertig finden. Du musst dir klarmachen, dass diese Einschätzung subjektiv ist. Hässlich und schön, dumm und klug, gut und schlecht sind keine objektiven Kategorien. Was dem einen gefällt, findet der andere ganz furchtbar, was dem einen nicht schmeckt, davon kann der andere gar nicht genug bekommen.

Mach dir bitte klar, dass dasselbe Prinzip auch in Bezug auf dich selbst gilt: Die schmalen Schultern, die du immer aufzupolstern versuchst, findet dein Partner vielleicht zart und elegant, und die Empfindlichkeit, für die du dich schämst, zeigt deiner Freundin, dass du ein sensibler und verständnisvoller Mensch bist.

Solche alternativen Interpretationsweisen kann man üben. Sie helfen uns, die eigenen blinden Flecken zu akzeptieren und uns so anzunehmen, wie wir sind. Versuch es selbst, indem du die folgenden Eigenschaften positiv deutest:

Ich bin …	**Anders betrachtet bin ich …**
immer so ängstlich	sehr umsichtig
ein Feigling	wachsam und auf Gefahren bedacht
überempfindlich gegenüber Kritik	sensibel für soziale Signale
zurückhaltend	jemand, der sich gut zurücknehmen kann
immer so grüblerisch	in der Lage, gut und genau nachzudenken
unentschlossen	jemand, der keine unüberlegten Entscheidungen trifft
ein Clown	
schüchtern	
…	
…	

Die meisten von uns hadern nicht nur mit ihrem Naturell, sondern auch mit ihrem Aussehen. Kaum einer ist völlig zufrieden, fast jeder fühlt sich entweder zu groß oder zu klein, zu dick oder zu dünn ... Manche von uns schämen sich so sehr für ihren Körper, dass sie sich solche Freuden wie den winterlichen Saunagang oder einen Tag am See versagen, weil sie sich nicht in Anwesenheit anderer ausziehen mögen. Das ist schade und muss nicht sein.

Eine Übung, die dir helfen kann, eine andere Perspektive auf deinen Körper einzunehmen, ist die sogenannte Spiegelübung. Sie soll dir helfen, deinem Aussehen mit einem liebevollen und fairen Blick zu begegnen.

Spiegel

Stell dich vor einen Spiegel, in dem du deinen ganzen Körper siehst. Schließ dann die Augen. Achte ein paar Atemzüge nur darauf, wie dein Atem in und aus deinem Körper strömt.

Nimm eine wohlwollende, freundliche und mitfühlende Haltung gegenüber dem Menschen ein, den du gegenüber im Spiegel erahnst. Wenn dir das schwerfällt, versuch, die Perspektive einer anderen Person einzunehmen, und tu so, als wäre der Mensch im Spiegel dein Kind oder ein enger Freund, jemand, den du sehr gern hast, dem du viel Mitgefühl entgegenbringst und dem du nur das Beste wünschst.

Halt die Augen geschlossen. Welche Gefühle kommen in dir auf? Empfindest du Zu- oder Abneigung, Stolz oder Scham, Fürsorge oder Nähe gegenüber deinem Spiegelbild? Was denkst du? Versuch bitte, deine Gedanken nicht zu bewerten. Mach deinem Spiegelbild ein Kompliment. Ganz sicher gibt es etwas Nettes, was du sagen könntest. Formuliere in Gedanken etwas über deine schönen Haare, deine zarten Gelenke, deine feine Nase ... und spüre in dich: Wie fühlt sich dein Körper an, wenn du diese freundlichen Gedanken hast? Wie fühlst du dich?

Stell dir jetzt vor, wie du in wenigen Augenblicken die Augen öffnest und du dein Spiegelbild siehst. Welche Gedanken kommen dir in den Sinn? Wenn negative Gedanken auftauchen, suche einen positiven Gedanken, mit dem du ihn entkräften kannst. Bleib dabei fair zu dir, mit allen Stärken und Schwächen.

Öffne nun deine Augen. Was löst das Spiegelbild aus, das du jetzt siehst? Konntest du negative Botschaften durch positive ersetzen? Versuch, die Haltung eines neugierigen, akzeptierenden, wohlwollenden Beobachters beizubehalten. Kannst du für einen Moment sagen: »Ja, so bin ich, das bin ich«? Kannst du dich einen Augenblick so annehmen, wie du bist? Das brauchst du gar nicht zu begründen oder zu rechtfertigen. Akzeptier dich, wie du einen geliebten Menschen akzeptierst.

Schließ nochmals die Augen und spür diesen Gefühlen und Gedanken nach. Jetzt kannst du die Augen wieder öffnen und die Übung abschließen.

Wie ist es dir ergangen? Hattest du das Gefühl, dich selbst annehmen zu können? Vielleicht war es nur ein ganz kurzer Moment, aber das ist schon wunderbar. Das lässt sich nämlich ausbauen. Du hast gerade einen kleinen und bedeutenden Schritt gemacht. Wichtig ist, dass du diese Erfahrung Stück für Stück in deinen Alltag einbettest. Du kannst jeden Morgen kurz die Haltung einnehmen, die du in der Spiegelübung hattest oder/und dich liebevoll um deinen Körper kümmern, indem du ihn cremst oder badest.

Schritt 4: Schädliche Botschaften reduzieren

Wirf noch mal einen Blick auf S. 226, wo du die Botschaften aus der Kindheit notiert hast. Da hast du auch ein Rating vorgenommen und bestimmt, wie sehr die jeweilige Botschaft dich beeinflusst. Aufgrund dieser Information kannst du jetzt entscheiden, welche Botschaften du in ihrem Einfluss auf dein Leben reduzieren möchtest. Auch diesmal: Mute dir nicht zu viel auf einmal zu. Was du hier in Angriff nimmst, ist eine schwierige, anstrengende und mitunter langwierige Aufgabe. Es geht darum, die Wirkung von Stimmen abzuschwächen, die dich schon seit deiner Kindheit begleiten.

Hilfsmittel: Symbole

Kennst du die Hand der Fatima, das arabische Symbol einer Hand mit einem Auge darauf? Dieses Symbol soll den bösen Blick von uns weisen, uns vor allem Schlechten und jedem Unglück schützen. Für die meisten Menschen ist so etwas Aberglaube: Das Symbol richtet sich gegen Dinge, die wir nicht beeinflussen können. Ganz anders ist es mit Symbolen, die uns an bestimmte Vorsätze und Ziele erinnern sollen: eine Medaille, die uns dazu animieren soll, vor dem nächsten Wettkampf häufiger mal ins Schwimmbecken zu steigen, die Fotografie einer Freundin, die wir häufiger anrufen wollen, ein Smiley, der uns daran erinnert, freundlicher zu anderen Menschen zu sein.

Genau so funktionieren auch die kleinen Gegenstände, mit denen wir diese oder jene innere Stimme in die Schranken weisen wollen. Das kann im Grunde alles sein: eine Blume, eine Puppe, ein Stein, eine Muschel, ein Stoppschild ... Am besten ist es, wenn wir einen deutlichen Bezug zwischen dem Symbol und dem erwünschten Verhalten herstellen können. Beispielsweise kann ein kleines Stoppschild auf dem Schreibtisch uns daran erinnern, Grenzen zu setzen und nicht immer zu allem Ja zu sagen.

Mein Brief an mich 2

Es ist natürlich ein komisches Gefühl, eine Postkarte oder einen Brief an sich selbst zu schreiben. Diese Übung dient dazu, dass aus deiner veränderten Perspektive heraus deine Rechte auf den geplanten Veränderungsschritt noch einmal bestätigt werden. Das ist übrigens gar nicht mal so ungewöhnlich: In den 1950er-Jahren sang Frank Sinatra: »I'm gonna sit right down and write myself a letter.«

Weil die Angebetete offensichtlich schreibfaul ist, setzt Sinatra sich hin und schreibt an sich selbst und schenkt sich Worte voller Liebe und Zuneigung, die umso süßer klingen, weil er so tut, als stammten sie aus der Feder seiner Geliebten. Er wusste offensichtlich, dass man sich manchmal selbst etwas Gutes tun muss und dass auch eine Strategie, deren illusorischen Charakter man durchschaut, trotzdem wirken kann.

Versuch es also ruhig mal – beschwindle dich selbst ein bisschen. Schaden kann es nicht.

Vielleicht fällt dir aber auch gar nichts ein, was du schreiben könntest. Zunächst ist es ganz wichtig, dass du dem Sinatra-Prinzip folgst: Schreib liebevolle Worte an dich, und tue so, als stammten sie von einer dir gewogenen Person. Damit du eine klarere Vorstellung davon bekommst, wie so ein Brief an dich selbst aussehen könnte, folgt hier die Postkarte, die Andrea an sich geschrieben hat:

Liebe Andrea,

du bist mehr als okay, und deine Bedürfnisse sind es auch. Es ist sogar gut und wichtig, dass du besser für dich sorgst. Das sagen auch Lars, Gunnar und Dirk. Wir haben dich alle lieb und wünschen dir nur das Beste!

Mein Brief an die Verursacher meines inneren Richters

Wenn du heute darunter leidest, dass du dich übermäßig oder vielleicht auch gar nicht unter Druck setzt, dich selbst abwertest oder sogar hasst, ist dafür mit großer Wahrscheinlichkeit eine Person aus deiner Kindheit und Jugend zumindest mitverantwortlich. Es können auch mehrere Personen sein. Als Kind hat jemand deine Bedürfnisse sträflich missachtet, und es ist dein gutes Recht, deswegen wütend zu sein. Es kann heilsam und wohltuend sein, diese Wut zu äußern – am besten in einem Brief.

Bevor du anfängst zu schreiben, stell dir zum Inhalt des Briefes folgende Fragen:

- Was richten die Botschaften, die diese Person mir mitgegeben hat, in meinem Leben an, und wovon hängt das ab?
- Warum will ich mich von diesen Botschaften trennen? Was möchte ich erreichen?
- Warum lag die Person falsch mit der Einschätzung meiner Person?
- Was habe ich schon erreicht, worauf ich stolz sein kann? Ich lass nicht zu, dass die Stimmen meiner inneren Richter diese Erfolge entwerten!
- Was hätte ich eigentlich von der Person gebraucht?
- Ich stelle klar, dass ich mich nicht mehr von der Stimme und den Botschaften dieser Person steuern lassen werden! (Z. B.: »Ich werde nicht mehr zulassen, dass du mich davon abhältst, für meine Meinung einzustehen, meine Rechte durchzusetzen, mich sicher zu fühlen und mein Leben zu genießen!«)

Wenn du den Brief geschrieben hast, lies ihn bitte laut vor. Ich weiß, das klingt jetzt wieder ein bisschen merkwürdig. Aber überwinde dich! Du wirst merken, dass es eine ganz andere, viel stärkere Wirkung hat, wenn du die Dinge hörst, anstatt sie nur leise zu lesen.

Solche Briefe und Karten haben einen besonders starken Effekt, wenn du darin Sätze und Aussagen von Freunden aufnimmst, die dir das Recht auf deine Bedürfnisse und Gefühle bestätigen und dir ganz allgemein das Gefühl geben, dass du ein wunderbarer und liebenswerter Mensch bist. Vielleicht fallen dir noch weitere Menschen ein, die den negativen und schädigenden Aussagen deines inneren Richters widersprechen. Das wird dir helfen, solche Unterstützung in deinen Alltag zu integrieren, etwa indem du das Bild deiner Lieblingstante auf dem Desktop speicherst. Wenn du im Büro wieder mal in eine knifflige Situation kommst, wirf einen Blick auf das lächelnde Gesicht deiner Tante, und fühl dich schon viel besser gewappnet gegen die sich ankündigenden Stimmen des inneren Richters.

Bei einem stark strafenden inneren Richter funktionieren manchmal viele dieser Übungen nicht. Möglicherweise verbietet seine Stimme dir die Übungen sogar, oder er macht sich über dich lustig. Du hast dann vielleicht Schuldgefühle oder das Gefühl, dass der strafende innere Richter immer stärker wird. In solchen Fällen ist die Unterstützung durch andere besonders wichtig. Wovon du dich selbst nicht überzeugen kannst, davon müssen dich deine Freunde, dein Partner und in schwierigen Phasen sicher auch ein Therapeut überzeugen. Hol dir jede Unterstützung, die du bekommen kannst. Es kann dir nur guttun!

Diese Unterstützung muss übrigens nicht unbedingt real sein, imaginäre Freunde tun es oft auch. Viele Menschen machen das ganz automatisch: Bei Klärungsbedarf besprechen sie die Situation und ihre Gefühle mit einem »inneren Helfer«. Das solltest du auch tun, wenn dein strafender innerer Richter im Anmarsch ist. Hol dir imaginäre Unterstützung ins Boot.

Gespräch mit imaginären Verbündeten

Die schädlichen Botschaften aus deiner Kindheit sind wahrscheinlich nur allzu präsent. Überleg also, ob du nicht Menschen kennst, die diesen Botschaften schon mal widersprochen haben, die dich ganz anders sehen. Vielleicht eine Tante, ein Freund, eine Lehrerin? Egal, wer, nimm diese Person als inneren Helfer. Und jetzt denk an eine aktuelle Situation, in der dein innerer Richter wieder mal die Kontrolle über deine Gedanken, Gefühle und dein Handeln an sich gerissen hat: Vielleicht wertest du dich selbst ab, weil du dich ungeschickt oder in deinen Augen peinlich verhalten hast, oder du gibst dir die alleinige Schuld an einem Streit, für den der andere ebenso verantwortlich war, oder du hasst dich, weil du diese Woche nicht zum Sport gegangen bist und ein paar Pfund zugelegt hast.

Wenn du eine solche Situation gefunden hast, erzähl deinem inneren Helfer davon. Er hört sich alles an und dann antwortet er. Sei geduldig, lass ihn in Ruhe ausreden. Was sagt er? Überprüf, ob seine Antwort zeigt, dass er deine Bedürfnisse und Gefühle respektiert und dir wohlmeinend gegenübersteht.

Sollte dem nicht so sein, dann hat sich der strafende innere Richter eingeschaltet, dann bringen dir solche Übungen nichts. Du solltest dich in diesem Fall an einen Therapeuten wenden.

Wenn du merkst, dass die Worte deines inneren Helfers dir guttun, dann kannst du einen Schritt weitergehen und die folgende Imaginationsübung anschließen.

Der innere Helfer

Entspann dich und schließ die Augen. Überleg: In welcher Situation hat sich dein innerer Richter das letzte Mal gemeldet und mit welchen Botschaften hat er dich gequält? Zu welchen Gefühlen,

Gedanken und zu welchem Verhalten hat er dich veranlasst? Versetz dich vorsichtig in die Situation, aber nimm deinen inneren Helfer mit! Was sagt und tut er? Wie fühlst du dich jetzt? Hilft er dir dabei herauszufinden, was du in dieser Situation eigentlich brauchst?

Hast du diese oder einige der vorigen Übungen gemacht? Wie fühlst du dich jetzt? Erwarte bitte keine Wunder! Die Veränderung deiner inneren Stimmen ist eine langwierige und kräftezehrende Angelegenheit. Aber sie ist möglich und lohnt sich. Du wirst merken, dass du dich mit der Zeit entspannter und freier fühlst. Dass die Zwangsjacke aus der Kindheit nicht mehr ganz so eng festgezurrt ist, sondern Stück für Stück nachgibt, sich weitet, bis du dich schließlich ganz aus ihr befreien kannst. So wirst du einen viel besseren Zugang zu deinen Bedürfnissen bekommen.

Leider ist dieser Prozess nicht unabhängig von deinem aktuellen Leben: Wenn sich Krisen und Konflikte, Stress und Verlust einstellen, hast du weniger Kraft, deinem inneren Richter etwas entgegenzusetzen. Das ist normal. Aber solche vorübergehenden Rückschritte sollten dich auf keinen Fall entmutigen. Bitte geh auch weiterhin gegen die gehässigen Stimmen jener vor, denen entgangen ist, wie wunderbar und liebenswert du bist.

Das eigene Verhalten auf dem Prüfstand

In unserem Kleiderschrank sind Sachen, die wir uns nur gekauft haben, weil wir uns schämen: um unsere individuellen Problemzonen zu verstecken oder um zu gefallen. Hoffentlich ist mittlerweile deutlich geworden, dass viele unserer Problemzonen gar keine sind: Was zu groß oder zu klein, zu dünn oder zu dick, schön oder hässlich ist, ist subjektiv. Schönheit liegt im Auge des Betrachters. Fatal ist nur, dass die Augen des Betrachters, wenn wir uns selbst anschauen, meist nicht unsere eigenen sind. Viele von uns schauen durch die Augen eines anderen, ihnen nicht wohlgesinnten Menschen auf den eigenen Körper und die eigene Person. Das Problem sind also nicht wir, sondern der verinnerlichte abwertende Blick, den man uns in der Kindheit mitgegeben hat.

Schritt 1: Schädliche Verhaltensweisen erkennen

Nimm wahr, wie du dich verhältst. Welche Verhaltensweisen kennst du nur zu gut? Denk nach: Wann treten sie auf? Wie beeinflussen sie deine Gefühle, deine Gedanken, dein Verhalten? Weißt du, was du in diesen Momenten eigentlich brauchst? Wie fühlst du dich danach?

Diese Gefühle sind ganz wichtig. Im Unterschied zu den inneren Kindern und inneren Richtern fühlen sich Bewältigungsstrategien, solange sie wirken und oft auch danach, in der Regel neutral und häufig sogar gut an. Deshalb halten wir unser Handeln für ganz normal, und es fällt uns schwer zu erkennen, dass Selbstüberlistung im Spiel ist.

Der beste Weg, um das herauszufinden, ist nachzufragen. Außenstehende haben in der Regel ein gutes Gespür. Frag also Menschen, die du lange kennst, denen du vertraut bist oder die es gut mit dir meinen. Das kann dein Therapeut sein, aber auch Freunde, Partner, Eltern, Geschwister. Achte darauf, ob unterschiedliche Menschen, die du vielleicht aus ganz verschiedenen Kontexten (Familie, Verein, Beruf) kennst, dieselben Sachen über dich sagen: Dann ist vermutlich etwas dran. Wenn zum Beispiel wiederholt geäußert wird, dass du dich vor schwierigen Aufgaben drückst und andere die Kastanien aus dem Feuer holen lässt, dann solltest du auf jeden Fall überprüfen, ob du vielleicht zu Vermeidung neigst. Wenn hingegen oft Unverständnis darüber geäußert wird, dass du dir übergriffige und demütigende Äußerungen und Behandlungen gefallen lässt und scheinbar ein Problem damit hast, Nein zu sagen, dann kann es sein, dass bei dir die Strategie der Unterwerfung aktiv ist. Und wenn mehrere Personen sich über deinen Egoismus und deine Arroganz aufregen, dann gehört mit größter Wahrscheinlichkeit Überkompensation zu deinem Repertoire.

Meine Form der Bewältigung bestimmen

Klär zunächst, auf welche Form der Bewältigung du zurückgreifst, wenn du dich schwach oder in die Enge gedrückt fühlst. Dabei helfen dir die folgenden Fallbeispiele und die sich anschließenden Fragen. Wenn es dir allein schwerfällt, kannst du diese mit einem guten Freund bearbeiten.

Fallbeispiel: Unterwerfung

Erinnerst du dich noch an Nadine, die Frau mit dem starken Unterwerfungsmodus, die immer wieder an Männer gerät, die sie herumkommandieren und sogar handgreiflich werden? Nadine ist auf dieses Verhaltensmuster erst durch eine Freundin aufmerksam geworden. Als sie mal wieder mit einem blauen Auge erscheint, meint die: »Warum suchst du dir eigentlich immer solche Typen aus? Und warum lässt du dir so viel gefallen?« Zum ersten Mal denkt Nadine darüber nach, ob ihre Beziehung sie eigentlich glücklich macht. Sie erstellt gemeinsam mit ihrer Freundin eine Liste der Sachen, die sie mag, und der Sachen, die sie nicht mag. Dabei stellt sie fest: Sie fühlt sich in dieser Beziehung weder sicher noch geliebt, genießt weder das Beisammensein noch den Sex und sehnt sich eigentlich nach einer ganz anderen Beziehung. Sie ahnt, dass sie sich Männer aussucht, die so sind wie ihr Vater: Alkoholiker mit Hang zum Zuschlagen, und dass sie ihr Unterwerfungsverhalten von ihrer Mutter übernommen hat.

Fallbeispiel: Vermeidung

Leonie hatte wie Nadine einen alkoholabhängigen und gewalttätigen Vater. Im Gegensatz zu Nadine bewältigt sie schwierige Situationen durch Vermeidung. Aus diesem Grund ist sie heute extrem schreckhaft und fühlt sich leicht bedroht und abgelehnt. Doch statt sich schlechter Behandlung zu unterwerfen, versucht Leonie, andere Menschen zu meiden. Sie zieht sich sozial so weit wie möglich zurück und versucht außerdem, negative Gefühle mithilfe von Alkohol zu betäuben. Vor allem auf der Arbeit trinkt sie regelmäßig. Leonie ahnt, dass sie ebenso wie ihr Vater bereits ein Alkoholproblem hat, und ihr ist klar, dass sie etwas ändern muss.

Fallbeispiel: Überkompensation

Mark kennst du bereits: das vernachlässigte Scheidungskind, das nie genug Liebe und Wertschätzung erfahren hat. Es ist tragisch, dass sich eine so lieblose Kindheit bis ins Alter fortsetzen muss. Doch durch die Wunden, die die Kindheit ihm zugefügt hat, hat Mark ein Muster entwickelt, das von übermäßiger Angeberei und einer weitgehenden Unfähigkeit, sich in andere hineinzuversetzen, geprägt ist. Mark sieht immer nur sich. Und damit geht es ihm auch oft gut: Er glaubt nicht nur die meiste Zeit, klüger und toller als alle anderen zu sein, er ist beruflich und sexuell auch so erfolgreich, dass er nur selten in Konflikt mit seinem Selbstbild gerät. Doch schließlich kommt sein fünfzigster Geburtstag und Mark will eine große Party geben. Er freut sich riesig darauf. Er ist gerade wieder befördert worden und kann allen erzählen, warum er als Sieger aus dem harten Konkurrenzkampf hervorgegangen ist. Dann überlegt er, wen er einladen soll: Mit seinem Bruder ist er zerstritten, seine Eltern hatten noch nie Interesse an ihm, seine zwei Ehen sind gescheitert, und seine Freunde haben sich alle irgendwann verabschiedet – oder er hat sich nicht mehr gemeldet. Wie ist das nur so gekommen? Er erinnert sich an den Satz einer Exfreundin: »Mensch, Mark, wenn du die anderen nicht auch mal was sagen lässt, haben die irgendwann keine Lust mehr zu kommen.« Damals hatte er sie abgekanzelt, jetzt fragt er sich, ob an der Bemerkung nicht vielleicht etwas dran ist. Er erinnert sich, dass er sich manchmal wie ein alberner Gockel fühlt und unauthentisch vorkommt. Er weiß auch, dass er immer wieder Momente großer Einsamkeit und Verlassenheit erlebt. Sind Arroganz und Überheblichkeit seine Weise, diese negativen Gefühle zu bewältigen? Und ist diese Form der Bewältigung vielleicht dafür verantwortlich, dass er sich seinen Traum von einer Familie nicht erfüllen konnte?

Meine Form der Bewältigung

Was sagen meine Freunde und Bekannten?

....

....

Fallen verschiedenen Personen aus verschiedenen Lebensbereichen (Partnerschaft, Freundschaft, Verein, Beruf, Familie) ähnliche Verhaltensweisen an mir auf?

....

....

Wie reagiere ich auf Stress und Ärger in Beruf und Beziehungen?

....

....

Wie schätzen meine Freunde und Kollegen meinen Bewältigungsstil ein?

....

....

Hat dir diese Aufgabe geholfen? Wenn nicht, bringt vielleicht die folgende Imaginationsübung Gewissheit. Vermeidung und Unterwerfung festzustellen, ist oft einfacher, denn diese Bewältigungsmodi vermitteln einem meist das Gefühl, emotional mit Situationen nicht gut zurechtzukommen. Ganz anders bei der Überkompensation: Häufig fühlt man sich währenddessen sehr gut. Gerade fehlender Leidensdruck macht es schwer, diesen Bewältigungsstil bei sich festzustellen.

Ursprung meines Bewältigungsstils

Entspann dich. Achte auf deinen Atem. Atme langsam ein und aus ... ein und aus. Schließ jetzt die Augen, und versetz dich in eine Situation, in der du zu Bewältigungsstrategien neigst. Meist sind das Situationen, in denen du dich unwohl und unsicher fühlst, in denen sich die Stimmen deines inneren Richters melden und drohen, dich unter Druck zu setzen und zu verletzen.

Spür die Situation so intensiv wie möglich. Frag dich: Was tue ich? Was sage ich? Wie klingt meine Stimme? Welche Gefühle habe ich? Wie fühlt sich mein Körper an? Vielleicht hast du auch eine Idee, was du jetzt eigentlich tun oder sagen willst und was du jetzt brauchst.

Und jetzt schlag eine »Affektbrücke«. Vielleicht erinnerst du dich noch: Dabei soll über Gefühle eine Verbindung zwischen Vergangenheit und Gegenwart hergestellt werden: Denk an eine aktuelle Situation, in der deine Bewältigungsform aktiv war, und spür den Gefühlen und Sinneseindrücken nach, die du damals hattest. Dann lösch die aktuelle Situation vor deinem inneren Auge. Halt an deinen Gefühlen fest, und geh langsam in die Vergangenheit zurück, in deine Kindheit und Jugend. Erzwing bitte nichts. Wart geduldig auf die Bilder und Erinnerungen, die sich einstellen. Welche Situationen erlebst du? Welche Menschen begegnen dir? Welche Gefühle werden in dir ausgelöst?

Beende jetzt die Imaginationsübung. Konzentrier dich wieder auf deinen Atem. Spürst du deinen Körper: deine Füße auf dem Boden, deine gefalteten Hände …? Öffne die Augen, und überleg, warum die beiden Situationen ähnliche Gefühle in dir ausgelöst haben. Was haben sie gemeinsam? Welcher Zusammenhang könnte zwischen ihnen bestehen? Und welche Fragen sind noch offen?

Schritt 2: Vor- und Nachteile unterscheiden

Nicht immer sind Bewältigungsformen aus der Kindheit schädlich. In Maßen helfen sie uns, unbeschadet durch unseren Alltag zu kommen. Wir geraten immer wieder in Situationen, in denen es nicht opportun ist, Konflikte auszutragen, negative Gefühle an uns heranzulassen oder uns klein und hilflos zu fühlen. Manchmal bringt es überhaupt nichts, einen Streit mit einem cholerischen Kollegen auszutragen, wenn es um nichts Wichtiges geht und der Kollege zudem unfähig zu Kompromissen ist. Ebenso unnötig ist es, wegen jeder Ungerechtigkeit, Provokation und Übergriffigkeit aktiv zu werden: Manchmal ist Stillhalten einfach die beste Strategie. Und schließlich gibt es auch Situationen, in denen ein Selbstbild, das leicht positiv verzerrt ist, uns helfen kann: beim Vorstellungsgespräch, beim ersten Date und immer dann, wenn wir Interessen durchsetzen wollen. Wir müssen nicht immer unbedingt authentisch auftreten. Ein solches funktionales Bewältigungsverhalten unterscheidet sich vom schädlichen dadurch, dass es uns hilft, unsere Ziele zu erreichen, während die schädlichen Bewältigungsmuster uns daran hindern, die eigenen Grundbedürfnisse zu befriedigen.

Leonies Vermeidungsmodus zum Beispiel hat ihr ein Alkoholproblem beschert. Marks Überkompensation seines unerfüllten Wunschs nach Aufmerksamkeit in der Kindheit zeigt sich im Zwischenmenschlichen so: Er beansprucht viel Redezeit, was den

Vorteil hat, dass er in diesen Momenten viel Aufmerksamkeit bekommt, aber zugleich den Nachteil, dass andere Menschen sich übergangen und in die Ecke gedrängt fühlen. Oder seine Angeberei und Überheblichkeit: Dieses Auftreten verschafft ihm selbst das Gefühl, besonders klug zu sein und die Situation zu kontrollieren, der Nachteil ist aber, dass er andere dadurch abwertet. Marks Bewältigungsstil tut kurzfristig also durchaus seinen Dienst: Er fühlt sich in den Momenten, in denen er aktiv ist, tatsächlich weniger allein und hilflos. Langfristig führt sein kindliches Verhalten aber dazu, dass andere sich abwenden und er erst recht allein ist.

Für dich gilt es also zuallererst zu entscheiden, ob dein Bewältigungsverhalten mehr Vor- oder Nachteile hat. Denk dabei an lang- und kurzfristige Nachteile, wie bei der entsprechenden Übung zum verzogenen inneren Kind (S. 205). Was überwiegt? Manchmal ist das Ergebnis ziemlich ausgeglichen. Das unterscheidet die Bewältigungsformen etwa vom strafenden inneren Richter. Deshalb wäre es auch falsch, diese Verhaltensweisen komplett über Bord zu werfen. Man kann sie in vielen Situationen gut gebrauchen. Du solltest also ganz genau hinschauen und entscheiden: In welchen Situationen und Bereichen bewältige ich besonders stark – und schadet oder nützt mir das?

Schritt 3: Veränderungen planen

Wenn du dich dafür entschieden hast, dein Bewältigungsverhalten einzugrenzen, wird es jetzt konkret. Überleg: Wo genau möchtest du deine Form der Bewältigung reduzieren? Wo möchtest du deine Gefühle und Bedürfnisse direkter zum Ausdruck bringen? Bei den meisten Menschen wirken sich Bewältigungsformen vor allem im privaten zwischenmenschlichen Bereich negativ aus. Mark ist so ein Fall. Beruflich ist er vermutlich gerade auch wegen seiner Bewältigungsstrategie so erfolgreich: Er strahlt große Selbstsicherheit aus, die bei Kunden und Mitarbeitern Vertrauen schafft und ihm so Aufträge sichert. Im privaten Bereich hingegen sollte er daran arbeiten, seine Angeberei und Überheblichkeit in Grenzen zu halten. Sie vergrault jene Menschen, die ihm wichtig sind, und isoliert ihn auf Dauer.

Wenn du dein Bewältigungsverhalten eingrenzen willst, bedeutet das, du möchtest deine Gefühle und Bedürfnisse in Zukunft direkter äußern können und so auch eine Chance haben, diese zu befriedigen. Du möchtest authentischer werden und dich nicht immer automatisch verbiegen, wenn es mal brenzlig wird. Also bietet es sich an, Hilfe beim erwachsenen Ich zu suchen. Wenn man bei sich ist, läuft man weniger Gefahr, Bewältigungsstrategien überhaupt einzusetzen. Und im Zustand des erwachsenen Ichs bist du weitgehend bei dir, spürst deine Gefühle und Bedürfnisse und hast in der Regel die Kontrolle über dein Handeln.

Dein Ziel ist jetzt, in Momenten, in denen sich deine Bewältigungsform meldet, stattdessen dein erwachsenes Ich zu aktivieren. Erinnerst du dich noch, welche Aktivitäten und Situationen das erwachsene Ich in dir aktivieren? Vielleicht hilft dir das Zusammensein mit Kindern oder Tieren, vielleicht Musik, vielleicht deine Familie oder ein bestimmtes Hobby. Es spielt letztlich überhaupt keine Rolle, wo du deine Sicherheit findest. Entscheidend ist nur, dass du sichere Orte hast und es dir Stück für Stück gelingt, das Gefühl, das diese dir vermitteln, auf andere Situationen auszudehnen. Dabei hilft die folgende Imaginationsübung:

Hilfe vom erwachsenen Ich

Schließ die Augen und hör auf den eigenen Atem. Atme ganz bewusst ein und aus. Warte, bis du dich völlig entspannt hast.

Jetzt versetz dich in eine sichere Situation, die das erwachsene Ich in dir aktiviert: Stell dir vor, im Chor zu singen, mit deinem Hund zu spielen oder einen Ausflug mit deiner Kindergruppe zu machen. Versuch, die Gefühle von Sicherheit und Verbundenheit ganz genau und intensiv zu spüren. Verankere diesen entspannten und sicheren Zustand möglichst fest in dir.

Lösch jetzt die sichere Situation, ohne die damit verbundenen Gefühle aufzugeben. Halt diese ganz fest.

Geh nun langsam in eine zweite, schwierige Situation, in der du oft auf Bewältigung zurückgreifst, weil du dich unsicher und verletzlich fühlst: Stress am Arbeitsplatz oder einen Konflikt mit dem Partner. Nimm die positiven Gefühle mit und vielleicht sogar noch eine Person, die an der sicheren Situation beteiligt war.

Verändern sich deine Gefühle in dieser Situation? Verändert sich dein Verhalten? Bist du in der Lage, dich diesmal anders zu verhalten, keine Bewältigungsstrategie einzusetzen? Was könnte dir helfen, die guten Gefühle besser zu verankern?

Schritt 4: Schädliches Verhalten reduzieren

Du leidest unter einem stark unterwerfenden Verhalten? Du hast das Gefühl, zu oft Problemen aus dem Weg zu gehen oder dich unauthentisch zu verhalten? Dinge zu tun, die du eigentlich gar nicht tun wolltest?

Schon dieses Eingeständnis ist ein großer Schritt, und du kannst stolz auf dich sein. Die Arbeit, die jetzt auf dich zukommt, ist vielleicht nicht ganz einfach. Mute dir also bitte nicht zu viel zu. Mach kleine Schritte, auch die bringen dich nämlich sicher näher ans Ziel. Und lass dich nicht von Rückschlägen und Rückfällen entmutigen: Die sind ganz normal und gehören leider dazu. Wichtig ist bloß, nicht aufzugeben, sondern trotzdem weiterzumachen. Beginn mit Kleinigkeiten und steigere dich langsam. Die ersten Erfolgserlebnisse werden dich motivieren!

Damit dein Vorhaben gelingt, musst du ein konkretes Ziel haben, das – in kleinen Schritten – auch wirklich zu erreichen ist. Und du brauchst eine Alternative zu deinem bisherigen Verhalten: Was möchtest du sagen, was möchtest du tun? Welchen Tonfall möchtest du anschlagen, welche Gefühle und Bedürfnisse zum Ausdruck bringen? Es ist gut, zwangsläufige Verhaltensmuster aufzugeben. Aber das kann nur funktionieren, wenn du überlegt hast, welche Prinzipien stattdessen dein Verhalten leiten sollen. Deinem Wunsch, dich in Zukunft in brenzligen Situationen anders zu verhalten, kommst du mit guter Vorbereitung und einem konkreten Plan Schritt für Schritt ganz sicher näher.

Unterwerfung reduzieren

Du willst dich nicht mehr ständig unterwerfen? Großartig. Aber was wirst du stattdessen tun? Die Lösung kann auch nicht sein, von jetzt an in jeden Konflikt zu gehen. Setz dich also in Ruhe hin, und überleg, wo du im Leben stehst und wie du dich künftig verhalten möchtest. Entwirf eine positive Vision von deiner Zukunft. Frag dich: Was ist mir wichtig? Was möchte ich erreichen? Was möchte ich auf jeden Fall von nun an anders machen?

Nadine zum Beispiel will in Zukunft eine Beziehung führen, in der Respekt und Zuneigung herrschen. Das ist langfristig ein gutes Ziel. Kurzfristig bedeutet das aber, sie muss sich von ihrem gewalttätigen Partner trennen und einen sicheren Ort aufsuchen. Dann kann sie anfangen, sich ganz konkrete Situationen herauszupicken, in denen sie normalerweise zur Unterwerfung neigt, und an ihrem Verhalten arbeiten. Sie sollte dabei ganz detailliert vorgehen: Wie soll ihre Stimme klingen, welche Körperhaltung möchte sie gerne einnehmen, was möchte sie wie sagen, was möchte sie tun? Und was kann ihr dabei helfen, das auch umzusetzen? Zum Glück ist Nadine ein ziemlich extremes Beispiel. In den meisten Fällen ist längst nicht so viel Veränderung nötig, um Unterwerfung wirkungsvoll zu reduzieren!

Oft ist es einfacher, sein Verhalten in der Realität zu verändern, wenn man es in der Vorstellung schon mal ausprobiert hat. Die folgende Imaginationsübung kannst du immer dann machen, wenn du vorhast, ein neues Verhalten einzusetzen.

Imaginäres Verhaltenstraining 1

Entspann dich. Konzentrier dich auf deinen Atem und schließ die Augen. Jetzt stell dir vor, du bist in einer Situation, in der du dich normalerweise unterwirfst: in einem Konflikt mit deinem Partner, deinem Kollegen, deinem Boss, oder in einer Situation, in der du normalerweise zusätzliche Aufgaben übernimmst. Überleg jetzt, wie du dich eigentlich verhalten willst. Plane alles ganz genau und konkret. Geh anschließend in der Vorstellung in die Situation und verhalte dich wie geplant. Vielleicht meldet sich dein schlechtes Gewissen, dann ist vermutlich dein strafender oder fordernder innerer Richter mit am Werk. Geh dagegen mit einer positiven Botschaft an, die du bereits vorformuliert hast. Das sollte diese schädliche Stimme zum Schweigen bringen.

Wenn du dieses Gedankenspiel gemacht hast, geht es in die reale Welt. Versuch deine Vision zunächst in einfachen Situationen umzusetzen, in denen du dich schon immer relativ sicher gefühlt hast. Wenn es nicht gleich klappt, macht das nichts. Das wäre auch zu leicht, nach so langer Zeit mit einem festgefahrenen Verhalten zu brechen. Nimm dir Zeit und sei großzügig mit dir: Auch kleine Schritte sind gute Schritte. Geh weiter und versuch, dein Ziel nach und nach in immer mehr Situationen zu realisieren. Belohn dich jedes Mal für deine Fortschritte!

Nadine lebt mittlerweile im Frauenhaus. Sie hat alle Verbindungen zu ihrem früheren Partner gekappt und versucht sich gerade ein neues Leben auszubauen. Sie arbeitet halbtags und hat sich therapeutische Hilfe gesucht. Das sind schon ganz große Veränderungen! Jetzt möchte Nadine an ihren Denk- und Verhaltensmustern arbeiten. Ihr ist klar, dass es kein Zufall ist, dass sie immer wieder bei den gleichen schrägen Typen landet. Gemeinsam mit einer Sozialarbeiterin überlegt sie sich einen ersten kleinen Schritt: Sie will einen Kollegen, der sie immer unfreundlich behandelt, ganz ruhig darum bitten, mehr Respekt zu zeigen. Zunächst spielt sie die Situation in Gedanken durch. Sie malt sich alles ganz genau aus. Danach verabredet sie mit der Sozialarbeiterin, dass sie gemeinsam einen Kaffee trinken gehen, sobald sie sich tatsächlich überwunden hat.

Am nächsten Tag wartet Nadine ganz aufgeregt auf ihren Kollegen. Er enttäuscht sie nicht: Auch heute ist er wieder unfreundlich. Sie wartet ein paar Minuten und fasst sich. Dann geht sie zu ihm und bittet ihn um ein kurzes Gespräch. »Ja, was ist denn schon wieder?« – »Es war doch noch nie was!«, denkt sie. Aber sie versucht, ganz ruhig und sachlich zu bleiben. »Ich wollte mit Ihnen sprechen, weil ich finde, dass Sie mich respektlos behandeln und grundlos unfreundlich sind. Das hilft hier niemandem.« Der Kollege ist völlig verdutzt. So etwas hat er von Nadine überhaupt nicht erwartet. In Zukunft begegnet er ihr aber tatsächlich respektvoller. Und außerdem ist Nadine unheimlich stolz auf sich. Sie kann es! Sie fühlt sich den ganzen Tag selbstsicher und beschwingt. Als sie mit der Sozialarbeiterin Kaffee trinken geht, ist sie richtig glücklich.

Vermeidung reduzieren

Was Nadine getan hat, kostet viel Überwindung und Mut. Sie ging bewusst über ihre Grenzen hinaus und wagte den Sprung ins kalte Wasser. Aber sie fühlt sich danach auch richtig gut. Natürlich hätte das Ganze auch schiefgehen können, der Kollege hätte ausrasten können oder was auch immer ... Tatsächlich passiert so etwas aber nur selten – meistens wird Mut belohnt: Du wirst nicht nur merken, was in dir steckt, und mehr Selbstsicherheit entwickeln, du wirst auch von deinem Umfeld schon bald mit mehr Respekt und Rücksicht behandelt werden. Und das setzt einen sich positiv verstärkenden Kreislauf in Gang.

Anders ist es leider, wenn du dein Vermeidungsverhalten reduzierst. Das fühlt sich in der Regel erst mal richtig unangenehm an. Auch weil Vermeidung zumindest kurzfristig ihre Vorteile hat: Man muss sich mit negativen Gefühlen, anstrengenden Tätigkeiten und unangenehmen Situationen aktuell nicht auseinandersetzen. Die vielen Nachteile des vermeidenden Verhaltens zeigen sich erst langfristig.

Die Reduktion von Vermeidung bedeutet zunächst Stress und wird dir wenig positive Erlebnisse bescheren, doch auch hier stellen sie sich mit der Zeit ein. Du brauchst also Geduld, Konsequenz und einen langen Atem. Aber keine Sorge: Den hast du!

Vielleicht motiviert es dich, wenn du dir die negativen Auswirkungen deines Vermeidungsverhaltens noch einmal bewusst machst. Schreib diese auf, und häng sie dorthin, wo du täglich vorbeikommst, etwa an die Kühlschranktür. Wenn du aufgrund deiner Vermeidung schon mehrfach arg in die Bredouille geraten bist, hat das nun wenigstens den Vorteil, dass es deine Motivation zu stützen hilft.

Auch hier gilt aber: Plane ganz konkrete und vor allem kleine Schritte. Wenn du stark zu Vermeidung neigst, wäre es Unsinn, von heute auf morgen die Trinkerei, das Computerspielen und die neuste Lieblingsserie einzustellen und zugleich in offene Konflikte und Situationen zu gehen, die du fürchtest. Realistisch wäre es zum Beispiel, in der nächsten Woche Rechnungen immer sofort zu öffnen und zu lesen oder dem nächsten Gespräch nicht aus dem Weg zu gehen, sondern zu versuchen, sich zu unterhalten.

Und vergiss nicht: Schon die Tatsache, dass du dir eingestanden hast, ein Problem mit Vermeidung zu haben, ist ein großer und wichtiger Schritt. Mute dir bitte nicht zu viel zu und sei stolz auf dich! Wenn du dich wieder mal überwunden hast, belohne dich dafür. Sonst bist du schnell frustriert, und es steigt die Gefahr, dass du diesen positiven Prozess abbrichst. Auch von Rückschlägen solltest du dich nicht entmutigen lassen – es wäre schon ein Wunder, wenn du ganz ohne ans Ziel kämst. Wichtig ist nur, dass du dranbleibst, dann wirst du deine Ziele langsam, aber sicher erreichen.

Wie bei der Reduktion von Unterwerfung gilt auch hier: Entwickle ganz konkrete Alternativen zu deinem bisherigen Verhalten. Überleg, was du wie sagen willst, wie du auftreten und erscheinen möchtest und was genau du damit zu erreichen wünschst. Mach dir immer wieder klar, warum du bestimmte Verhaltensmuster in Zukunft ablegen möchtest und welche Vorteile sich daraus für dich ergeben. Setz dich also in Ruhe hin, und überlege, was du im Leben eigentlich willst und wie du dich entsprechend verhältst. Entwirf eine positive Vision von deiner Zukunft. Was ist dir wichtig? Was möchtest du erreichen? Was willst du auf jeden Fall von nun an anders machen?

Probiere dein verändertes Verhalten zunächst in der Vorstellung aus. Dabei hilft dieselbe Imaginationsübung wie bei der Reduktion von unterwerfendem Verhalten (S. 256). Wenn es dann in die reale Welt geht, fang mit den einfachen Situationen an, in denen du dich schon immer relativ sicher gefühlt hast. Wenn es nicht sofort klappt, ist das ganz normal. Wirf nicht gleich die Flinte ins Korn, sondern bleib hartnäckig. Es wird dir mit der Zeit gelingen, deine festgefahrenen Verhaltensmuster zu durchbrechen.

Leonie *hat erkannt, dass ihre extremen Ängste und Unsicherheiten sie zu einem Verhalten bringen, das ihr überhaupt nicht guttut. Sie ist nicht nur unglücklich und fühlt sich die meiste Zeit über unwohl, sie hat jetzt auch noch ein Alkoholproblem. Außerdem ist ihr klar, dass ihr strafender innerer Richter sie daran hindert, ihr Bedürfnis nach Verbundenheit, Freundschaft sowie Anerkennung und Autonomie zu befriedigen. Deshalb hat sie sich entschlossen, ihr vermeidendes Verhalten zu reduzieren. Dazu arbeitet sie zunächst daran, die laute Stimme ihres inneren Richters zum Schweigen zu bringen. Anschließend geht sie ihre Form der Bewältigung an, sie will anderen Menschen in Zukunft authentisch begegnen und ihre Bedürfnisse nicht hintanstellen. Was könnte sie als Erstes tun? Was wäre realistisch? Vielleicht sollte sie ihre alte Schulfreundin anrufen und ein Treffen vereinbaren. Ein sozialer Kontakt pro Woche sollte schon sein. Und dann könnte sie versuchen, den nervigen Nachbarn einfach stehen zu lassen, wenn er sie wieder im Treppenhaus abfängt, um über die Sauberkeit zu schimpfen. Wenn sie das schafft, will sie sich mit einem ausgiebigen heißen Bad belohnen, das sie sich sonst eigentlich nie gönnt, weil immer was dazwischenkommt.*

Überkompensation reduzieren

Wenn du deine Neigung zu Überkompensation angehen möchtest, wirst du all die Probleme, die sich auch bei der Reduktion der anderen Bewältigungsstile ergeben, haben – und noch mehr: Die Reduktion der Überkompensation ist hier quasi die »Königsdisziplin«. Sie ist besonders schwierig und frustrierend. Denn dabei fallen positive Gefühle wie Stärke, Kontrolle und Dominanz zunächst einfach weg. Stattdessen hast du plötzlich mit den negativen Gefühlen der Minderwertigkeit und Angst zu kämpfen, die du zuvor mithilfe der Überkompensation gut verdrängen konntest. »Ein schlechter Tausch«, denkst du jetzt vielleicht. Und es kommt noch dicker: Du merkst womöglich jetzt erst, dass du wegen dieses Verhaltens nicht nur beliebt bist, und auch das ist keine angenehme Einsicht. Überleg also gut, ob du diesen steinigen Weg beschreiten willst. Vielleicht auch einfach nur in bestimmten Lebensbereichen – zum Beispiel privat, aber nicht beruflich. Wenn es dir gelingt, durchzuhalten und deine Überkompensation zu durchbrechen, kannst du aber auch wirklich stolz auf dich sein!

Aber wofür das alles? Wenn du heute relativ zufrieden lebst, spricht tatsächlich nichts dafür, dass du etwas änderst. Wenn du dich aber wie Mark schon lange eigentlich unwohl in deiner Haut fühlst, wenn du spürst, dass es unglaublich viel Kraft kostet, die Einsamkeit und Unsicherheit zu verdecken, die unter all der Dominanz und Selbstsicherheit schlummert, dass du dich oft falsch und unverstanden fühlst, so als wärst du nie ganz bei dir, dann werden sich die anstrengenden und frustrierenden Erfahrungen, die zu durchleben du dich entschlossen hast, mehr als auszahlen.

Das größte Problem bei der Reduktion von Überkompensation ist also die Motivation, denn du fühlst dich ohne diesen Bewältigungsstil zunächst schlechter. Daher wird sich immer mal wieder ein kleiner Teufel melden, der dir zuflüstert: »Warum machst du das bloß?« Es kann deiner Motivation helfen, wenn du dich an die Nachteile deines Verhaltens erinnerst, an Verlust und Trennung, an depressive Phasen und soziale Ängste. Daran denkt niemand gern, aber es hilft. Dann weißt du wieder, wofür du dich anstrengst.

Mark hat nicht vergessen, wie einsam und hilflos er sich gefühlt hat, als er nicht wusste, wen er überhaupt zu seinem Geburtstag einladen sollte. Gibt es wirklich niemanden, dem an ihm liegt? Hat er alle vergrault? Das hatte er gar nicht mitbekommen. Und liegt es wirklich daran, dass er anderen wenig Raum gibt? Dass er sich aufspielt und niemanden neben sich bestehen lässt? Plötzlich erinnert er sich daran, dass nicht nur seine Exfreundin, sondern mehrere andere Freunde und Verwandte ähnliche Kritik geäußert hatten. Mark nimmt sich vor, etwas zu ändern. Er will nicht, dass andere ihn für einen Angeber und Egoisten halten. Er wünscht sich doch nichts mehr, als geliebt und geschätzt zu werden. Aber er weiß auch, dass er nicht sofort ein völlig anderer Mensch werden kann. Warum sollte er auch? Bei der Arbeit hat er von seinem überheblichen Verhalten bis jetzt immer profitiert. Sein Veränderungsvorhaben beschränkt sich somit auf den privaten, zwischenmenschlichen Bereich. Wie soll er anfangen? Wahrscheinlich ist es realistisch, zunächst einen früheren Kontakt zu reaktivieren. Vielleicht zu jener Exfreundin, die ihm ihre Meinung sagte, ihm aber trotz allem immer gewogen war und viel nachgesehen hat. Er will sie morgen anrufen und sie zunächst nach ihrem Leben fragen. Außerdem will er sich während des Telefonats jede Angeberei und Überheblichkeit verkneifen. Wenn er das schafft, gönnt er sich ein Essen in dem japanischen Restaurant, in das er schon lange gehen wollte.

Einfach die kratzende Winterjacke wegwerfen ist keine Lösung. Du brauchst auf jeden Fall einen neuen, diesmal hoffentlich angenehm weichen Mantel, der dich vor dem kalten Winterwind schützt. Wenn du also Abschied nehmen willst von der Überkompensation, ist es ganz wichtig, dass du dir eine neue Form des Selbstschutzes zulegst. Du kannst dich negativen Gefühlen nicht schutzlos ausliefern, du brauchst andere Instrumente, dich innerlich zu schützen. Niemand kann immer mit offenem Visier kämpfen.

Sei deshalb großzügig mit dir: Es ist ganz normal, wenn du immer mal wieder in dominante Verhaltensmuster zurückfällst. Dass du überhaupt an deiner Überkompensation arbeitest, bezeugt deinen großen Mut und schließlich auch wahre Stärke.

Veränderungswunsch für die nächste Woche

Du hast dich entschlossen, deine Form der Bewältigung zu reduzieren? Wunderbar! Dann bietet es sich an, den folgenden Veränderungsplan auszufüllen. Auf ihm kannst du deine Veränderungswünsche und deren Motivation festhalten. Sei konkret und realistisch. Benenne genau, welchen Bewältigungsmodus du in welchem Bereich in der nächsten Woche zurückdrängen möchtest, was du dir davon versprichst und wie du dich dafür belohnen möchtest.

Veränderungen meiner Bewältigungsform für nächste Woche

In dieser Situation möchte ich meine Bewältigungsform reduzieren:

....

....

....

Bisher habe ich so gehandelt (meine Form der Bewältigung):

....

....

....

Das möchte ich ändern, weil … (Nachteile meiner Bewältigungsform):

....

....

....

Mein erwachsenes Ich will stattdessen so handeln:

....

....

....

So belohne ich mich für die Veränderung:

....

....

....

Erwachsen werden

Jetzt weißt du, welche Formen der Bewältigung bei dir aktiv sind und woher sie kommen. Vor allem hast du nun auch die Instrumente in der Hand, mit deren Hilfe du die schädlichen Verhaltensweisen reduzieren kannst. Du hast erfahren, dass das nicht leicht sein wird, weil du ja nicht ohne Grund seit Langem negative Gefühle auf diese Weise bewältigst: Du hast eine berechtigte Angst vor diesen negativen Gefühlen. Leider musst du dich darauf einstellen, dass du dich am Anfang manchmal einsam und schwach fühlen wirst. Nur über die Auseinandersetzung damit wirst du diese Gefühle auch in den Griff bekommen, und die Angst wird sich legen. Bleib also dran! Nach einer Weile wirst du merken, dass du keine Angst mehr haben musst, deine Gefühle wahrzunehmen und Bedürfnisse auszudrücken. Es gelingt dir immer besser, für dich zu sorgen. Du wirst dich zunehmend authentisch fühlen und dein Leben wird reicher.

Das erwachsene Ich stärken

Das erwachsene Ich ist gewissermaßen der Akteur, derjenige, der alle Veränderungen plant, leitet und durchsetzt. Mit ihm gelingt es dir, die anderen Persönlichkeitsanteile zu heilen oder zu reduzieren. Das erwachsene Ich tröstet dein verletztes Kind, setzt dem verzogenen Kind Grenzen, verhandelt mit dem inneren Richter und reguliert deine kindliche Form der Bewältigung.

Stell dir bloß mal vor, wie es wäre, wenn andere Instanzen deiner Persönlichkeit für die Umsetzung deines Veränderungsplans zuständig wären: Der fordernde innere Richter würde dich gnadenlos überfordern, dich an den Rand deiner Belastbarkeit bringen und dich mit Schuld- und Minderwertigkeitsgefühlen strafen, wenn du nicht gleich alles schaffst. Das verzogene Kind würde mit seiner Impulsivität vielleicht alles auf einmal wollen, und du würdest zwangsläufig scheitern und schon bald völlig frustriert die Flinte ins Korn werfen. Auch dein verletztes Kind würde sofort so viel Fürsorge einfordern, dass du keine Kraft mehr für anderes hättest. Einzig das erwachsene Ich kann die Rolle einer Vermittlungsinstanz einnehmen. Nur es kann dafür sorgen, dass du realistisch bleibst, Grenzen einhältst, Pläne aufstellst und diese auch umsetzt.

Such dir Vorbilder. Unterstützen können dich dabei Personen, die ein ausgeprägtes erwachsenes Ich haben, die also in der Regel eine gute Balance von eigenen und fremden Interessen finden. Es sollten Menschen sein, die dich wirklich mögen und die nur dein Bestes wollen. Wenn du keine realen Vorbilder kennst, suche dir fiktionale: Film und Literatur sind voll von positiven Figuren, mit denen man sich gerne identifiziert. Ich meine jetzt keine Superhelden: Die schwanken meist zwischen Narzissmus und völliger Selbstaufgabe. Ich meine realistische Charaktere mit ein paar Ticks und vielen Stärken. Bridget Jones zum Beispiel ist ein gutes Vorbild oder Rick aus *Casablanca.* Rekrutier diese glamourösen und unterhaltsamen Erscheinungen als innere Begleiter, die dir wenn nötig helfen, Situationen realistisch einzuschätzen. Wenn du dir vorgenommen haben solltest, von einem Tag auf den nächsten dein gesamtes Ernährungsverhalten umzukrempeln, von nun an täglich Sport zu treiben, nur noch gesund zu essen und auf Alkohol und Zigaretten zu verzichten, wird dir deine innere Bridget Jones wahrscheinlich sagen: Das hab ich auch schon versucht. Das klappt nicht. Nimm dir nicht zu viel vor. Versuch zuerst, nur einen Apfel am Tag statt Süßigkeiten zu essen und mittags auf die Pommes zu verzichten. Wenn du das eine Woche durchhältst, ist das ein echter Erfolg! Belohne dich dann mit einem schönen Essen mit deinen Freunden.

Wenn dir keine solchen Vorbildfiguren einfallen, macht das überhaupt nichts. Du bist deshalb lange kein Versager. Du brauchst nur ein bisschen mehr Unterstützung. In diesem Fall kann es bestimmt nicht schaden, wenn du dir einen Therapeuten suchst, mit dem du anfängst, dein erwachsenes Ich zu stärken.

Nobody is perfect! Es ist für jeden von uns wichtig, sich immer wieder in Erinnerung zu rufen, dass weder das Leben noch wir makellos sind. Wenn Perfektion dein Ziel sein sollte, muss ich dich leider enttäuschen: Die gibt es nicht. Sollte dein Plan sein, nur noch im gesunden erwachsenen Ich zu sein, dann ist das schlicht unrealistisch. Mach also bitte keine Pläne, die du nicht umsetzen kannst. Sonst bist du am Ende nur frustriert.

Sei realistisch! Vergiss nie, den Kraft- und Zeitaufwand zu kalkulieren, den dein Veränderungsvorhaben kosten wird. Verlier niemals deine Ressourcen aus den Augen: dein soziales Netzwerk, berufliche Möglichkeiten, finanzielles Polster. Gestalte dein Leben im Sinne deiner Bedürfnisse, aber akzeptiere und berücksichtige dabei die Realität. Was sind überhaupt deine Gestaltungsmöglichkeiten? Leider hat nicht jeder von uns die gleichen Voraussetzungen. Manche haben mehr Freunde, die sie unterstützen können, manche mehr Zeit oder das Geld, sich zeitliche Freiräume zu schaffen. Es ist wichtig, dass du lernst, einen realistischen Blick für deine Möglichkeiten und Spielräume zu entwickeln, und herausfindest, wie du aus dem, was dir zur Verfügung steht, das Beste machst. Als alleinerziehende und berufstätige Mutter hast du vermutlich weder die finanziellen noch zeitlichen Puffer, um dich sehr umfangreich um dich selbst zu kümmern. Der Stress, den du fühlst, geht nicht auf deinen fordernden inneren Richter zurück, er ist real. Wenn dann die Kinder krank sind und du einen Abgabetermin kaum einhalten kannst, kann dir auch keine noch so gute Therapie oder Beratung weiterhelfen. Es gibt immer mal wieder Stresssituationen und Überforderungen im Leben, die wir nicht vermeiden können.

Es ist also ganz wichtig, die eigenen Lebensumstände und Fähigkeiten realistisch einzuschätzen. Wir können nicht alle den Nobelpreis gewinnen oder Schönheitskönigin werden. Und das müssen wir auch gar nicht, denn weißt du was: Das allein macht nämlich auch nicht glücklich!

Sei ehrlich zu dir. Überprüfe zuallererst, ob deine Ziele wirklich für das stehen, was du willst und brauchst. Überleg dann, ob diese Ziele realistisch sind und wie viel Zeit und Kraftaufwand sie dich kosten würden. Bist du tatsächlich bereit, diese Investition zu tätigen? Sei dabei unbedingt ehrlich mit dir selbst. Wenn du beispielsweise kein Abitur gemacht hast und jetzt einen Studienabschluss erlangen willst, mach dir klar, wie immens zeit- und kraftaufwendig dieses Vorhaben ist, insbesondere wenn du außerdem erwerbstätig bist. Vernünftige Vorsätze wie gesund essen und regelmäßig Sport treiben lassen sich nur verwirklichen, wenn du wirklich motiviert und bereit bist, Energie und Zeit zu investieren, die dir woanders fehlen werden. Mach dir dies möglichst bald bewusst. Vielleicht musst du von einigen Traumschlössern Abschied nehmen. Aber das ist besser als die Alternative: ein ständiges Scheitern, chronischer Frust und Unzufriedenheit mit der eigenen Person.

Der Fokus dieses Buches liegt vor allem auf deinen Bedürfnissen und deren Befriedigung. Aber wir sind nicht allein auf der Welt. Andere Menschen haben auch Bedürfnisse, und die haben dieselbe Berechtigung wie unsere. Unsere Freiheit endet dort, wo sie die anderer einschränkt. Als erwachsener Mensch sollte es uns möglich sein, Rücksicht zu nehmen, die eigenen und die fremden Wünsche im Auge zu haben und einen Ausgleich zu finden. Letztendlich geht es darum, Kompromisse zu finden, die alle so weit wie möglich zufriedenstellen. Das geht nicht, wenn keiner zu Abstrichen bereit ist.

Nimm also Rücksicht auf dich selbst und die anderen. Wenn du herausgefunden hast, was du wirklich brauchst und willst, ist das prima. Aber stoße die Menschen, die dich lieben, nicht vor den Kopf. Versuch, dein Umfeld nicht zu überfordern! Wenn du beschlossen hast, dass du in Zukunft deine Freundinnen ohne deinen Partner treffen möchtest, gewöhne ihn langsam an den Gedanken. Und wenn du spürst, dass jemand, an dem dir liegt, nicht mit deinem veränderten Verhalten zurechtkommt, gib ihm so viel Zeit wie nötig. Das heißt nicht, dass du einen Rückzieher machen und auf das verzichten sollst, was du wirklich brauchst. Aber hab Geduld und sei nicht zu streng. Wenn sich bei deinem Gegenüber gar nichts tut, sprecht miteinander. Mit hoher Wahrscheinlichkeit wird dein Freund, Partner oder Verwandter dich schließlich verstehen.

Fast jeder will etwas ändern. Diffuse Vorsätze wie: »Ich will selbstsicherer sein«, »Ich will nicht immer zu allem Ja sagen« oder »Ich will mich besser um mich kümmern« schwirren in den meisten Köpfen und Ratgebern herum. Trotzdem ändern wir nur sehr selten etwas. Wenn überhaupt, brechen wir nach ein paar Tagen oder Wochen alles wieder ab und kehren zu den altbekannten Verhaltensweisen zurück. Ganz schön frustrierend.

Warum ist das so? Zum einen neigen die meisten zu dem Prinzip: alles oder nichts! Solche Radikalkuren, bei denen man von heute auf morgen mit allem bricht, halten nur die wenigsten durch. Unsere Veränderungswünsche sind oft gut, aber nicht konkret genug. Das kann nichts werden. Für die Planung deiner Veränderungen gilt: Du musst dir ganz detaillierte und konkrete Anleitungen geben. Außerdem steigert es die Aussicht auf Erfolg, wenn deine Ziele sich möglichst nah an deinem tatsächlichen Verhalten orientieren. Die folgenden Fragen können dir am Beispiel »Ich will mich besser um mich kümmern« demonstrieren, wie sich deine Ziele konkretisieren lassen:

- Wie sieht das genau aus, wenn man sich gut um sich kümmert?
- Wen kenne ich, dem das gut gelingt? Woran merke ich das?
- In welchen Situationen möchte ich mich besser um mich kümmern? Wie würde es aussehen, wenn ich mich in diesen Situationen besser um mich kümmerte? Woran würden das Außenstehende merken?

Schritt 1: Veränderungen planen

Inzwischen kennst du deine inneren Persönlichkeitsanteile besser und kannst dich fragen: Was will ich zuerst verändern? Wie sehr will ich diese Veränderung? Wie viel Kraft und Zeit wird mich diese Veränderung aller Voraussicht nach kosten? Und wie groß ist eigentlich mein Gestaltungsspielraum?

Imaginäres Verhaltenstraining 2

Wenn du so weit bist und genau weißt, was du wann wie angehen willst, bietet es sich an, dein verändertes Verhalten zunächst in der Vorstellung auszuprobieren. Zur Stärkung des gesunden erwachsenen Ichs eignen sich diese Übungen besonders gut. Gibt es zum Beispiel Situationen, in denen du immer wieder klein beigibst und deinen Interessen zuwiderhandelst, übe den aufrechten und festen Blick jetzt erst einmal in deiner Vorstellung. Stell dir dich genau vor, wie du dich optimalerweise verhalten möchtest, was du wie sagen willst, um endlich deine Interessen durchzusetzen und dich nicht wieder unterbuttern zu lassen.

Mach es dir bequem und schließ die Augen. Konzentrier dich auf deinen Atem und entspann dich. Stell dir dann die Situation vor, in der du dich das nächste Mal auf jeden Fall anders verhalten willst. Wie sieht deine Körperhaltung aus? Wie hört sich deine Stimme an? Was sagst du? Lass vor deinem inneren Auge den Film dieser Situation ablaufen, in der du diesmal im Sinne deines erwachsenen Ichs handelst.

Nachdem du die Situation so schon einmal durchgespielt hast, wird es dir leichter fallen, sie in der Realität zu erproben.

Nora ärgert sich immer wieder darüber, dass sie in sozialen Kontexten oft das letztlich unbegründete Gefühl hat, nicht dazuzugehören (strafender innerer Richter), und sich dann zurückzieht (verletztes inneres Kind).

In der Imaginationsübung versetzt sie sich in eine Situation, die ihr normalerweise schwerfällt: Einige Kollegen gehen noch gemeinsam ein Bier trinken und haben Nora nicht ausdrücklich eingeladen. In ihrer Vorstellung fragt sie freundlich nach, ob sie auch mitkommen kann. Sie kann. Ihre Kollegin bringt ihr sogar die Jacke mit an den Platz.

Es ist Weihnachtszeit, und da unternehmen die Kollegen oft etwas nach Feierabend: Nora muss also nicht lange auf eine Gelegenheit warten, ihr vorgestelltes Verhalten in der Realität zu erproben. Sie verhält sich genau so wie in der Imaginationsübung … und es klappt: Alle freuen sich, dass Nora mitkommt. In Zukunft wird es ihr immer leichter fallen nachzufragen. Nora ist zu Recht stolz auf sich. Sie ist einen großen Schritt vorangekommen.

Schritt 2: Veränderungen umsetzen

Wenn du dein erwachsenes Ich stärken willst, musst du wissen, welche Situationen und Aktivitäten es in Gang setzen, und solltest diese dann vermehrt in deinen Alltag integrieren. Auch hier ist es wichtig, dass du dir diese Aktivitäten gezielt vornimmst.

Falls du den Eindruck hast, dass dein erwachsenes Ich nur selten aktiv ist, und du auf Anhieb gar keine Idee hast, was dabei helfen könnte, es zu stärken, dann hilft dir vielleicht die folgende Liste.

Aktivitätenliste erstellen

Mein erwachsenes Ich wird aktiv, wenn ich …

- etwas Neues lerne.
- mit einem guten Freund darüber rede, was mir im Leben wichtig ist.
- für mich selbst Verantwortung übernehme.

- Sport treibe.
- etwas repariere.
- mir jeden Tag aufschreibe, was ich heute richtig gut gemacht habe.
- eine Zeitung oder ein Buch lese.
- meinem Körper etwas Gutes tue (Yoga, Körperpflege, frisches Obst esse …)
- ein neues Rezept ausprobiere.
- ein Hobby betreibe.
- jemandem etwas erkläre oder ihm helfe.
- etwas auf der To-do-Liste abhake und mich dann belohne.
- mir eine Karte schreibe, auf der steht, was ich an mir mag.

So oder so ähnlich könnte deine Liste aussehen. Sammle selbst Aktivitäten, die dein erwachsenes Ich fördern oder hervorlocken, und schreib diese dazu. Häng die Liste gut sichtbar auf, am besten so, dass dein Blick immer mal wieder darauffallen muss. Wenn du dazu neigst, solche stärkenden Aktivitäten zu vermeiden, kannst du versuchen, dich selbst irgendwie auszutricksen. Vielen Menschen gelingt es, den inneren Schweinehund zu überwinden, wenn sie verbindliche Verabredungen treffen. Geh also nicht allein zum Sport. Deine Chancen steigen, wenn du dir einen netten und möglichst disziplinierten Bekannten suchst und mit ihm gemeinsam zum Yoga gehst oder die Steuererklärung erstellst.

Verhaltensexperimente sind der erste Schritt aus dem Schutz der Vorstellung hinein in die Realität. Dabei ist es ganz wichtig, dass du dich nicht überforderst. Beginn am besten mit einer Situation, in der du dich ohnehin sicher fühlst: Nora beispielsweise kann ihren Mann oder ihre Freundin fragen, ob sie auch mitkommen darf zum eigenen Geburtstagsessen. Die Antwort ist mit allerhöchster Wahrscheinlichkeit positiv und die Frage kostet Nora keinerlei

Überwindung. Trotzdem erkennt sie durch dieses Verhaltensexperiment nicht nur, dass es Alternativen zu ihrem gewohnten und schädlichen Handeln gibt, sie erlebt »light«, wie es sich anfühlt, wenn sie ihre Verhaltensmuster durchbricht.

Solche Experimente können unterschiedlich aussehen. Es komm darauf an, welches Verhalten du verändern willst. Die Fragen auf Seite 273 sollen dir eine kleine Hilfestellung geben.

In diesem Kapitel ging es darum, dein erwachsenes Ich zu stärken. Wie schön wäre es, wenn wir immer so vernünftig sein könnten, immer den Überblick und die Kontrolle über unsere Gefühlslage, unsere Bedürfnisse und unser Handeln hätten, immer ganz bei uns wären und rücksichtsvoll zwischen den eigenen Interessen und denen anderer abwägen und vermitteln könnten. Leider ist das nicht realistisch. Das erwachsene Ich ist sehr anspruchsvoll. Es kann uns nicht immer gelingen, in diesem Zustand zu sein, aber es kann immer öfter glücken!

Wenn du allerdings den Eindruck hast, dass dein erwachsenes Ich sich nur ganz selten meldet und kaum Einfluss auf dein Handeln hat, brauchst du ein bisschen mehr Unterstützung. Aber ich bin ganz sicher, dass es dir mithilfe eines Coachs oder Therapeuten gelingt, diesen Anteil aufzubauen und zu stärken.

Verhaltensexperiment

In welcher Situation möchte ich, dass mein erwachsenes Ich mein Verhalten bestimmt?

Wie genau möchte ich mich verhalten?

Welche Anteile meiner Persönlichkeit waren bisher problematisch?

Was kann mich in der Situation an meinen Vorsatz erinnern (z. B. Postkarte, Symbol, Bild von mir in der Vorstellung)?

Welche Ermutigungen würde eine Person, die mir wichtig ist, mir mit auf den Weg geben?

Wie möchte ich mich für das Verhaltensexperiment belohnen?

Now, Voyager!

Falls du ihn noch nicht kennst, schau ihn dir unbedingt an: *Now, Voyager* (deutscher Titel: *Reise aus der Vergangenheit*), den wunderbaren Film, in dem Bette Davis eine Frau um die vierzig spielt, die noch immer unter der völligen Kontrolle ihrer Mutter steht. Irgendwann erleidet sie einen Nervenzusammenbruch und muss in eine Klinik. Danach verschreibt der Doktor ihr, »aufzubrechen zu neuen Ufern«, im Hollywoodfilm der 1940er-Jahre heißt das: Unternehmen Sie bitte eine Kreuzfahrt nach Südamerika. Im Gepäck hat sie die Garderobe einer glamourösen Bekannten. In einer zentralen Szene erscheint sie in einer zauberhaften Seidenrobe zum Dinner, auf dem weißen durchscheinenden Cape funkeln Schmetterlinge. Man merkt ihr die Unsicherheit bei jeder linkischen Bewegung, jedem abweisenden Wort an. Sie fühlt sich unwohl in diesen schönen Kleidern. Und doch wird immer deutlicher: Sie ist ein Schmetterling. Dieses Kleid passt zu der Person, die unter all der Unsicherheit und den Gefühlen von Verlassenheit und Wertlosigkeit steckt. Die Frage ist nur: Wird dieser Schmetterling je seinen Kokon verlassen? Wird er es schaffen, sich aus den Mustern zu befreien, die ihn gefangen halten? Wird er sich je sicher fühlen in dem Gewebe, das ihm auf den Leib geschneidert, ja für ihn entworfen zu sein scheint? Hollywood kennt auf diese Fragen nur eine Antwort: Ja. Am Ende des Films treffen wir auf eine Frau, die ihr Leben fest in der Hand hat und so gestaltet, dass es ihr gut geht. Zwar hat sie den Mann ihrer Träume nicht bekommen, aber ganz Hollywood-untypisch ist das zwar bedauerlich, aber keine

Katastrophe. Im Gegenteil: Es bestätigt nur die Stärke dieser Frau. Sie hat einen realistischen Blick und muss nicht nach den Sternen greifen, um glücklich zu sein. Sie ist in der Lage, sich ihr Leben so einzurichten, dass es zu ihr passt, auch wenn nicht alles nach Wunsch läuft.

Das sollte auch unser Ziel sein: herauszufinden, wer wir sind und was wir brauchen, und dann so gut wie möglich für uns zu sorgen. Wir werden nie alle unsere Träume verwirklichen können. Es ist wichtig, Grenzen und Beschränkungen zu akzeptieren, unser Leben und unsere Möglichkeiten realistisch einzuschätzen. Es ist aber auch wichtig, die Berechtigung und Bedeutung unserer Bedürfnisse ernst zu nehmen und uns nicht mit etwas zufriedenzugeben, was uns nicht guttut und was wir nicht wollen.

Also raus aus den alten Kleidern, fort mit all den hässlichen, zu engen oder zu weiten, den kratzigen oder kaputten Teilen, hab Mut zum Lieblingsstück – und einem leichteren und erfüllteren Leben!

Verzeichnis der Übungen und Arbeitsblätter

Gerne kannst du die Arbeitsblätter und Übungen auf www.beltz.de herunterladen und ausdrucken. Du kommst zu den Materialien, indem du auf die Seite des Buches gehst, den Link zu den Materialien anklickst und folgendes Passwort eingibst: %RausSchemaF! (Groß- und Kleinschreibung beachten).

Da die Online-Materialien nur so lange verfügbar sind, wie das Buch lieferbar ist, empfiehlt es sich, die gesamten Materialien herunterzuladen und auf dem eigenen Rechner zu speichern.

Übungen

Arbeitsblätter